Pedro Ortega Ventureira

TAROT

Significado e historia

editorial Kairós

Fotocomposición: Moelmo, S. C. P. 08012 Barcelona
Diseño cubierta: Editorial Kairós
Imagen cubierta: «El Sol». Tarot Visconti-Sforza.
Obra de Antonio Cicognara. Milan *ca.* 1480–1500.
Biblioteca Morgan.
Impresión y encuadernación: Fotoletra. 08037 Barcelona

Primera edición: Octubre 2024
ISBN: 978-84-1121-290-8
Depósito legal: B 14.157-2024

Sumario

Prólogo

Conocí a Pedro Ortega hace ya unos cuantos años, cuando él estaba estudiando Historia del Arte, su segunda carrera. Siempre he admirado la capacidad de Pedro para llegar a ser tantas cosas distintas y tan difíciles: ingeniero industrial, historiador del arte, escritor y editor, investigador y divulgador de lo oculto. Me pidió que fuera codirector de su tesis doctoral sobre *La mujer crucificada en el fin de siglo*, un trabajo de gran rigor y originalidad que se presentó en 2015 en la Universidad Autónoma de Madrid y obtuvo la calificación de sobresaliente *cum laude* por unanimidad. En aquel estudio ya se manifestaba la pasión constante de Pedro Ortega: la *Ocultura* o cultura de lo oculto, y especialmente su relación con la Historia del Arte. A este gran tema le ha dedicado desde entonces varios libros (*Crónicas del Madrid secreto*, *El Tarot de Mantegna y la sabiduría arcana del Renacimiento*, *Arte y sociedades secretas*: *Péladan y los salones de la Rosa+Cruz...*) y revistas (como la que ha dirigido hasta la fecha, *Herejía y Belleza*), así como infinidad de conferencias, coloquios, jornadas, etcétera, ocasiones a las que a veces me ha invitado y donde he coincidido con nuestro común amigo Javier Sierra.

El libro actual sobre el Tarot recoge varios años de lecturas e investigaciones y ofrece al lector no especializado una espléndida síntesis de un territorio vasto y complejo. El Tarot tiene una historia legendaria que se remonta al antiguo Egipto, pero su historia confirmada comienza en el Renacimiento italiano; Ferrara y Milán fueron los dos primeros focos donde se gesta. El autor pasa revista en detalle a los tarots Visconti, el Tarot Sola Busca originado en Ferrara, el «Tarot de Carlos VI» que vino de Florencia, los *Tarocchini* de Bolonia y el llamado Tarot de Mantegna que, como él dice con ironía, no es de Mantegna ni es exactamente un tarot, pero que tuvo una importante influencia en el arte (Aby Warburg estudió su relación con los frescos astrológicos del palacio Schifanoia en Ferrara).

En el siglo XVII, la historia del tarot se desplaza de Italia a Francia, donde dominará el Tarot de Marsella, cuyos arcanos mayores comenta Pedro Ortega detalladamente, uno por uno. En los siglos XVIII y XIX, siempre en Francia, las barajas se enriquecen con las interpretaciones esotéricas del masón Antoine Court de Gébelin, iniciador del tarot ocultista, de Jean-Baptiste Alliette, de la adivina Lenormand, Eliphas Levi o el célebre Papus. Hacia 1900, la antorcha pasa al mundo anglosajón, con la Orden Hermética de la Aurora Dorada (Golden Dawn) y un desfile de personajes que culminan en el archifamoso Aleister Crowley, que utilizó el tarot como una herramienta para la práctica de la magia. Los surrealistas se inspiraron en el Tarot de Marsella, y Pedro Ortega se detiene especialmente en las versiones de Leonora Carrington y Salvador Dalí. El libro no ignora tampoco la influencia del tarot en el pensamiento de Jung, en la cultura pop, así como su presencia en el mundo hispano.

Una de las grandes virtudes de esta obra es su estilo narrativo. El autor suele comenzar cada capítulo con el relato de una historia intrigante, que funciona como un acertijo y estimula nuestro interés. Pedro Ortega se deleita en las leyendas y mitos relacionados con el tarot, pero su compromiso principal es con la verdad histórica —hasta donde podemos conocerla gracias a las investigaciones de muchos autores—. A lo largo de las páginas de este libro, muy bien ilustrado, se va entretejiendo el tarot con la astrología y la alquimia, la supervivencia de cultos antiguos y el nacimiento del ocultismo moderno, hasta componer un mosaico muy completo de este fascinante fenómeno cultural.

GUILLERMO SOLANA

Prefacio y agradecimientos

Quisiera comenzar este trabajo señalando que la baraja del tarot (sea cual fuere su origen, datación o uso) es un objeto colosal. Sus dimensiones abarcan numerosas disciplinas del estudio, tanto de lo esotérico como de lo exotérico, entendiendo por estos términos lo que no está y lo que está a la vista, lo que está oculto y lo que se aprecia directamente. Para aproximarnos a él, en apenas alguna de sus vertientes, son necesarios conocimientos de historia, filología, iconografía, heráldica, mitología, técnicas artísticas y de grabado, además de tener nociones de astrología, alquimia, cábala hebrea, magia talismánica, hermetismo, amén de otras prácticas ocultas. Afortunadamente, me han precedido en esta senda muchos estudiosos de la historia del tarot que han allanado el camino dándome numerosas claves para articular este trabajo, aunque ha habido que llevar a cabo una tarea de desbroce de las fuentes pues, por desgracia, en el campo del tarot hay mucha literatura infundada y errónea que ha contribuido a desprestigiar el estudio de estas barajas.

Tratar de desentrañar el significado o, mejor dicho, los significados que encierran las distintas barajas del tarot, a lo largo del tiempo y en distintos contextos, es muy complejo. Lo que aparentemente es una historia cerrada desde el Renacimiento hasta el mundo contemporáneo, al llegar el siglo XVIII experimenta una mutación que nos lleva a rastrear su origen al antiguo Egipto que, si bien es verdad que no hay evidencia alguna de este origen, sirvió de base para numerosos estudios sobre el tarot que señalaremos en las próximas páginas.

En este sentido, podemos decir que el estudio del tarot entraría de lleno en el campo de la «ocultura», esto es, la cultura de lo oculto. Este término es un neologismo, acuñado en el ámbito anglosajón como «*occulture*», y tiene de por sí un origen un tanto misterioso, como no podía ser menos. Fue el editor Simon Dwyer el primero en utilizarlo en una publicación, aunque él no fue el inventor del vocablo. Parece ser que un amigo, el librero David Brooks, lo iba a utilizar para dar nombre a su pequeño negocio de libros raros.

La sorpresa me la dio mi también admirado Javier Sierra cuando hizo público en un tuit que la colección de volúmenes sobre obras contemporáneas del ámbito del misterio de dimensión internacional que iba a coordinar dentro del sello Luciérnaga se iba a llamar Ocultura. No pude menos que felicitarle por el acierto en el uso del término. Ocultura es también el encuentro anual de misterio que lleva adelante nuestro egregio escritor turolense sobre estas temáticas donde investigación científica y misterio se dan la mano. Así que reivindico todavía más el que esta obra quede dentro del campo de la Ocultura con mayúsculas.

La intención de este libro es eminentemente divulgativa, lo que no significa que no sea seria y rigurosa y que no aporte conocimiento. He tratado de exponer conceptos a veces complejos de la manera más sencilla posible para que el texto sea accesible a todo el mundo; al menos esa ha sido mi idea.

En este punto, quisiera mencionar a algunas personas sin las que este libro no hubiera sido posible: a Victoria Braojos de la Orden de Ayala, que fue la persona gracias a la que accedí al conocimiento del tarot; Sergio Álvarez, buen amigo y que me facilitó valiosísima información para este libro; Alberto Delgado, que me proporcionó recursos interesantes; a Raymundo Eurico Trejo por su asesoramiento; el profesor Carlos A. Cuéllar con quien comparto pasión por el tarot; a las conservadoras del Museo Fournier por todo su apoyo con el apartado gráfico del libro, y, cómo no, a mi mujer Belén Doblas por su apoyo incondicional y a mi hija Violeta, que revoloteaba a mi alrededor mientras escribía...

Aquí empieza un viaje apasionante y creo que también sorprendente, en busca de los significados que atesora la baraja del tarot. Comenzamos el viaje en el siglo XV, donde la eclosión del Renacimiento da pie a que la sabiduría de la Edad Media quede fijada en los primeros tarots de la historia. Adelante.

Introducción: los primeros tarots

25 de octubre de 1441. Nos hallamos en la ciudad de Cremona en la región italiana de Lombardía, cuya capital es Milán. Suenan las campanas de la iglesia de la abadía de San Segismundo, un pequeño templo medieval a las afueras. Allí llega una carroza engalanada de la que bajan dos doncellas que se colocan cada una a un lado de la portezuela. La abren y, tras ellas, una joven muchacha de apenas dieciséis años desciende solemne y camina hacia la puerta de la iglesia. Viste un traje blanco con ribetes dorados y porta una capa verde esmeralda que le cubre la cabeza. Con gran ceremonia entra en el templo donde, en el altar, la espera un caballero elegantemente vestido con uniforme militar. Se trata de un hombre maduro, que frisa los cuarenta años y que va a desposar a la joven. Se dan el «sí quiero».

Con este acto quedaron unidas las dos familias más importantes de Milán: los Visconti, representados por la esposa, Bianca María, única descendiente del linaje que gobierna Milán, y los Sforza, una estirpe de origen humilde cuyo nombre (los Fuertes) se forjó en la batalla, representados por el marido, Francesco. De esta manera quedaba asegurada la sucesión en la corte ambrosiana (como también se conoce a esta norteña región de la península itálica). El sueño de Filippo María Visconti, padre de la joven y cabeza de esta ciudad-Estado, se ha cumplido, pues su única heredera se ha casado y mantiene el poder de su familia después de haber sido prometida a la edad de seis años.

Las crónicas cuentan que las fiestas duraron varios días. Tras la ceremonia religiosa se celebró un banquete por todo lo alto, torneos y justas entre jóvenes caballeros. También se pudieron contemplar procesiones de carros

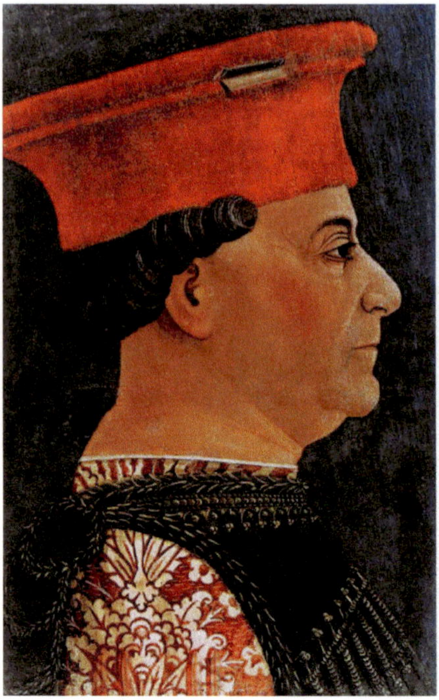 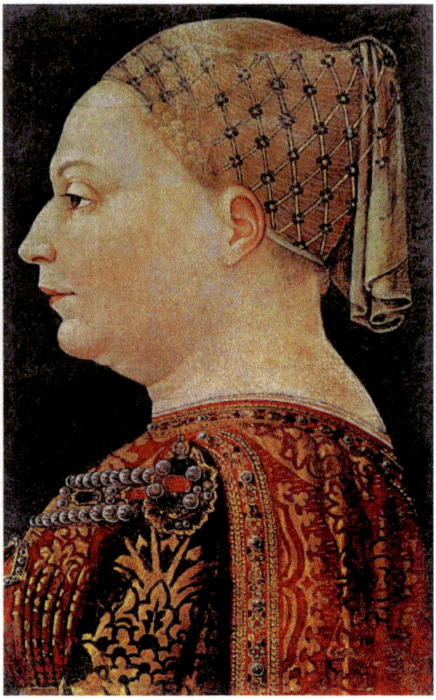

Francesco Sforza y Bianca Maria Visconti en dos paneles pintados por Bonifacio Bembo (c. 1460). Wikimedia Commons.

engalanados que seguían la tradición romana que había loado el poeta Petrarca en su poema *Triunfos*.

Después de los fastos, la nueva pareja se dirige a su alcoba y, antes de acceder a las estancias nupciales, Francesco descubre un pequeño cofre y se lo ofrece a su ya esposa. Con cierto nerviosismo, la joven abre la tapa y observa que hay una baraja cubierta por un fino paño de terciopelo. La mira con admiración: en las cartas hay dibujadas imágenes que jamás había visto antes, grabadas en vivos colores con fondo de pan de oro, y, ante su sorpresa, interpela a su esposo: «¿Qué es esto? Creo haber visto algo parecido en el *studiolo* de mi padre». Y él le contesta: «Así es, se trata de una baraja única conocida como el Juego de los triunfos, como los de Petrarca. Si te fijas bien, en este mazo podrás observar cartas en las que estamos los dos, y verás también el escudo de nuestras familias».

Esta es una historia más legendaria que real, ya que no tenemos una referencia escrita que lo atestigüe. No obstante, es una de las narraciones que han circulado a lo largo del tiempo para establecer el origen de este enigmático juego de cartas que conocemos como tarot. Pero lo que sí sabemos con certeza es que tanto Filippo Maria Visconti, el padre de la novia, como Francesco Sforza, el esposo, encargaron durante su vida varios juegos de triunfos, que se conocerán un siglo después con el nombre de tarots. De estos mazos de cartas, a los que llamaremos visconteos, conservamos parcialmente más de una decena de ellos, de los cuales tres son los que tienen un número considerable de cartas, aunque ninguno se ha conservado completo.

De esta terna, el primero es el conocido como Pierpont-Morgan Bergamo y data aproximadamente de 1451. Sabemos que estaba compuesto por setenta y ocho naipes de los que se conservan setenta y cuatro. Recibe su nombre de los lugares donde se conservan sus cartas: la biblioteca Pierpont-Morgan en la ciudad de Nueva York, que guarda treinta y cinco naipes, la Accademia Carrara, con veintiséis, y la colección privada de la familia Colleoni en Bérgamo, con los trece restantes.

El segundo conservado es el llamado Cary-Yale o Visconti de Modrone, cuyo nombre proviene de la colección Cary, que pasó a la Biblioteca Universitaria Yale en 1967. Está fechada aproximadamente en 1466 y de ella se conservan sesenta y siete cartas.

El último de la terna es el Tarot Brera-Brambilla. Su nombre se debe a que el mazo fue obtenido por el coleccionista Giovanni Brambilla en 1900. Más tarde, en 1971, fue adquirido por el Estado italiano y pasó a formar parte de la colección de la Pinacoteca de Brera en Milán donde, por cierto, tenemos también el Tarot Sola Busca, del que nos ocuparemos más adelante. Este tarot visconteo tiene la particularidad de que conocemos casi de forma fehaciente quién fue su artífice, Bonifacio Bembo, pues los registros revelan su encargo por parte de Francesco I Sforza en 1463. De este mazo se conservan solo cuarenta y ocho cartas, de las que dos son triunfos: el Emperador y la Rueda de la Fortuna.

Aunque estos tres son los más importantes, existen más vestigios de tarots visconteos, la mayoría en manos de coleccionistas privados. No obstante, no quería dejar de mencionar el Visconti del Museo Fournier de Vitoria-Gasteiz. Allí se conservan tan solo seis naipes, de los cuales solo contamos con dos triunfos: el Emperador y la Papisa. Sin duda alguna, una muestra relevante de la presencia en España del tarot de los orígenes.

De esta época, también conservamos registros documentales que nos hablan de otro foco importante en el desarrollo del tarot. Nos estamos refiriendo a Ferrara, que puede que fuera el núcleo donde se gestó este juego

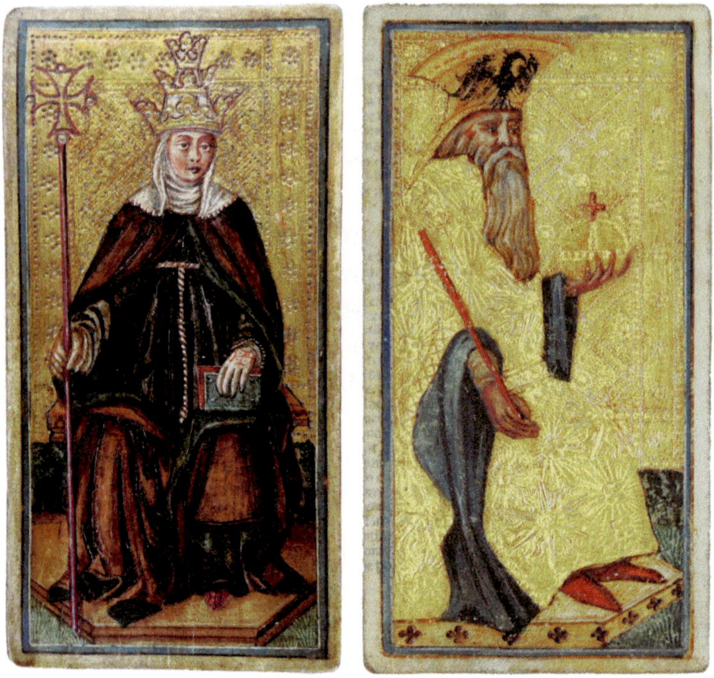

La Papisa y El Emperador del Tarot Visconti del Museo Fournier.

de cartas, incluso antes que en Milán. Tenemos diversos apuntes que mencionan los juegos de triunfos de forma continua desde 1442 hasta la década de 1460. En su momento viajaremos a esta otra ciudad-Estado para estudiar su vínculo con el surgimiento de estos mazos, así como su importancia en la gestación del Tarot de Mantegna y el Sola Busca.

A continuación, vamos a ver cómo son estos tarots visconteos desde el punto de vista de su factura. Están hechos de cartón y cada uno de los naipes está pintado a mano siguiendo el estilo de las miniaturas tardogóticas del entorno milanés. Cada carta se dibujó y pintó al temple y algunas se recubrieron con láminas de oro o plata. Los tres mazos tienen figuras muy similares y contienen escudos heráldicos, lo que nos lleva a pensar que todas ellas deben proceder de un entorno cortesano. Un texto de la época refuta este supuesto: se trata de una referencia de la mano de Flavio Alberti Lillio en Ferrara, en donde afirmó que «el juego del tarot es de señores, príncipes, reyes, barones y caballeros».

Pero ¿qué representan estas cartas? Veamos la composición de estos juegos. La mayoría poseen una misma estructura: setenta y ocho cartas, de las cuales cincuenta y seis son numerales, divididas en cuatro palos (Oros, Copas, Espadas y Bastos) a las que se suman otras veintidós, conocidas como triunfos. Las primeras serán las que conocemos como arcanos menores y las segundas como arcanos mayores. Aunque esta denominación es más tardía en el tiempo, pues no aparece hasta el siglo XVIII, la utilizaremos en este texto.

El significado de los personajes que contienen y el sentido de este juego suponen, todavía hoy, el gran secreto del tarot. En estas páginas trataremos de arrojar algo de luz a esta cuestión. Para ello, viajaremos al Renacimiento italiano en busca de los orígenes del tarot, nos trasladaremos a Francia para ver cómo se gestó el Tarot de Marsella y, a partir de ahí, estudiaremos la transformación esotérica y ocultista del tarot para llegar a las barajas contemporáneas. Un viaje, sin duda apasionante, al que te invito a que me acompañes.

1

Antecedentes del tarot

Los juegos que nacieron en Oriente

Un santón de la India despierta a su joven discípulo. «Hoy vamos a aprender algo muy importante: las reencarnaciones de nuestro señor Vishnu, y lo vamos a hacer a través de un juego». Ante la sorpresa del muchacho, el maestro toma una serie de fichas redondeadas ordenadas en cuatro categorías y cada una numerada del uno al diez, además de otras que contienen preciosas imágenes. Antes de empezar, este le explica al aprendiz los símbolos del juego y le va describiendo sus significados:

- El pescado es Matsya, el que condujo la barca con Manu, el primer hombre, y lo salvó del gran Diluvio.
- Las tortugas representan a Kurma, la Tortuga, sobre la que descansa la montaña y que produjo las catorce gemas que se perdieron en el Diluvio.
- El jabalí, que es Varaha el Jabalí, que destruyó al gigante Hiranyakasha y se elevó sobre el océano.
- Los leones, que representan a Narasimha el León, que destruyó al gigante Hiranyakashipu.

Así continuó el maestro hasta hablarle de las diez reencarnaciones de Vishnu y, una vez que el alumno comprendió, comenzaron el juego.

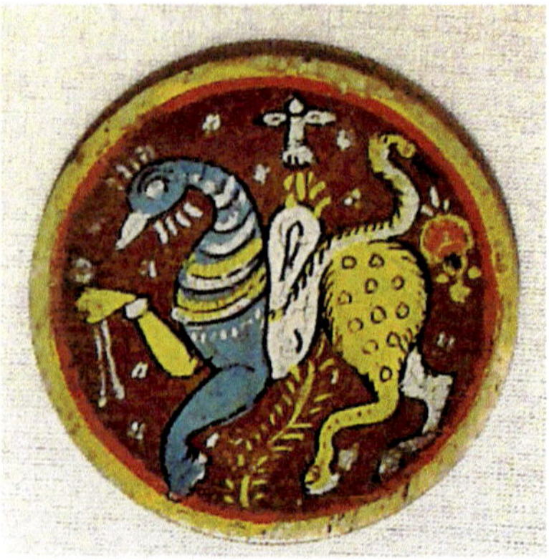

En el Mahabharata *hindú, Navagunjara es una criatura compuesta de nueve animales diferentes. El animal es un motivo común en el estilo de pintura conocido como Pata-Chitra. Esta bestia se considera una encarnación de Vishnu. Fotografía de juggadery. Wikimedia Commons.*

Esta escena que contemplamos se dio en algún momento de lo que para nosotros fue el Medievo. Nos habla de un juego tradicional de la India llamado Ganjifa considerado por algunos estudiosos como el antecedente directo de la baraja de cartas, aunque no hay pruebas totalmente concluyentes. A diferencia de los naipes, se juega con fichas redondas elaboradas con capas de madera pintadas a mano. Y las cartas que nosotros llamamos de corte, en este juego, adquieren un significado sagrado con las reencarnaciones de Vishnu, como acabamos de ver. Así que el posible antecedente de nuestros naipes es un juego sacro.

Si seguimos indagando, encontramos una teoría que nos habla de otro posible origen indio de los juegos de cartas y que explicaría cuál sería el germen de los cuatro palos de Oros, Copas, Espadas y Bastos. Haría referencia al dios andrógino Ardhanari. Se le representaba como un ser en el que se funden Shiva y su esposa, Devi, y se le dibuja con una copa, una espada, un anillo y un cetro. A veces, estos símbolos aparecen como atributos del dios mono Hanuman. A pesar de todo, no conservamos ninguna baraja india que use estos símbolos. Otro argumento en contra es la ausencia de documentación al respecto que vincule las cartas occidentales con estas deidades indias.

En cualquier caso, ambas hipótesis nos hablan de que este tipo de juegos en la India tenían un carácter sagrado. La pregunta que nos formulamos a continuación es acerca de este aspecto: ¿los juegos de cartas occidentales poseen algún tipo de significado trascendente? ¿Quizá pudieron contenerlo algunos juegos de cartas como el tarot? Trataremos de resolver esta cuestión a lo largo de este libro.

Pero seguimos en Asia rastreando posibles juegos que fueran importados a Europa. Esta vez fijamos la mirada en China. Aquí el vínculo entre esta gran nación e Italia se halla en la Ruta de la Seda. Sabemos que los comerciantes venecianos, como el gran Marco Polo, estaban en contacto con el gigante asiático. Así que la idea de que los comerciantes trajeran juegos desde China hasta Italia es una suposición verosímil, pese a no tener registros escritos de ello.

Lo que sí sabemos es que, en este gran país oriental, se conocían ya las técnicas de estampación, por lo que la producción de cartas en serie sería factible. El juego chino más antiguo del que tenemos noticia se desarrolló con la dinastía Tang, entre los siglos VII y X. Se trata de la conocida como «baraja de los dados», y que algunos pensadores proponen como el antecedente del dominó. También nos llama la atención otra teoría que propone el uso adivinatorio de este juego de cartas.

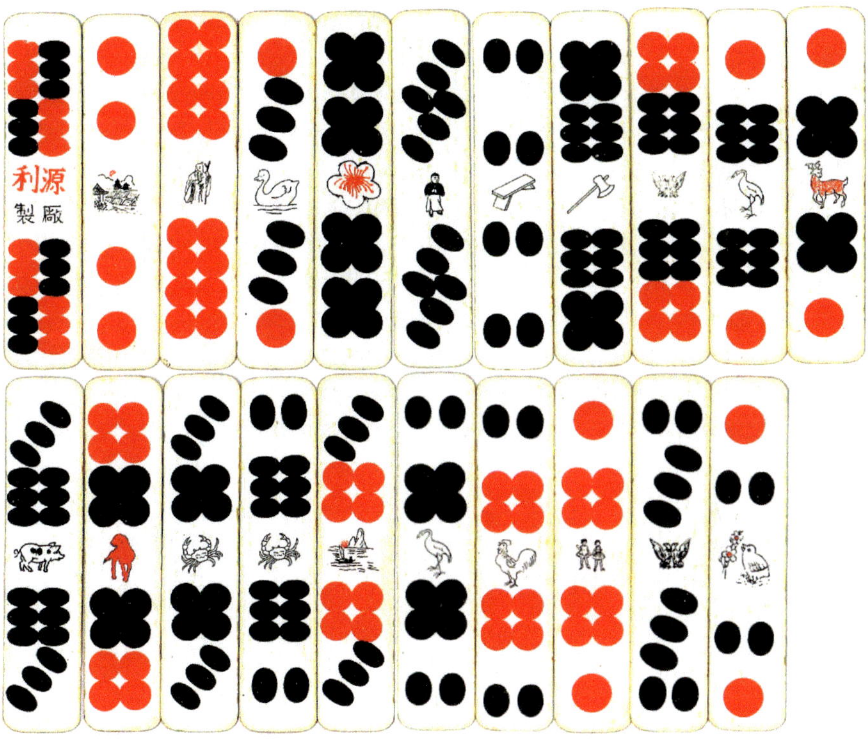

Cartas de un dominó chino con el palo civil en la parte superior y el palo militar en la parte inferior. Wikimedia Commons.

La referencia más antigua a este pasatiempo la tenemos en una crónica, el *Liao Shih* de T'o-t'o, escrito durante la dominación de la dinastía Liao a finales del siglo X, donde se menciona que el emperador Mu-tsung jugaba a las cartas en la noche de fin de año. Las barajas que conservamos son posteriores en el tiempo. Solo hay una que se remonta al siglo XI, unos trescientos años después. Lo curioso de esta baraja es su vínculo con el dinero: sus palos son todos numismáticos, con distinta clasificación de monedas. Está numerada y tiene también cartas de corte.

Nos acercamos a Europa y debemos fijar la mirada en el Próximo Oriente, donde todas las pruebas nos indican que allí bien pudo estar el nacimiento de los naipes y que estos llegarían hasta nosotros a través de los contactos con el islam. Esta hipótesis sugiere que este juego habría penetrado en Europa, o bien a través de Italia por el comercio veneciano, o de España por Al-Andalus. Otra posibilidad apunta a Tierra Santa, donde los cruzados europeos podrían haber conocido la baraja en contacto con los mamelucos. Y un último posible flujo podría haber sido el contacto mogol con Centroeuropa.

Sea como fuere, las primeras barajas aparecen en Europa en el siglo XIV. Veamos, ahora desde el prisma de Occidente, la llegada de las primeras barajas de origen oriental.

Nos remitimos a una crónica de la ciudad de Viterbo de mano de un fraile llamado Francesco d'Andrea, de la que solo se conservan copias, pero de la que sabemos que se dice que «en el año 1379 llegó a Viterbo el juego de las cartas que en el habla de los sarracenos se llama *nayb*». Este término, *nayb*, bien podría ser una variante de *na'ib*, que quiere decir virrey, nombre que recibía una de las cartas de corte de las barajas árabes. De aquí deriva la palabra española «naipe» para designar genéricamente las cartas de juego.

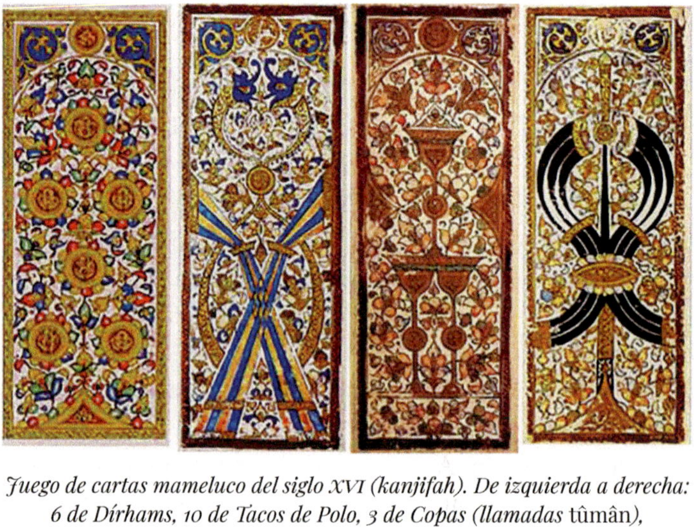

Juego de cartas mameluco del siglo XVI (kanjifah). De izquierda a derecha: 6 de Dírhams, 10 de Tacos de Polo, 3 de Copas (llamadas tûmân*), y 7 de Cimitarras. Fotografía de Countakeshi. Wikimedia Commons.*

El precedente de este juego es, con toda probabilidad, la llamada «baraja de los mamelucos» que fue pintada a mano hacia el año 1400. Se conserva casi completa en el palacio de Topkapi, en Estambul. Las cartas miden unos 25 centímetros de alto por 9,5 de ancho y están preciosamente decoradas. Cada palo tiene diez cartas numerales y tres cartas de corte, que se identifican por cartelas y no por su apariencia formal, debido al carácter anicónico de la cultura árabe que no permitía la representación de personas o animales. Las tres cartas de la corte representan al rey (*malik*), al virrey o gobernador (*na'ib*) y al segundo gobernador (*na'ib thani*), que en Occidente se convirtieron en el rey, el caballo y la sota de la baraja latina.

Los palos de esta baraja son las cimitarras, los dírhams, los tacos de polo y los *tûmân*. El primero se habría convertido en nuestras Espadas, el segundo en los Oros, el tercero en los Bastos y el cuarto en las Copas, aunque la correspondencia con el término árabe de este último no está muy clara, pues *tûmân* en turco significa «lo muy abundante», que se ha asimilado con alfileres a las Copas.

Algunas hipótesis sobre el nacimiento del Tarot

Los primeros vestigios del tarot, tal y como lo conocemos hoy en día, datan de la primera mitad del siglo XV en las regiones de Ferrara, Milán y Venecia, en el norte de la península itálica. No obstante, a lo largo del tiempo se han propuesto distintos orígenes sobre este singular juego de cartas. Algunos de ellos están basados en documentos y registros que nos hablan de la posible existencia del tarot ya en el siglo XIV, en concreto, los que se refieren al famoso Tarot de Carlos VI o a la invención del *Tarocchini* de Bolonia por el príncipe Francesco Fibbia, que aludiría a un posible origen boloñés de estas barajas. Otra hipótesis proviene de Alemania, donde encontramos diversas barajas que contienen cartas especiales y que pudieron servir de inspiración para las cartas italianas. Por otra parte, en España contamos también con naipes de características singulares, aunque su uso dista mucho del referido a las barajas italianas.

No obstante, hay otras hipótesis que se basan más en suposiciones que en datos o hechos concretos. Veremos que, en el siglo XVIII, se quiso ver en el tarot un origen egipcio. Allí tenemos a un masón, Court de Gébelin, que descubre un mazo de cartas de tarot y esboza la teoría del origen egipcio del tarot, concretamente a partir del *Libro de Thot*, que habría sido sustituido por símbolos a lo largo del tiempo y que habría quedado cifrado en las cartas del tarot. Esta idea estuvo reforzada por la traducción de los textos de Hermes Trismegisto en la Escuela Platónica florentina por Marsilio Ficino, argumento que vinculaba el origen egipcio del mazo con el hermetismo renacentista, contexto donde surgieron los tarots. Veremos también que esta hipótesis tiene bastantes carencias por distintos argumentos.

Una última propuesta sobre el origen del tarot, y que a nuestro juicio tampoco es consistente, entronca de nuevo con un posible origen egipcio del tarot: el pueblo gitano (supuestamente proveniente de Egipto) habría traído a Europa estos naipes y los habría utilizado desde tiempos muy tempranos como herramienta para la adivinación del futuro.

A continuación, nos ocupamos de estas cuestiones con la intención de valorar la solidez de estos argumentos y saber cuáles nos pueden acercar hacia un verdadero origen del tarot.

El llamado Tarot de Carlos VI

Durante mucho tiempo se creyó que el tarot más antiguo que se conservaba era el llamado Tarot de Carlos VI, hecho que adelantaba la creación del tarot a finales del siglo XIV y situaba su origen en Francia. De este mazo se conservan diecisiete cartas de un total de setenta y ocho, y constituye uno de los pocos ejemplos de los conocidos como juegos de triunfos, pues todas las cartas conservadas se corresponden con figuras alegóricas o arcanos mayores. Su título es inexacto, pues Carlos VI (1368-1422) rey de Francia, no fue el comitente de esta baraja. Hoy sabemos que este mazo fue encargado desde Florencia tiempo después del reinado de este monarca de Francia.

La confusión viene por un testimonio que se conserva datado supuestamente en 1392 por Charles Poupart donde se menciona a un cierto Jacquemin Gringonneur: «A Jacquemin Gringonneur, pintor, por tres juegos de cartas de oro y en varios colores, adornado con varias divisas para el uso del rey por su desánimo: 56 sueldos parisinos».

La nota es auténtica, pero sabemos que se refería a un juego completamente diferente a los posteriores triunfos o tarots. Para ello nos remitimos a las investigaciones de Ross Gregory Calwell que ha rastreado la pista de Jacquemin Gringonneur.

Se trata de un oscuro personaje del que hay breves referencias. Solo se puede afirmar documentalmente que fue un pintor que vivió en París a finales del siglo XIV y que fue comisionado para la elaboración de las tres famosas barajas. No obstante, se puede inferir también que provenía de Flandes o del norte de Francia y que su profesión comprendía la pintura, la iluminación de manuscritos y la creación de cartas. Habría trabajado para los reyes Carlos V y VI de Francia y para los duques de Burgundia y Berry, y una de sus obras más relevantes habría sido la decoración del palacio de Abbeville en Burgundia.

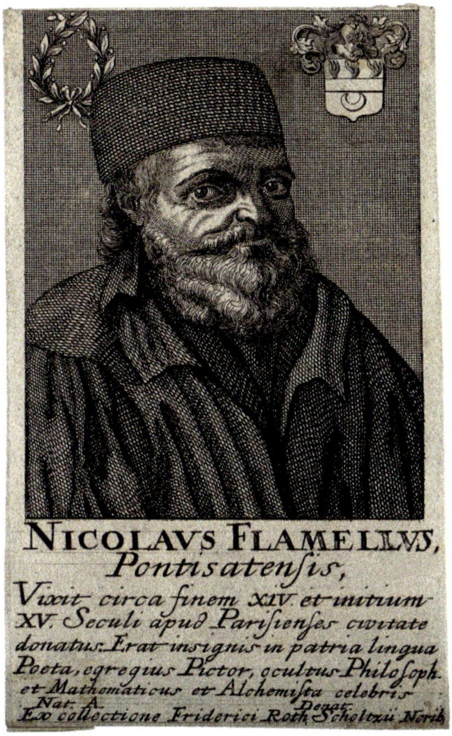

Retrato de Nicolás Flamel. Wikimedia Commons.

Fue en la corte de Carlos VI cuando se le habría encargado la realización de estos tres mazos de cartas y sabemos que las figuras que representó serían muy probablemente alegóricas, inspiradas en tapices, con escenas de caza, mitología o la Pasión de Cristo. También sabemos que los juegos de cartas eran inusuales en aquel tiempo en Francia, pero tenemos noticia de que el hermano del rey, Luis de Orleans, tenía algunas barajas y pudo ser el promotor de la idea de entretener a su hermano con estos juegos.

Sobre Gringonneur hay una leyenda que nos habla de su posible vinculación con un personaje importante, Nicolás Flamel, a comienzos del siglo XV en París. Flamel desarrolló su profesión como copista y conocedor del latín en el momento en que París, gracias a la universidad, producía numerosos textos oficiales. Flamel fue acreditado en el gremio de editores. No obstante, su relato nos cuenta que este hombre, alrededor de 1355, adquirió un grimorio alquímico y dedicó veintiún años de su vida para descifrarlo. Con este fin viajó a España, donde consultó tanto a los especialistas en cábala judía como a los conocedores del mundo antiguo que procedían de

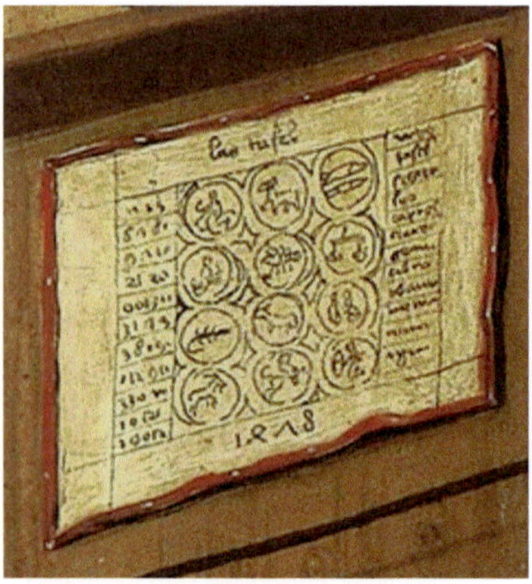

Gabriel Mälesskircher.
Detalle del evangelista san Marcos. 1478.
Museo Nacional Thyssen-Bornemisza.

Al-andalus donde habían pervivido y se habían traducido los textos del griego antiguo en las universidades españolas. Se dice que finalmente encontró en León a un anciano rabí, el Maestro Canches, quien identificó el libro como el *Aesch Mezareph* del Rabí Abraham y enseñó a Flamel el lenguaje y simbolismo para descifrar el texto y lograr el conocimiento secreto.

Esta historia se narra en su *Libro de las figuras jeroglíficas* (1399) y explica que su periplo tuvo un significado mucho más profundo, el acceso al conocimiento de los misterios iniciáticos que se ocultaban en este enigmático libro. Entre estos secretos se encontraba la clave para descubrir la piedra filosofal y la creación de homúnculos a través de la creación de un cuerpo astral, animal o vegetal.

Este vínculo de Gringonneur con Flamel y su leyenda ha servido solo para alargar la sospecha de que esas barajas encargadas por Carlos VI habrían estado imbuidas de ocultismo. Probablemente, si el rey sufría de una enfermedad mental, las cartas no deberían tener solo una finalidad lúdica, sino también terapéutica, lo que nos llevaría a pensar en un vínculo de estos naipes con la astrología médica, una práctica extendida en el Occidente medieval.

Volvamos a la historia con datos en la mano: el rey Carlos VI, también conocido con el sobrenombre del «rey loco» porque estaba afectado por un trastorno mental que le provocaba delirios violentos, que tal vez podrían tratarse de brotes psicóticos o esquizofrénicos. Sabemos que el primero de esos ataques se produjo en el año 1392, así que probablemente el encargo de esta baraja tenía la misión de entretener al rey y paliar de alguna manera su enfermedad que derivaba en los estados melancólicos en los que se sumía tras cada brote violento.

Las diecisiete cartas se conservan en la Biblioteca Nacional de París. Cada una de las láminas tiene un tamaño de 19 × 10 cm. Sabemos que fue un legado a Luis XVI de Roger de Gaiqnieres en 1711, y de ahí surgió la falsa atribución de estos naipes que durante mucho tiempo llevó a creer que pertenecían a la baraja pintada por Gringonneur en 1392. Hoy sabemos que procede en realidad de Italia, como un encargo de Florencia, y fue pintado a finales del siglo xv, probablemente en Ferrara.

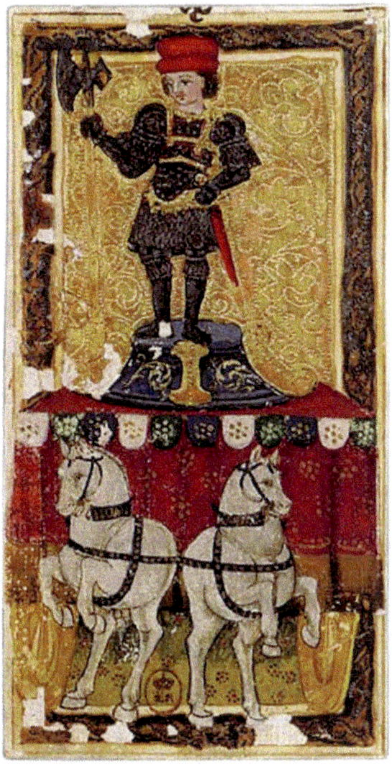

Carta del Carro del Tarot de Carlos VI donde se aprecia el escudo de los Médici. Wikimedia Commons.

Las pruebas que tenemos para esta atribución provienen tanto de análisis químicos y formales como del examen iconográfico. Por una parte, el Laboratorio de Investigación de los Museos del Louvre llevó a cabo una serie de análisis que retrasaban la fecha de este tarot al siglo xv. Según el investigador Thierry Depaulis «son formales: los pigmentos utilizados no nos permiten ir más allá de una datación muy general». La presencia de solapas, como se resalta en el informe de análisis, testifica a favor de la producción tardía, incluso si, obviamente, el dibujo y la pintura se aplicaron una vez que se montó cada carta, como también es el caso para los naipes de la Colección Rothschild». Desde el punto de vista iconográfico, el orden de las cartas presenta un notable paralelismo con las barajas de tradición boloñesa, no obstante, en algunos naipes vemos las siete bolas del escudo de Florencia. Otro elemento curioso es que las cartas que han sobrevivido de este tarot están grafiadas con números romanos. Estos guarismos fueron trazados en tinta y aparecieron ligeramente después de que se confeccionaran las cartas, puede que en la primera mitad del siglo xvi.

Los naipes conservados del Tarot de Carlos VI son los siguientes: El Emperador, El Papa, El Amor, El Carro, La Justicia, El Ermitaño, La Fuerza, El Ahorcado, La Muerte, La Templanza, La Torre, La Luna, El Sol, El Juicio, El Mundo y El Valet o Sota de Espadas, además del Loco, que es un naipe especial que no está numerado. Veremos estas cartas con más profundidad en el segundo capítulo de este libro.

El príncipe Francesco Fibbia, ¿el inventor del *Tarocchini* de Bolonia?

Nos encontramos en Bolonia en el siglo XVII. Concretamente en el salón de honor del Palazzo Felicini. Estamos en la vía Galliera n.º 14, una de las calles más importantes de la ciudad. Apreciamos el gusto renacentista en las columnatas y en la decoración con grutescos, pues este lugar fue erigido en 1497 bajo la promoción del prohombre Bartolomeo Felicini, miembro de una conocida familia de banqueros y senadores de la ciudad. El edificio pertenece actualmente a la familia Fibbia y en estos momentos está siendo decorado por tres importantes artistas: Domenico Maria Canuti, Domenico Santi y Angelo Michele Colonna. Si nos fijamos bien, en uno de sus lienzos nos encontramos con una sorpresa: vemos representado a un noble que deja caer de sus manos algunos naipes con varias figuras que ya conocemos, las cartas del tarot. Se trata del príncipe Francesco Antelminelli Castracani Fibbia, supuesto antecesor de la familia, que vivió a caballo entre los siglos XIV y XV y que, según reza la leyenda bajo su retrato, fue el inventor del *Tarocchino*... Así queda dicho para la posteridad.

Hasta ahora hemos centrado nuestra mirada en el norte de Italia, pero no debemos dejar de lado Bolonia porque en esta ciudad proliferaron los juegos de cartas. Tal fue el fervor por los naipes en la urbe que incluso llegaron a ser prohibidos por el papa. Aquí se conservan mazos de muy distintos tipos, entre ellos, algunos son variantes de los tarots visconteos. De estos, nos acercamos ahora al llamado «Tarocchino de Bolonia». Este mazo cuenta con sesenta y dos naipes, de los cuales veintiuno son triunfos, además de la carta sin número, el Loco. Su número reducido se debe a que se han suprimido las cartas numerales del dos al cinco de los distintos palos. Su presencia está ya atestiguada en el siglo XVI, por lo que una posible autoría en el siglo XIV, como veremos, haría remontar en el tiempo el origen del tarot.

La supuesta prueba de esa antigüedad es el retrato que mencionamos al comienzo, el del príncipe Francesco Antelminelli Castracani Fibbia, que vivió entre 1360 y 1419 y que fue descendiente del famoso *condottiero* o general Castruccio Castracani de la Toscana. Este lienzo es todo un misterio, pues siempre había estado colgado en el salón de honor del Palazzo Felicini en Bologna, pero, por desgracia, en la actualidad se encuentra desaparecido. Y además parece ser que, según algunos autores, este noble príncipe ni siquiera habría existido.

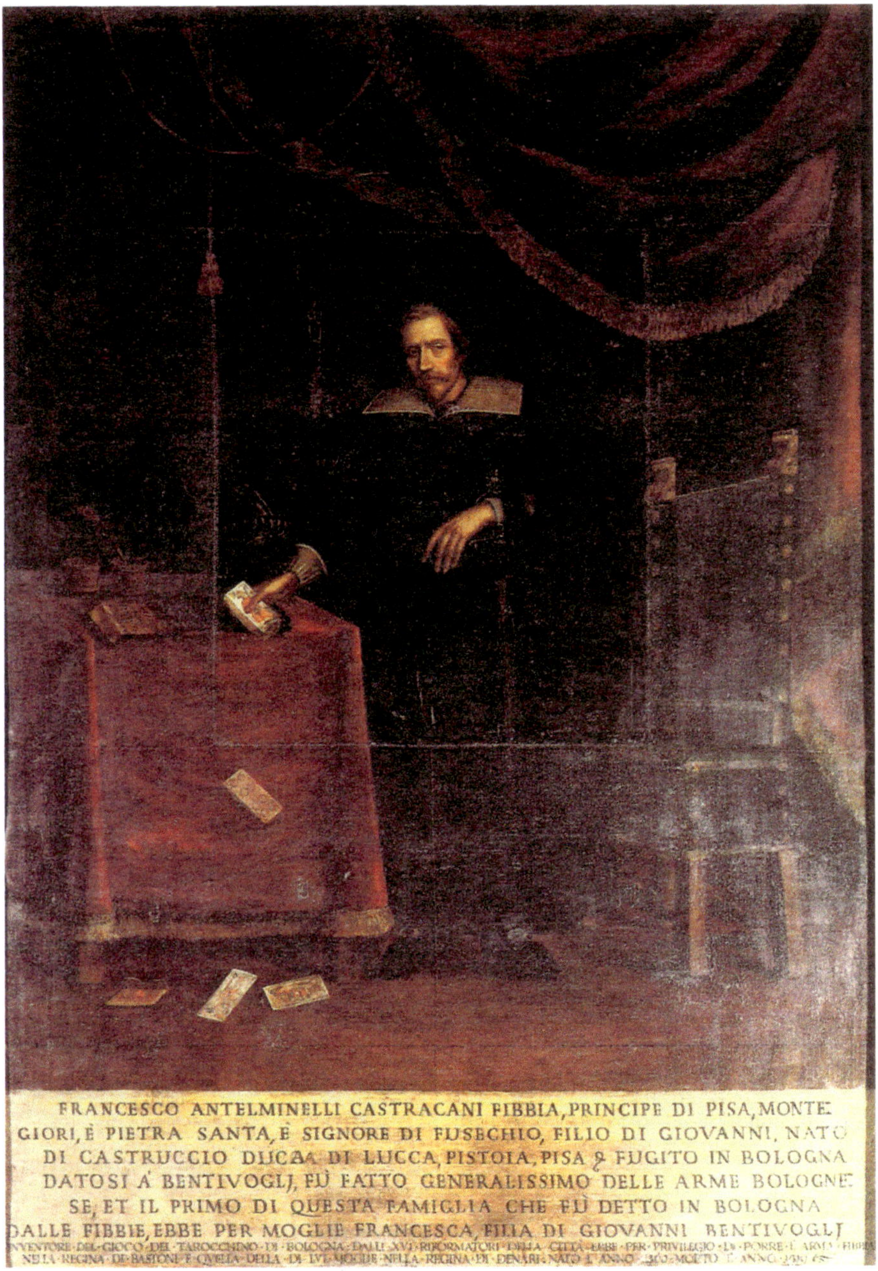

Retrato de Francesco Fibbia (s. XVII). Wikimedia Commons.

Como afortunadamente disponemos de registros fotográficos del lienzo, analizaremos sus elementos para poder averiguar qué se esconde detrás de este extraño retrato. En primer plano, tenemos al príncipe vestido de negro (una tintura poco usual y de alto precio), signo de su alto rango social. En su mano porta la baraja del *Tarocchino* de la cual va dejando caer algunas de sus cartas. Allí podemos ver al Emperador, a la Reina de Espadas y a la Reina de Oros, así como el Ocho de Oros. Por desgracia, en la escena hay una última carta que no puede apreciarse del todo.

En la parte inferior del lienzo puede leerse:

> Francesco Antelminelli Castracani Fibbia, príncipe de Pisa, Montegiori y Pietra Santa, señor de Fusecchio, hijo de Giovanni, nacido de Castruccio Duque de Lucca, Pistoia, Pisa y huido a Bolonia al servicio de Bentivoglio. Fue nombrado comandante en jefe del Ejército boloñés y el primero de esta familia, que se llamaba Fibbia en Bolonia. Se casó con Francesca, hija de Giovanni Bentivoglio.
>
> Fue el inventor del juego *Tarocchino* de Bolonia. En las *XVI Reformas de la Ciudad,* tuvo el privilegio de poner el escudo de armas de Fibbia sobre la Reina de Bastos y el de su esposa, sobre la Reina de Oros. Nacido en el año 1360, murió en el año 1419.

Para indagar sobre quién fue este príncipe, si existió realmente y si tuvo algo que ver con el nacimiento de este juego boloñés, seguimos la investigación de Andrea Vitali de 2003.

Para empezar, las fechas no cuadran. Si Francesco Fibbia murió en 1419, no pudo ser el inventor de este juego, pues hasta 1442 no tenemos referencias sobre el tarot y sus variantes boloñesas. En ese año se menciona que un tarot llega a esta ciudad procedente de Ferrara. Además, según los últimos estudios, el juego del *Tarocchino* no ha sido documentado hasta el siglo XVI.

Vamos con la segunda incongruencia. Si buceamos en los archivos, no hallamos nada de un posible matrimonio con Francesca Bentivoglio ni ningún vestigio de un príncipe boloñés con este nombre. En un principio los historiadores concluyeron que este personaje en realidad nunca existió y que el cuadro fue pintado para dotar de prestigio a la familia Antelminelli Fibbia atribuyéndole un antepasado cuyo mérito era ser el creador de este juego de naipes, tan querido por los boloñeses.

Pero si tiramos del hilo, hallaremos otros indicios. Parece ser que Giovanni no fue el padre de Francesco, hijo de Castruccio Castracani, sino que Giovanni Castracani Antelminelli fue directamente el hijo del general, tal y como recogen las crónicas sobre su familia. La prueba más directa nos lleva al testamento del *condottiero,* datado un año antes de su muerte, en el que hace referencia a su hijo. Pero entonces, ¿de dónde sale Francesco, el retratado en el lienzo? Acudimos a los árboles genealógicos de esta familia que nos ponen sobre la pista: Francesco sería hijo de un tal Orlando, hijo de Enrico, primogénito de Castruccio Castracani. De esta manera, Orlando sería el hermano de Giovanni y Francesco, su sobrino, no su hijo. Así que vemos que desde el siglo XIV al XVII se perpetuó un error en la descendencia que provocó este malentendido. Otros registros hacen referencia también al traslado de la familia originaria de la Toscana hasta Bolonia por una cesión de poder.

Por tanto, el personaje retratado en el lienzo, Francisco Fibbia, sí que existió, pero en realidad, de acuerdo con la genealogía, fue príncipe de Pietrasanta y Monteggiori, y sabemos que también vivió en Bolonia. Lo que no es cierto es que se casara con Francesca Bentivoglio, pues sabemos que ella contrajo matrimonio con Galeotto Manfredi, señor de Faenza. Este dato parece, sin embargo, haber sido añadido a sabiendas, pues era tradición de los siglos XIV, XV y XVI elevar la categoría de sus antepasados mediante referencias a uniones de noble linaje, truco que se aplicó claramente en este caso.

Volvamos al texto que figura en el cuadro. Lo que dice exactamente es que Francesco Fibbia habría inventado un juego llamado «Tarocchino». Pues bien, en el siglo XIV, de haber existido este juego no se hubiera llamado así, sino que el nombre se conocería como juego de triunfos o una de sus variantes, pues la denominación de tarot o *tarocchi* no se empleó hasta el siglo XVI. Además, esto habría supuesto que el *Tarocchino* fuera la primera variante del juego, pero, como sabemos, es una derivación ya que suprime una serie de naipes presentes en los juegos más antiguos conservados.

Las alusiones a la heráldica de los Fibbia que deberían figurar en los naipes no se producen hasta la edición de algunas barajas de los siglos XVII y XVIII, así que esto no parece ser cierto, al menos hasta fechas posteriores a las de la realización de este retrato.

Y pese a todos estos argumentos, ha surgido una teoría a favor de Francesco Fibbia, pero no ya como autor del *Tarocchino*, sino como el propio inventor del tarot original (recordemos que el *Tarocchino* es una versión reducida de los tarots visconteos). Viene de la mano de un estudioso, Michael Dummett, quien mantiene esta controvertida hipótesis aunque no hay ningún documento, salvo este lienzo tardío, que lo pueda demostrar.

¿Será, pues, Francesco Fibbia, el verdadero creador del tarot? Como hemos visto, los años en que vivió son tres décadas anteriores en el tiempo a los primeros tarots, la heráldica de su familia no apareció en ninguna baraja hasta el siglo XVIII y las ciudades donde se gestaron los primeros juegos de triunfos fueron Milán y Ferrara pero no Bolonia. Así que la teoría de que Francesco Fibbia inventase el tarot es, cuando menos, muy discutible. Harían falta, sin duda, otras pruebas de las que no disponemos hasta el momento. Pero ahí queda este extraño personaje que todavía encierra algunas incógnitas...

¿Pudo nacer el Tarot en Alemania?

Un maestro ha llegado a la Colonia, y trae consigo un nuevo invento. Gracias a una licencia otorgada por los gremios de la ciudad, ha podido instalarse en un pequeño rincón de la calle de los artesanos. Sus bártulos se componen de unos tacos de madera, una serie de buriles, tinta y unas planchas metálicas bastante pesadas. Ha podido negociar ya con el gremio de productores de papel y le han llevado una resma a su pequeño habitáculo. Los transeúntes y los gerentes de los negocios vecinos le observan con atención, pues no saben qué es exactamente lo que pretende hacer Johannes, que así se llama este extraño personaje.

Nuestro hombre coloca una plancha metálica en el suelo y va disponiendo sobre ella los tacos de madera que encajan perfectamente en una serie de guías. Si nos fijamos bien, estos parecen tener imágenes grabadas que todavía no distinguimos. A continuación, con una brocha, extiende la tinta por encima de la madera y, hecho esto, coloca una lámina de papel y, sobre ella, otra plancha metálica que hace de prensa. A los pocos minutos, Johannes quita el peso y levanta la lámina. La impronta de las imágenes grabadas en la madera ha pasado ahora al papel, ante el asombro de los que le observan. Repite varias veces el proceso, con lo que consigue tantas copias exactas como sean necesarias.

Efectivamente, estamos ante el nacimiento de la xilografía en Europa, una de las técnicas más antiguas de grabado, originaria de China, y que es un antecedente directo de la imprenta.

Este procedimiento surgió a finales del siglo XIV en las regiones de Borgoña y Renania, y se desarrolló gracias al reciente invento del papel, mucho más manejable que el pergamino, y que se adaptaba perfectamente a la impresión a través de los tacos de madera, como acabamos de ver. La fabricación de este

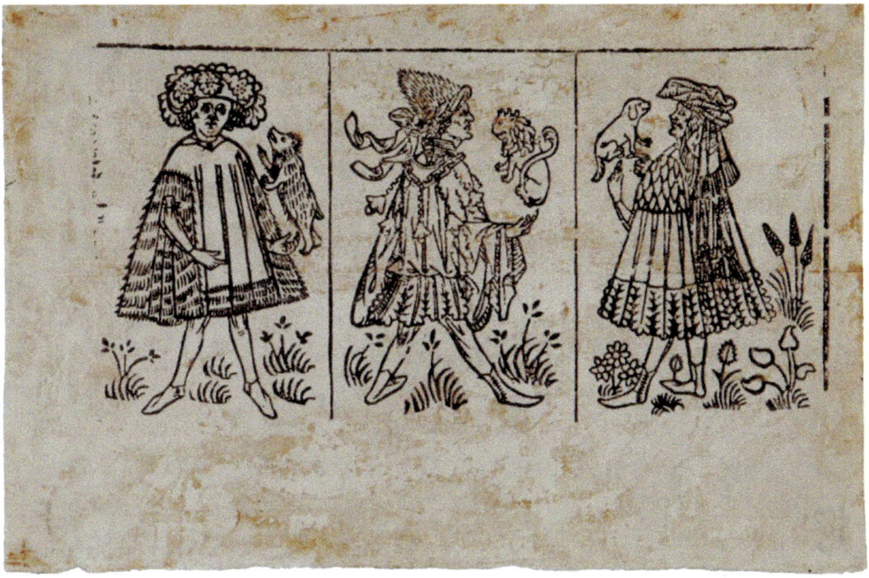

Pliego alemán. 1460. Museo Fournier.

nuevo soporte para la escritura y el grabado tuvo lugar en las ciudades asentadas en los cursos fluviales, ya que el procedimiento de la creación de la pasta de papel requería de grandes cantidades de agua. Además, al estar junto a los ríos los aprovechaban para transportar el papel por las vías fluviales.

En principio, la xilografía sirvió para crear estampas religiosas, que tuvieron un gran éxito. Así, los fieles podían tener una imagen en su casa de Cristo o de la Virgen, a los que podían rezar y venerar sin tener que ir a contemplarlos a la iglesia. Pero no solo de fe vive el hombre, y los maestros germanos vieron la posibilidad de crear un negocio más rentable: la posibilidad de imprimir copias seriadas de juegos de cartas.

Gracias a este invento, los naipes se difundieron con mucha rapidez por toda Centroeuropa, sobre todo por Alemania, donde este pasatiempo se desarrolló rápidamente y con múltiples variantes. Como vemos, esta hipótesis casa con el posible origen europeo de las cartas, como adelantamos antes.

Pero ¿cómo llegaron los juegos de cartas a la zona de influencia germánica? Algunos estudiosos opinan que fue por el contacto militar con los mongoles que asediaban Europa por el este. Sea como fuere, nos han llegado evidencias, tanto registrales como muestras de barajas, que nos hablan de su presencia en Alemania a finales del siglo XIV. Pero estas barajas tienen muchas diferencias respecto a los naipes de tarot. Por ejemplo, los cuatro palos están compuestos por Corazones, Hojas, Bellotas y Cascabeles, en vez de Oros, Copas, Espadas y Bastos. De hecho, estos símbolos son los que se adaptarán a la baraja francesa.

La primera prueba documental de la presencia de los naipes en Alemania es una homilía conocida como *Tractatus de moribus et disciplina humanae conversationis*. Se cree que fue redactada en 1377 por un monje dominico llamado Johannes von Rheinfelden en la ciudad alemana de Friburgo de Brisgovia. No se conserva el texto original pero sí diversas copias posteriores. Este texto es muy curioso porque lo que hace es utilizar la baraja como hilo conductor para dar su visión moral de la sociedad. Allí nos habla de que este juego contenía cincuenta y dos cartas en cuatro palos de trece naipes cada uno. Diez estaban numeradas y tres figuras de corte, a saber: un Rey y dos Oficiales. Conocemos otras versiones del juego. En el texto se mencionan otras variantes en las que se incluían más triunfos: reinas, doncellas y más oficiales, que harían más complejo este juego.

Pero la cosa no queda ahí. Tenemos también noticia de otros mazos conocidos como barajas de caza que datan del año 1430. En la llamada «Baraja de Stuttgart» de nuevo tenemos cincuenta y dos cartas en cuatro palos en los que hallamos elementos de la caza: dos tenían presas (ciervos y patos, junto con personajes masculinos) y los otros dos, cazadores (perros y halcones, con personajes femeninos). Esto nos hace pensar en un juego en el que los cazadores ganan a las presas. Otra versión de este juego es la «Baraja de Ambras», diez años posterior, con halcones, perros, garzas y reclamos. Se diferencia de la primera porque tiene cuatro cartas de corte: Rey, Reina, Sota superior y Sota inferior.

A finales del siglo XV encontramos ya juegos de triunfos en Alemania, aunque con algunas peculiaridades. El juego más antiguo se conoce como Karnöffel, que probablemente derivase del juego de cartas ya mencionado, persa o indio, llamado Kanjifah o Ganjifa. Sabemos que tenía siete u ocho cartas especiales. Se cree que se jugaba con una baraja alemana de la que se quitaban los ases: nueve cartas numerales y las tres figuras de la corte características de Alemania: el Rey, el *Under* y el *Ober* (nuestra Sota y nuestro Caballo). Lo curioso de este juego es que algunas de las cartas numeradas recibían nombres especiales. Se elegía un palo al comienzo de la partida: El Papa era el Seis de ese palo, el Emperador era el Dos, el Siete el Diablo. Esto es, el Karnöffel tenía ya arcanos mayores escondidos en cartas numerales. Se ha pensado que este juego pudiera haber sido el antecedente del tarot, pero no tenemos ninguna evidencia al respecto.

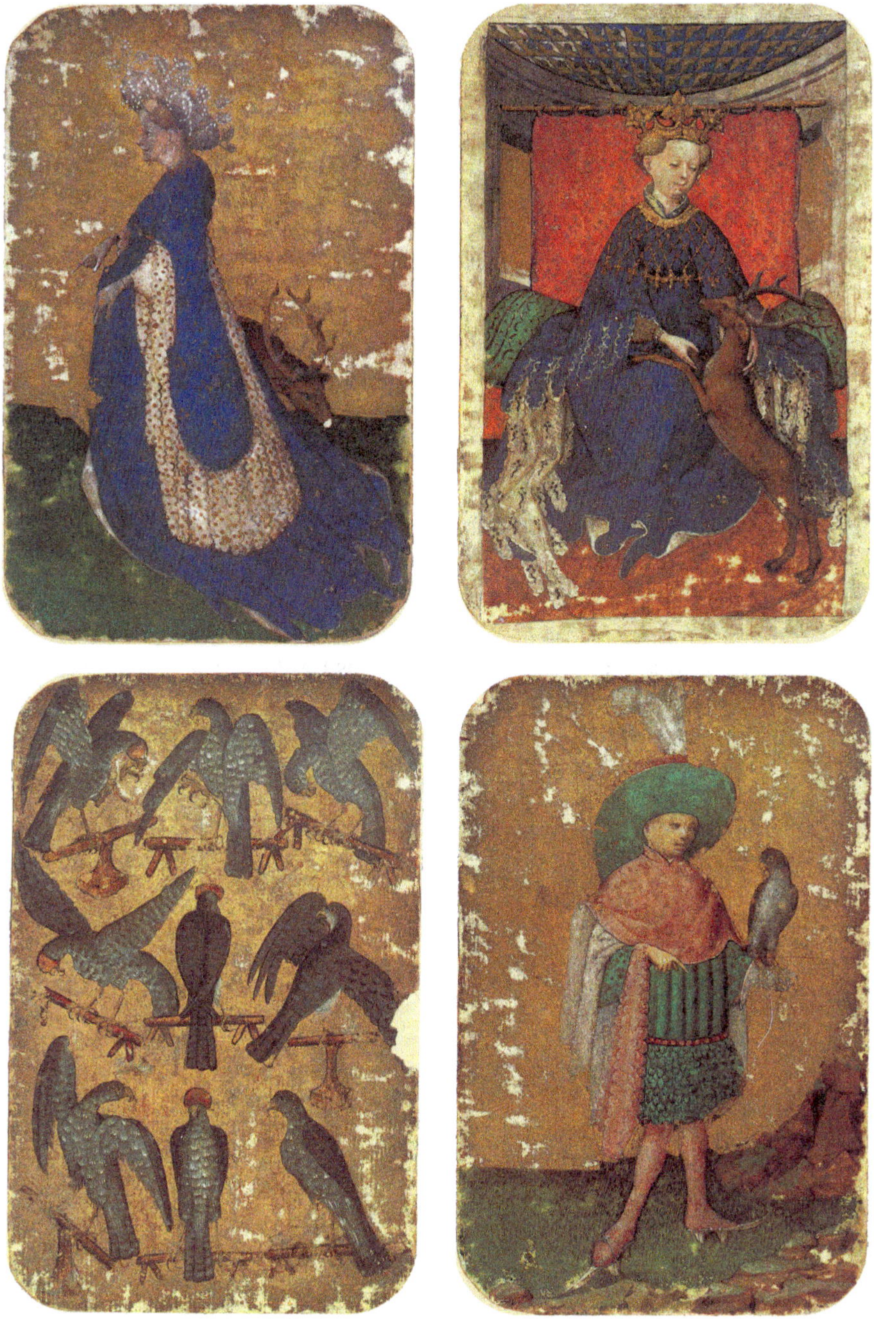

Naipes de la Baraja de Stuttgart del Museo Fournier.

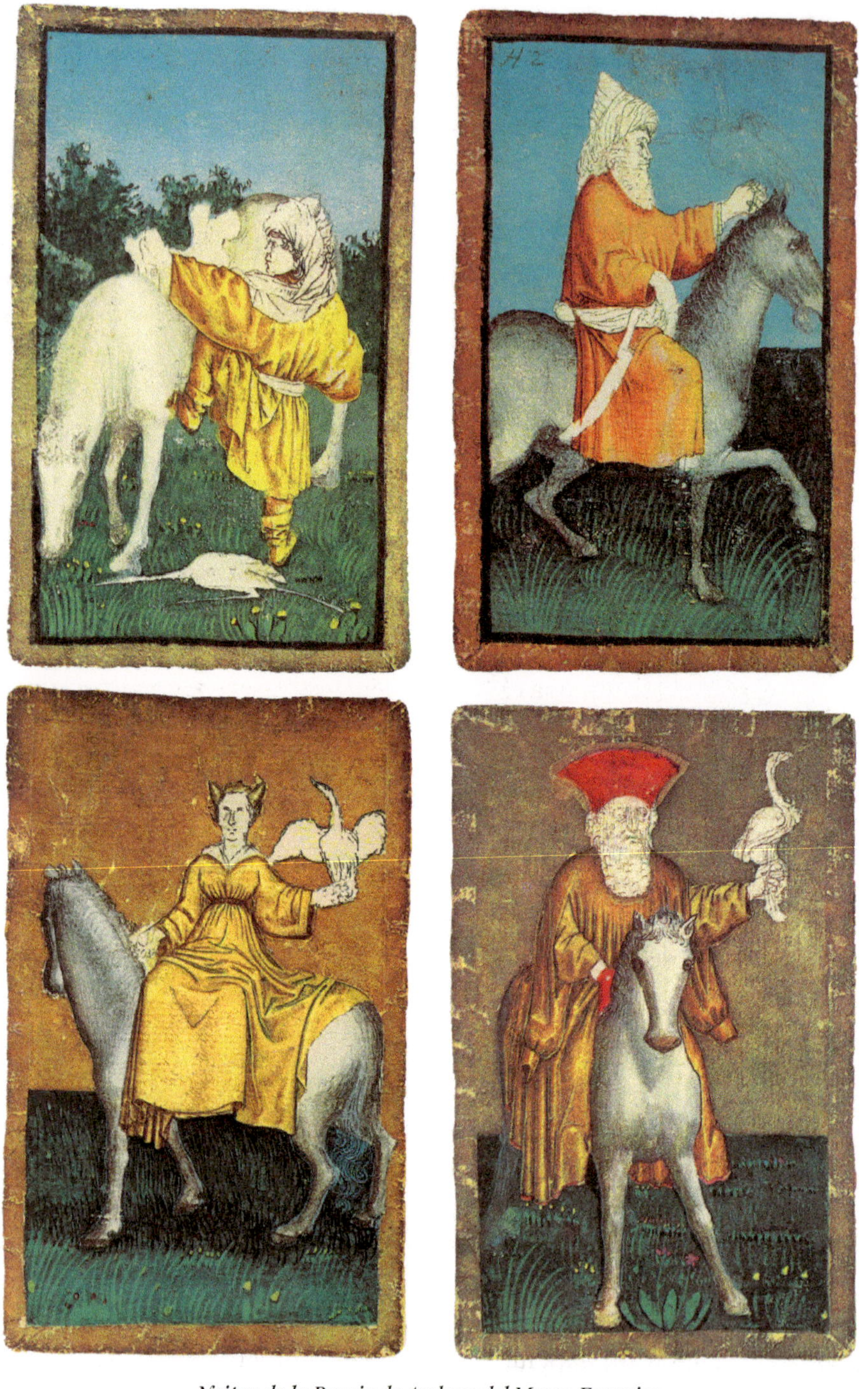

Naipes de la Baraja de Ambras del Museo Fournier.

Para terminar, señalemos un acontecimiento importante en el que se dieron cita los nobles y prelados de todo el continente europeo: el Concilio de Constanza, en Alemania, que duró entre 1414 y 1418. Dado que los juegos de naipes fueron populares en la aristocracia, no es improbable que en este encuentro se compartieran divertimentos, además de debates de índole moral. De hecho, datado en 1423, tenemos un encargo de la casa de los Este de Ferrara a Alemania: una baraja denominada «de los ocho emperadores». Se trata de una intrigante conexión entre Italia y los estados germanos que deja abierta la posibilidad de que el origen primero del tarot se diera en Alemania. Ahí queda el dato.

La Baraja de los Reinos

En Centroeuropa nos vamos a topar con otra baraja de lo más curioso: la llamada *Hofämterspiel* o Baraja de los Reinos, fechada aproximadamente en 1453. Pertenece a las colecciones del Archiduque Fernando en el Castillo de Ambras. Aparece mencionada en el inventario póstumo del archiduque en el año 1596: «En una caja de madera gris, se encuentra un juego de cartas, pintado con una serie de figuras y todos los funcionarios, como pertenecen a una corte principesca, inscrita en ella». Su factura proviene de una xilografía, la técnica que comentábamos antes de la impresión con tacos de madera. No obstante, estas cartas fueron pintadas posteriormente con adiciones de plata y oro que les otorgan una riqueza inusitada que las vincula, de nuevo, con la aristocracia.

Así pues, se trata de una de las cartas de lujo más singulares del continente. Los palos representan a distintos reinos: Francia, Alemania, Bohemia y Hungría, y dentro de cada uno encontramos la escala social. La composición de este mazo se asemeja bastante a la estructura social que propone Sebastian Brant en su obra *La nave de los necios*, de 1494, una sátira de las distintas condiciones del hombre. También podría equipararse con los personajes de las danzas de la muerte, que representan a todos los estamentos, pues la muerte los iguala y termina siempre por llevárselos a todos al más allá. Esta estructura la veremos también en el palo E o S del Tarot de Mantegna, más adelante. En cada palo encontramos, en el nivel superior, los personajes de mayor jerarquía: el Rey, la Reina, el Mariscal, el Chambelán, para luego ir descendiendo gradualmente en el escalafón.

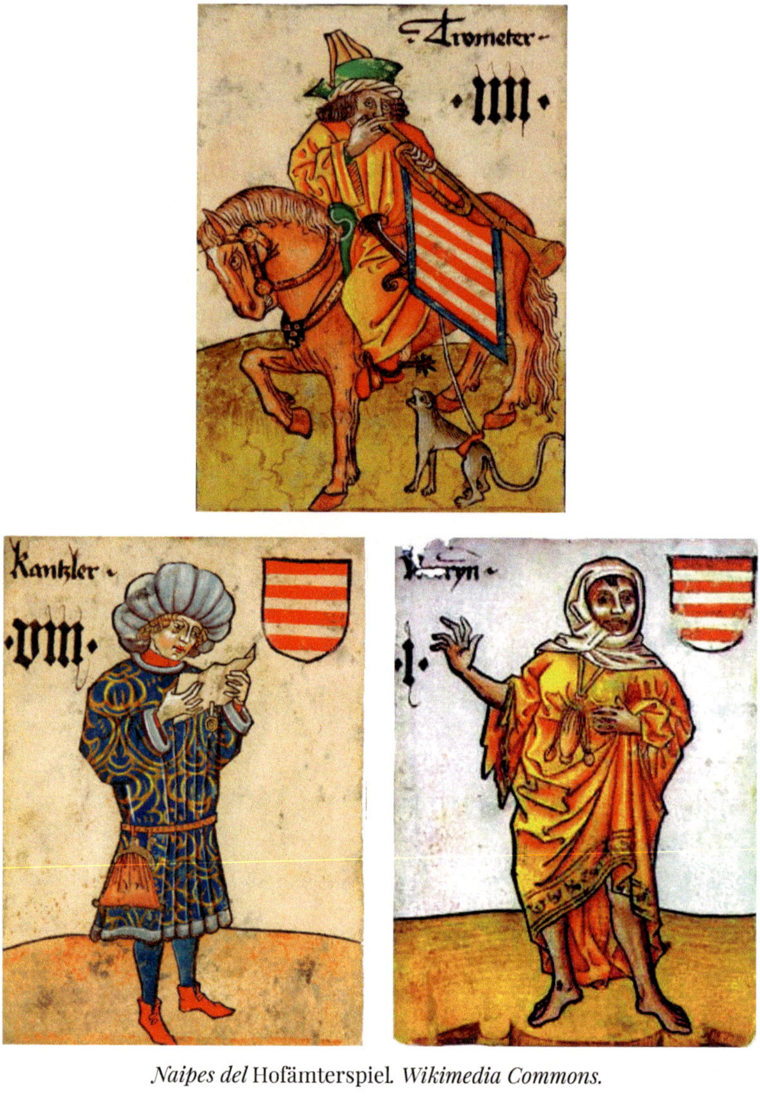

Naipes del Hofämterspiel. *Wikimedia Commons.*

Pero lo más curioso de esta baraja, y lo que nos pone tras la pista del tarot italiano, es la presencia de un personaje fundamental: el Loco. En este mazo, el Loco es el as de cada uno de los palos, lo cual podría darnos una pista del origen de esta carta en las primeras barajas del tarot en Italia. La cuestión es que el Loco o Bufón disfrutó de un estatus privilegiado en las cortes europeas. Por una parte divertía a los monarcas, pero también era capaz de la mofa y la crítica a los mandatarios. Por eso, la carta del Loco no tiene número ni significado *a priori*, pues puede ser positiva o negativa, puede ser el personaje más bajo de la escala, pero también el más alto si se burla del rey. En palabras de Shakespeare, el loco es «lo suficientemente sabio como para hacer el tonto».

Asimismo, debemos mencionar que la elección de los cuatro reinos tiene un fundamento histórico. Así, este juego de naipes responde a una situación política concreta. Con la muerte de Luis el Grande de Hungría, en 1382, su reino quedó en manos de su hija Marie, quien se casó con Segismundo de Luxemburgo (hijo de Carlos IV), que gobernó como rey de Hungría desde 1387 hasta 1437. Posteriormente, Segismundo se convirtió en rey de Alemania en 1410 y de Bohemia en 1419. Por último, en 1433, fue coronado emperador del Sacro Imperio Romano.

Por tanto, los tres reinos fueron incluidos dentro del imperio. Así lo vemos en la heráldica de estas cartas: Segismundo introdujo el águila bicéfala como escudo imperial. El sucesor de Segismundo, Alberto V de Austria, mantuvo la unión entre los tres reinos, pero murió repentinamente, dejando la corona a su hijo, Ladislas, como heredero, aunque no pudo reinar hasta 1452, cuando fue reconocido como duque de Austria y rey de Bohemia y Hungría. Tras esto, se comprometió con Madeleine de Francia, hija de Carlos VII, para estrechar la unión con Francia. Así, Ladislas se convirtió en emperador con el nombre de Federico III, uniendo así todos los reinos mencionados. Sin embargo, tras la muerte de Ladislas en 1457, los cuatro reinos quedaron de nuevo separados.

Este devenir histórico nos habla de que, en el momento en que fueron creadas estas cartas, los cuatro reinos estaban bajo el auspicio del Sacro Imperio Romano Germánico. Tiene, pues, todo el sentido la división de los cuatro reinos, así como los niveles y estamentos de sus componentes. Podríamos decir que este es el primer juego de azar basado en la geoestrategia.

Observando esta baraja vemos varios puntos de conexión con el tarot, que ya hemos mencionado: la presencia del Loco, que se da en los tarots visconteos, la estructura jerárquica, que aparece en el Tarot de Mantegna, además de la conexión con la historia de la época, que veremos en el Tarot Sola Busca.

El ajedrez y las justas

Nos detenemos por un momento en el origen de las cartas numerales y de corte que constituyen la base del tarot, así como de los demás juegos de naipes. Las cartas del uno al diez y las tres o cuatro cartas de corte podrían provenir de una adaptación del juego del ajedrez en su variante para cuatro personas. Así, los peones se transformarían en las cartas numerales y algunas de las demás piezas, como el Rey, la Reina, el Caballo y el Alfil, pasarían a ser las cartas de corte. Faltaría la Torre pero, como veremos, figura entre las cartas de triunfo.

Pero, para que esta hipótesis sea verdadera, tenemos que fijarnos en dónde se juega al ajedrez con cuatro oponentes, y esto nos lleva de nuevo a la India. El relato más antiguo de un juego de ajedrez para cuatro jugadores se cita en el libro *Tahqiq ma li-l-hind*, un estudio sobre la cultura india escrito por el erudito persa Al-Biruni alrededor del año 1030. El libro cita una variante para cuatro jugadores de un juego indio conocido como Chaturanga, jugado en un tablero de ochos filas y ocho columnas. Se conoce también como Chaturaji (que en sánscrito querría decir «cuatro reyes»). El juego se podía jugar en equipo o todos contra todos y originalmente requería de los dados para determinar qué pieza mover. Así pues, aquí tendríamos otra hipótesis del surgimiento de las barajas convencionales con naipes numerados, además de los personajes cortesanos.

Pero hay otra teoría para explicar el origen de las cartas de corte: los torneos medievales. Se trata de competiciones de caballería entre dos bandos para conseguir un trofeo. Ambos montados a caballo, con lanza y escudo, corrían por dos calles paralelas y trataban de derribar al oponente. Estas justas tuvieron preeminencia en la Baja Edad Media y en el Renacimiento y se convirtieron, durante mucho tiempo, en la diversión favorita de la corte. Los espectáculos celebrados eran frecuentemente por coronaciones, bodas reales, nacimientos, conquistas, paces, alianzas, embajadas, además de otras circunstancias, de menor importancia, relacionadas con la nobleza.

Se suele atribuir su origen a Godefroy II, señor de Preville, que murió en el año 1060, aunque solo sabemos que dictó unas normas para estos juegos. Pero si miramos referencias anteriores, ya en el siglo VI, Enodio de Pavía cita los torneos elogiando a Teodorico. Otra mención aparece en el año 920, cuando Enrique I el Pajarero tomó parte en uno celebrado con motivo de su coronación.

Si nos fijamos en estos torneos, siempre estaban presididos por el Rey y la Reina, y estaban protagonizados por los combatientes a caballo que contaban, además, con un mozo o escudero que lo ayudaba. Aquí tenemos, pues, las cartas de corte: Rey, Reina, Caballero y Paje. De ser esto así, tene-

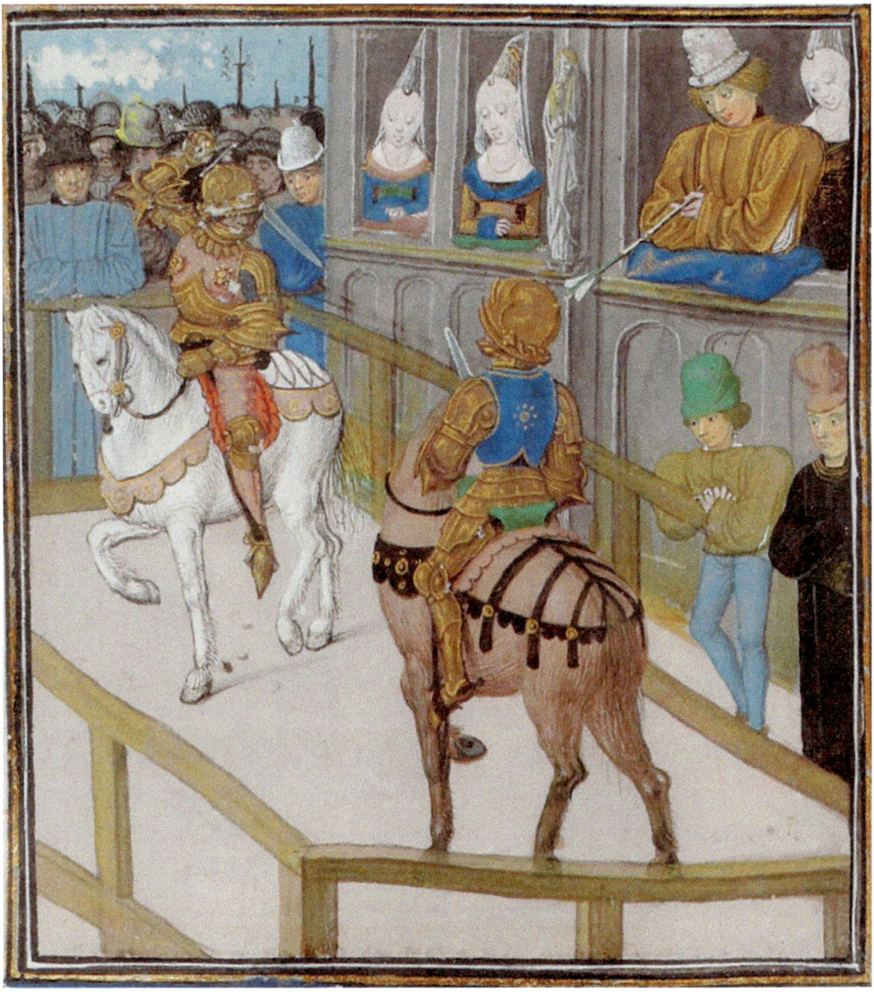

Justa de Betanzos en 1387 entre Reginald de Roye y John Holland, que aconteció en España. Ilustración de las Crónicas de Jean Froissart's.

mos que las barajas de cartas serían la versión portátil y sencilla de las justas. De este modo, la nobleza se podía divertir emulando los torneos sin necesidad de todo el boato. Que esto fuera así entra dentro de lo probable, pero, de nuevo, no tenemos una prueba fehaciente de que este fuera el origen de las cartas de corte.

Una descripción del juego de naipes en España

> Non creo nuevo será á vuestra sennoría haberme mandado que con alguna lectura vos syrviesse: y como vuestro mandado non podiese negar, pensélo poner por obra; mas como la escriptura non fuese breve nin tiempos asy quietos como quisiera, la conclusion ó medio de aquélla está por faser. Asy que para esperar la tal cena magnificencia y virtud, acordé de enbiar á vuestra noblesa una colación ó passatiempo de la manera que baxa se fará relacion.

Así comenzaba la misiva que Fernando de la Torre enviaba a Mencía Enríquez de Mendoza, condesa de Castañeda, en una fecha en torno a mediados del siglo xv y cuyo testimonio quedó registrado en el *Cancionero de Lope de Stúñiga*, un códice del siglo xv del que tenemos una copia editada en Madrid en 1872. Eso sí, la baraja de la que nos habla está desaparecida y de ella no tenemos más noticia que esta.

El noble enviaba en esta carta un texto en el que explicaba las instrucciones para jugar a los naipes, que le habría regalado, en teoría, a la condesa. Estamos hablando de un juego contemporáneo al tarot de los orígenes. Pero, como vamos a ver, parece haber más divertimento y picaresca que trascendencia en el juego español.

La persona que supuestamente trajo estos naipes a España fue, según los documentos, el citado Fernando de la Torre, un noble que se había educado en Florencia y que había asistido al Concilio de Basilea en el que, como ya hemos comentado, pudo haber intercambios de juegos entre los aristócratas de las diversas cortes europeas, y el tarot pudo ser uno de ellos.

Lo más curioso es que las crónicas hispanas nos revelan cómo las cartas de corte de la baraja española estaban identificadas con personajes de la época o míticos.

Por una parte, este mazo contaba con una carta adicional, la del emperador. Según nos dice De la Torre, esta carta representa a la propia condesa de Castañeda, pues es a ella a quien va destinada la baraja. El resto de triunfos son personajes contemporáneos o legendarios:

- Espadas:
  El Rey – La abadesa del monasterio de Santa María la Real de las Huelgas.
  El Caballero – El rey de Castilla.
  La Sota – Una procesión de parejas de damas y caballeros.

- Bastos:
  El Rey – Pentesilea, reina de las amazonas.
  El Caballero – La Judith bíblica.
  La Sota – Dido.

- Copas:
  El Rey – Lucrecia.
  El Caballero – Don Fernán Alonso (personaje ominoso por asesinar a su esposa adúltera y a otras cuatro mujeres en 1448).
  La Sota – No se menciona.

- Oros:
  El Rey – La dama del lago.
  El Caballero – Gismonda.
  La Sota – Vidus (personaje legendario).

En cuanto a las cartas numerales, también tienen su significado particular:

- Espadas - Monjas - Color rojo.
- Bastos - Viudas - Color negro.
- Copas - Esposas - Color azul.
- Oros - Doncellas - Color verde.

Como hemos visto, este juego de naipes consta de una carta más, el Emperador, que vence a todas las demás. Otro aspecto destacable es el componente femenino: las cartas más altas son siempre mujeres y las numerales aluden a distintas condiciones femeninas. Y el desarrollo del juego parece llevarnos a una especie de partida en la que hay relaciones sentimentales entre hombres y mujeres.

Sabemos que la puntuación de las cartas de corte era la siguiente: el Rey, doce puntos, el Caballero, once, y la Sota, diez. Las cartas numerales tenían su valor numérico. Así que, con esto, tenemos un juego puramente de azar, en el que la puntuación de cada carta sirve para ganar o perder frente al contrincante. Pero a esto se le suma la identificación de las cartas con personajes reales o míticos, con monjas, viudas o doncellas, que le aportan un sentido picaresco al juego. Así que los naipes tendrían un segundo sentido, una vinculación con las artes amatorias, en muchos casos con relaciones prohibidas socialmente, como son las relaciones de las monjas y de las mujeres casadas. Desde luego, en España, el juego de los naipes no pasó de ser un divertimento, además de incorporar este componente carnal o erótico en su desarrollo.

Pero puede que haya una tercera lectura. Para ello, traemos una cita del escrito de Fernando de la Torre a la condesa:

> y demás, puédense conoscer quáles son mejores amores, sin aver respecto a lo que puede contescer, y puédense echar suertes en ellos a quien más ama cada uno, e a quien quiere más...

Esta cita haría referencia a que la baraja se puede utilizar para conocer los amores. Esto es, el uso adivinatorio de los naipes para cuestiones del corazón. Estaríamos ante una forma de ver el futuro a través de los naipes. Además, esta sería una de las primeras referencias a este tipo de prácticas vinculadas a los juegos de cartas.

Ahora bien, la identificación de las cartas con personajes históricos o mitológicos pone este juego de Fernando de la Torre en directa relación con otro de los tarots que veremos en este libro: el conocido como Sola Busca.

Sea como fuere, este juego español contiene algunos elementos que podría haber heredado de los tarots italianos; sin embargo, su uso parece más picaresco que sagrado, como hemos visto en juegos ya mencionados.

El precedente más directo: la Baraja de Michelino

Ponemos rumbo, de nuevo, a la corte de Milán en los primeros años del siglo xv. Allí nos topamos con una historia que nos habla del precedente más directo del tarot, la conocida como Baraja de Michelino, pero que por desgracia está perdida. No obstante, tenemos textos de la época que nos hablan de ella y nos refieren al personaje que mandó, años después, crear el primer tarot. Me estoy refiriendo a Filippo Maria Visconti, gobernante de esta república y gran amante de los juegos, sobre todo de los naipes.

Veamos con qué información contamos para trazar la historia de la Baraja de Michelino, la cual nos dará también la pista para el origen de los primeros juegos de triunfos. Nos encontramos con un nombre propio: Pier Candido Decembrio, biógrafo de Filippo Maria Visconti, cuya vida recopiló en un texto fechado en 1447. Decembrio nos habla de cómo a Filippo

Maria y su corte les encantaba inventar nuevos juegos de cartas. Aunque Filippo Maria era una persona muy tímida e introvertida, adoraba los juegos de estrategia (como es el caso del ajedrez y los naipes que, como hemos visto, pueden estar relacionados entre sí). En este escrito se menciona que, entre 1420 y 1425, el duque Filippo Maria le pidió a Marziano Rampini di Sancto Aloisio, más conocido como Marziano da Tortona, que desarrollara para él una baraja que hablara del origen de su familia. La intención, probablemente, sería la de conmemorar el nacimiento de su futura hija, Bianca Maria Visconti, que nació en 1423.

Marziano da Tortona fue un sabio muy cercano a Filippo Maria. Fue su maestro en la Universidad de Pavía desde 1409 y más tarde pasó a ser su secretario y consejero. Era un gran conocedor de la Antigüedad clásica, además de ser un experto en astrología. Este componente astrológico lo veremos presente en muchas barajas, como reseñaremos en las siguientes páginas.

Las cuentas del ducado de Milán reflejan el pago de una cantidad de mil quinientos ducados para la elaboración de esta baraja, lo que suponía una cantidad considerable, al artista Michelino da Besozzo, quien ya había pintado la genealogía de la familia Visconti. Por suerte, aunque no conservamos ninguno de los naipes de esta baraja, sí que contamos con una explicación realizada por Marziano da Tortona que se conserva en la Biblioteca Nacional de Francia. Veamos lo que nos cuenta.

En primer lugar, Marziano afirma algo muy curioso y que nos puede servir de pista para deducir el uso posterior del tarot. Dice que un hombre serio debe abstenerse de jugar a divertimentos infantiles o que no conduzcan a la felicidad (esto sería una referencia a los juegos de azar). Después hace una mención a que, en la Baraja de Michelino, aparecen héroes famosos que representan facultades positivas y que son en realidad personajes mitológicos.

Veamos cuáles eran estas figuras dentro de la baraja: había dieciséis en total, un número considerado perfecto por la corte milanesa. Cuatro eran las virtudes: Júpiter, Apolo, Mercurio y Hércules (Justicia, Sabiduría o Prudencia, Templanza y Fuerza). Los siguientes eran las riquezas: Juno, Neptuno, Marte y Eolo. El tercer grupo son las vírgenes: Palas, Diana, Vesta y Daphne. Y por último los placeres: Venus, Baco, Ceres y Cupido.

Aparte de estas cartas con referencias mitológicas había cuatro palos caracterizados por distintos tipos de pájaros: Las Águilas, asociadas a las virtudes, los Fénix a las riquezas, las Tórtolas a las vírgenes, y las Palomas a los placeres. La elección de los pájaros no era casual, sino que estaban vinculados con la heráldica de los Visconti.

Cada palo tenía un Rey, como la figura de mayor valor, y por debajo tenía, probablemente, cartas numerales. Por desgracia, no sabemos cuántas cartas en total tenía cada palo, pero en esa época lo usual es que tuvieran diez naipes cada uno, por lo que podemos inferir que tuvieran este mismo número.

La verdadera novedad de la Baraja Michelino fue que estos dieciséis dioses estaban al mismo tiempo relacionados con las cartas de cada palo, a la vez que eran independientes. En el juego, todos ellos tenían un valor más alto que cualquiera de las cartas de su misma serie. Así que este juego fue quizás el primero en el que hay un grupo de triunfos autónomos, lo cual podría convertirlo en el primer tarot o, al menos, en el precedente más directo de este juego.

A la muerte de Filippo Maria Visconti, la Baraja de Michelino pasó a manos de Iacopo Antonio Marcello, que luchó junto a Francesco Sforza contra la República milanesa. Este personaje, a su vez, regaló la baraja a Isabel de Lorena en 1449. En la carta que acompañaba a este regalo se menciona que se trata de una baraja de triunfos inventada por el duque de Milán y pintada por el pintor Michelino. En ese momento se pierde el rastro de esta baraja, y solo sabemos que sobrevivieron dos copias de la carta de Marcello y la nota con las explicaciones de Martiano. Ojalá en el futuro salga a la luz alguna de estas cartas pues, desde luego, suponen el antecedente más próximo a los tarots visconteos, los primeros en la historia de este juego tan especial.

2

Los primeros juegos de triunfos

Los tarots de Ferrara

Corrían las primeras décadas del siglo XV en Ferrara. Los dominios del duque Niccolò III d'Este (1384-1441) abarcaban todo el entorno de esta ciudad, además de Módena y Reggio Emilia. Aunque formalmente su corte estaba bajo el mandato del papa, Niccolò había maniobrado bien para tener el control de la región y se mantenía fuerte ante los embates de Venecia, Florencia y Milán, que querían hacerse con sus territorios.

Pero Niccolò era un hombre bastante mujeriego a la vez que sumamente celoso. Había enviudado de Gigliola de Carrara sin descendencia oficial pero sí con varios hijos bastardos. Al poco tiempo, en 1418, contrajo un segundo matrimonio con Laura Malatesta, llamada la Parisina, originaria de Rímini. Laura era una gran aficionada a los juegos de cartas y conservamos varios registros en los que figura ella como comitente de varias barajas, aunque no hay pruebas de que se trataran de juegos de triunfos.

Aunque el matrimonio de Niccolò y la Parisina parecía feliz, pasados algunos años el duque sospechó que su mujer tenía un amante. Para descubrir quién estaba traicionando su honor, Niccolò mandó instalar un juego de espejos en su alcoba de modo que, desde un lugar escondido, podía ver claramente quién era el amante de su infiel esposa. Para su dolor y sorpresa, descubrió que el amante de su esposa era Ugo, el primero de sus hijos ilegítimos. Montó en cólera y, tres días después, ordenó que los dos amantes fueran decapitados. Además, ejerciendo su tiranía, promulgó un bando por el que condenaba a toda mujer adúltera a ser ejecutada. Es significativo que pasaran varios años hasta que se volvieran a tener noticias de nuevos encargos de mazos de cartas.

Pese al carácter celoso y cruel, Niccolò y tres de sus hijos que le sucedieron en el poder (Leonelo, Borso y Ércole, de los que hablaremos en detalle más adelante) hicieron del ducado de Ferrara un lugar próspero para el desarrollo de las artes y la cultura. Además, como vamos a ver a continuación, esta región fue cuna también de diversos tarots de los que no se sabe todavía a ciencia cierta si pudieron ser incluso anteriores a los visconteos. También será muy importante en la gestación de los tarots de Mantegna y Sola Busca, de los que nos ocuparemos más adelante.

Vamos a ver qué registros y qué barajas han sobrevivido hasta nuestros días y qué datos arrojan acerca de los orígenes del tarot.

El primero de los documentos que nos pone sobre la pista de una baraja fuera de lo normal data de 1423, y fue comisionada por la Parisina. Allí podemos encontrar la referencia de un pago por un mazo llamado «de los ocho emperadores». No sabemos a qué juego podría corresponder, aunque los triunfos de los tarots Visconti no tienen más que un solo emperador.

Pero el segundo registro importante hace referencia a un personaje que ya conocemos: Bianca Maria Visconti, justo antes de su boda, el 1 de enero de 1441. Esta referencia se hace eco del encargo de Niccolò de catorce cartas con figuras como regalo de Navidad para la joven, aunque no se menciona la palabra «triunfos». A la vista de este encargo se ha hipotetizado que estas catorce cartas podrían ser triunfos que se agregarían a los juegos normales de naipes, un complemento para convertir una baraja en un tarot. Así que, de ser esto cierto, el tarot podría ser ya conocido en Ferrara en la fecha probable del Visconti de Modrone.

Además estamos viendo que Bianca Maria era, cuando menos, una gran aficionada a los juegos de cartas, al igual que su padre Filippo Maria de quien habría heredado la afición. Pero tenemos más datos: Bianca Maria había pasado algún tiempo en la corte estense porque parece ser que fue prometida a Leonello, uno de los hijos de Niccolò. ¿Aprendió Bianca Maria el juego de triunfos en Ferrara? ¿O fue ella la que llevó los naipes a la corte de los Este?

La estancia de la joven en Ferrara ha sido vista por algunos historiadores como una treta para presionar a Francesco Sforza y que este se desposara con Bianca Maria. Desde luego, este episodio entra dentro de las intrigas palaciegas entre cortes con fines políticos y es difícil precisar los intereses de las diversas familias y el casamiento de Bianca Maria.

Solo pasaría un año del matrimonio de Bianca Maria y Francesco hasta tener la primera noticia de un juego de triunfos en Ferrara. De hecho, se trata de la primera referencia escrita alusiva a las cartas de triunfos:

> Al maestro Iacomo, llamado Sagramoro, el día 10 de febrero por haber pintado las Copas, las Espadas, los Dineros y los Bastones y todas las figuras de cuatro barajas de cartas de triunfos, de las que una tenía una cubierta roja y tres verdes [...].

Desde luego, si el tarot no fue inventado en Ferrara, este lugar fue un foco importante para el desarrollo de nuestro juego. Veamos a continuación las pruebas tangibles de la vinculación de la corte estense con el tarot: las dos barajas ferrarenses que conservamos.

La primera de ellas se conoce como Tarot de Ercole de Este. Nos ha llegado muy deteriorada y de ella solo quedan dieciséis naipes: ocho son triunfos y ocho, figuras. Su vinculación con Ferrara queda atestiguada pues en los escudos de la Reina de Espadas y del Caballo de Bastos se encuentran los emblemas heráldicos de la casa de Este: el águila de plata sobre fondo azul y las

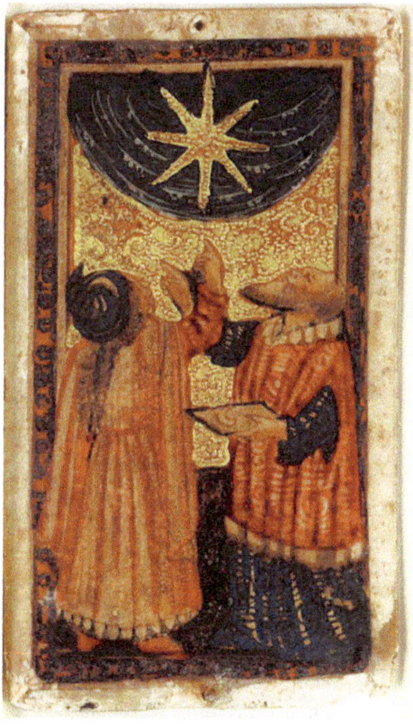

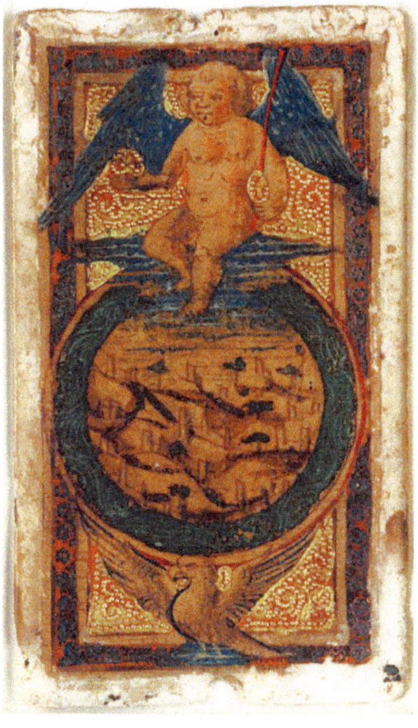

Triunfos del Tarot de Ercole d'Este: La Estrella y el Mundo.

tres flores de lis doradas que hacen referencia al vasallaje al rey francés Carlos VII que se añadió a su blasón en 1431. Otra referencia heráldica se refiere al matrimonio de Ercole con Eleonora de Aragón, acontecido en 1473, pues podemos ver en el Caballo de Espadas el emblema de los Trastámara napolitanos: en el escudo vemos los palos dorados y rojos, además de flores de lis y de una cruz que podría ser la de Jerusalén. Otros símbolos de la casa de Este y de Nápoles aparecen en los escudos de la Reina de Espadas y el Caballo de Bastos (casa d'Este) y en el del Caballo de Espadas (reino de Nápoles).

También ha llegado hasta nosotros, pero más deteriorada todavía, la llamada Baraja de Alessandro Sforza, de la que conservamos quince cartas y de las que solo cuatro son triunfos. Aquí solo vemos un símbolo heráldico reseñable en el escudo del Rey de Espadas: un clavel con dos plumas dentro de un anillo con un diamante. Sabemos que este emblema fue usado por Niccolò d'Este y que siguió utilizándolo su hijo Ercole. Y la vinculación con Alessandro Sforza (1409-1473), señor de Pésaro, proviene del permiso que le otorgó Ercole para usarlo.

Sabemos que Alessandro era hermano de Francesco Sforza, marido de Bianca Maria Visconti. Colaboró con él en la conquista de Milán, Alessandria y Pésaro. Tras varias contiendas de las que salió vencedor, obtuvo, en 1444, el señorío de Pésaro entregado por Galeazzo Malatesta, señor de Rímini.

Antes de finalizar hay un dato importante que conocemos: el orden de los triunfos de las barajas de Ferrara. Se trata de una prueba tardía, pero nos revela un posible orden de los arcanos mayores. Ha llegado hasta nosotros una plancha grabada con los triunfos sin recortar. El sentido que tenían estos naipes especiales sería el siguiente:

> El Mago (I), La Emperatriz (II), La Papisa (III), El Emperador (IIII), El Papa (V), La Templanza (VI), El Carro (VII), El Amor (VIII), La Fortaleza (VIIII), La Rueda (X), El Ermitaño (XI), El Ahorcado (XII), La Muerte (XIII), El Diablo (XIIII), La Torre (XV), La Estrella (XVI), La Luna (XVII), El Sol (XVIII), El Ángel (XVIIII), La Justicia (XX), El Mundo (XXI).

La baraja de Alessandro Sforza tiene una característica especial: una carta de triunfo inédita, que no concuerda con las anteriormente mencionadas, y de la que no sabemos su significado. En ella podemos ver a una mujer desnuda sobre un ciervo de gran cornamenta. La mujer se cubre el sexo con una mano y con la otra sostiene una jarra que apenas se advierte por una

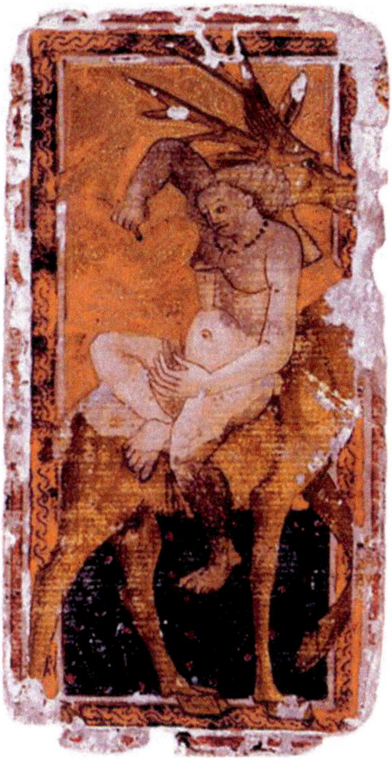

Naipe de la mujer sobre el ciervo del Tarot de Alessandro Sforza. Museo Cívico Castello Ursino, Catania.

tenue silueta en el fondo dorado. Podría representar, tal vez, la virginidad. No obstante, el jarro de agua iconográficamente podría identificarse con la templanza. Otras interpretaciones recurren a la mitología: podría ser Acteón transformado en un ciervo por haber deseado a la virgen Diana que lo monta.

Estas dos barajas de triunfos no son las únicas que conservamos realizadas en Ferrara durante el siglo XV. Es posible que el llamado Tarot de Carlos VI, que ahora analizaremos, fuera hecho en Ferrara, aunque parece más clara una filiación florentina, al menos en el encargo. También contamos con otra baraja, conocida como Tarot Rothschild, de la que solo ha sobrevivido un arcano mayor, que parece provenir de Ferrara. Y podría haber más barajas perdidas, pues contamos con testimonios documentales que nos hablan de que, al menos, entre 1450 y 1463, se produjeron veinticinco mazos de cartas de triunfos.

Aquí no acaba la vinculación de Ferrara con los orígenes del tarot. Volveremos a la corte estense para ver el desarrollo del Tarot de Mantegna y del Sola Busca. Allí aparecerá un nuevo elemento que impregnará todas las cortes del norte de la península itálica en el último tercio del *Quattrocento*: el hermetismo, que se presentará bajo diversas formas, como la astrología, la alquimia, la magia o la cábala.

El *Tarocchino* Boloñés

Viajamos a tierras boloñesas. Allí se había fundado en el año 1088 la universidad más antigua del mundo, conocida por aquel entonces como *Alma mater studiorum*. Había sido fundada por un carmelita, Irnerio, primero como una serie de escuelas municipales, para adquirir después el reconocimiento como universidad.

Esto nos hace ver que la llamada Edad Media no fue, en absoluto, una era oscura, sino que en ella se sentaron las bases del conocimiento, inaugurando la institución universitaria, el templo del saber, que pronto se extendería a todo el continente europeo.

Se ha especulado con que los juegos de naipes se desarrollaron en Bolonia por la concurrencia de los estudiantes, que los utilizarían como pasatiempo. Este argumento se sostiene por varios hechos. El primero, la gran industria de producción de barajas, que fue un próspero negocio en esta ciudad y núcleo para la exportación de este juego a toda Italia. Relacionado con esta industria, tenemos el dato de un robo: en 1459, las autoridades detuvieron a un ladrón, entre cuyo botín se encontraron, entre otras cosas, una baraja de triunfos, sustraída muy probablemente al maestro Giovanni d'Alemagna, maestro del gremio de productores de cartas. Esto nos hablaría ya de la presencia del tarot en Bolonia a finales de la década de los 50 del siglo XV.

Y el segundo argumento son los sermones que acusaban a estos juegos como enseñanzas del diablo y propensos al pecado. En este sentido, podemos citar un sermón del fraile franciscano Bernardino de Siena en 1423. Del sermón solo conservamos copias posteriores, una de 1445 y otra de 1472. En las dos versiones se habla de una baraja con reyes y reinas, con soldados superiores e inferiores, con un total de cuatro figuras por cada palo. Es curioso notar que, en la versión de 1472, se menciona entre los juegos prohibidos el de los triunfos, lo que no acredita su veracidad, pues esta cita no aparece en la versión de 1445. A este sermón de 1423 le siguió una hoguera de las vanidades, como la ya mencionada de Savonarola en Florencia, en la cual se perdieron, entre muchas otras cosas, múltiples barajas. ¿Habría algún tarot entre ellas? Esto adelantaría la fecha del nacimiento del tarot y lo situaría en Bolonia, pero las pistas no son en absoluto concluyentes.

Pero miremos los datos que sí conocemos con veracidad: el desarrollo de los juegos de triunfos en Bolonia, a través de una modalidad muy peculiar y que ya hemos mencionado: el *Tarocchino*. Vamos a ver a continuación su posible origen y composición, así como los arcanos mayores que de él conservamos.

El nombre de *tarocchino* es un diminutivo. Haría referencia a un tarot pequeño, con menos cartas de lo habitual. Ya lo vimos. Se trata de una baraja de triunfos a la que se le quitan las cartas numerales del dos al cinco.

Las primeras muestras que conservamos de este juego serían dos hojas sin cortar cuya fecha original desconocemos, probablemente del siglo XV. Ya del siglo XVI solo conservamos un arcano mayor de este juego: el Diablo, hoy en el British Museum de Londres. En el reverso de este naipe encontramos algunos datos interesantes. El primero es el nombre del fabricante, M. Agnolo Hebreo, y el dibujo de un hombre con un lema picaresco: «Quien pierde se rasca el culo», lo que nos habla de un juego probablemente de azar y alejado de cualquier sentido trascendente.

Contamos con una lista de los arcanos mayores y su secuencia es la siguiente: El Mundo, La Justicia, El Ángel, El Sol, La Luna, El Astro, El Fuego, El Diablo, La Muerte, El Colgado, La Vieja, La Rueda, La Fortaleza, El Amor, El Carro, La Templanza, El Papa, La Papisa, El Emperador, La Emperatriz, El «Mimo» y El Estúpido.

Ya en el siglo XVI comenzamos a tener referencias escritas sobre el *Tarocchino*. Se trata de dos sonetos que lo mencionan haciendo referencia a un uso político de las barajas, también al uso adivinatorio, así como unas instrucciones del juego.

En primer lugar, tenemos unos versos que nos advierten de que este juego tenía un objetivo político particular: censurar el comportamiento de un tal Techeli en la guerra entre el Sacro Imperio Romano y el Imperio otomano, que se reveló como traidor a los cristianos actuando supuestamente bajo el amparo del rey de Hungría.

En otro poema encontramos la posible vinculación de este juego con la adivinación: las cartas se colocan en siete montones de cinco cartas cada uno. Lo más probable es que la adivinación se hiciese tomando uno de los siete paquetes de cartas por parte del sujeto, y que el vidente distribuyese las cartas en una disposición especial e interpretase su significado. Este uso adivinatorio está en cuestión, pero parece tener relación con la cartomancia francesa. De ser cierto, adelantaría en dos siglos el uso adivinatorio del tarot, ya que normalmente no se menciona esta práctica hasta el siglo XVIII. De modo que, si es así, aquí tenemos una posible evidencia esotérica del tarot a finales del siglo XVI.

Por último, tenemos las reglas del juego del *Tarocchino*, que no están demasiado claras y que tienen una cierta complejidad e involucran de una manera oral también a los jugadores. Se eligen distintos objetos pertenecientes a los participantes, se intercambian mensajes al oído entre los jugadores, se cuentan historias y se compara a cada uno de los sujetos con un triunfo y se expone cuál debería ser la profesión de cada uno y la razón por la cual se elige. Se trata, por tanto, de un juego que relaciona los naipes con las características de los jugadores y se cree que podría ser fundamentalmente un entretenimiento.

Visto todo ello, tenemos aquí una muestra de que los juegos de triunfos, al menos en un segundo estadio, ya a finales del siglo XVI, pudieron tener usos políticos, adivinatorios y de pasatiempo. Así que el uso original del tarot pudo ser múltiple, no siendo el entretenimiento el único destino de este juego de cartas, sino que pudo tener que ver con disciplinas esotéricas y herméticas, como trataremos de demostrar.

El poema de Boiardo: el tarot del amor

Cuatro pasiones de la dama del alma
Tienen cuarenta cartas en este juego;
Al más digno, lo que menos le da lugar,
Y su significado los colorea.

Cuatro figuras aún tienen cada color,
Que a las deudas soy oficio del loco,
Con veinte y un Triunfos, y a lo sumo vil loco
Él es un loco, entonces que el loco y el mundo aman.

Amor, esperanza, celos, miedo
Ellos son la pasión, y un trío tiene las cartas,
Para no irse, quién jugará, por error.

El número en los versos si aparece:
Uno, dos, tres, al más alto grado:
Queda por encontrar el arte del juego.

Con estos versos comienza el capítulo del juego del tarot compuesto por Matteo Maria Boiardo (Scandiano, 1441 – Reggio Emilia, 1494). Fue un poeta y político al servicio de la familia Este de Ferrara; fue gobernador de Módena y de Reggio Emilia. En su faceta de escritor y bardo, podemos señalar su versión italiana de *La canción de Roldán*, titulada *Orlando innamorato*. El argumento procede del corpus de las obras referidas a Carlomagno, pero su tono es muy diferente al propio de los romances bretones. Su intención era dirigirse a las damas y caballeros de la corte. Trata de aventuras tanto bélicas como sentimentales en las que aparecen seres fantásticos, tales como monstruos, fuentes mágicas o personajes misteriosos.

Pero lo que más nos interesa de este hombre es la composición que llevó a cabo acerca de las reglas de un juego de tarot. Se trata de un poema en verso que hace referencia a un mazo del que no tenemos noticia, cuya versión conocida probablemente se produjo después de la muerte de Boiardo en 1494, pero que tuvo que ser anterior a la muerte de su dibujante, Viti, en 1500. Así que queda acotado como quizá el último de los tarots del *Quattrocento*.

El Tarot de Matteo Maria Boiardo es una obra poética dividida en capítulos y ejemplifica la estructura de una baraja de tarot. Los primeros cuatro capítulos están dedicados a los siguientes temas: amor, esperanza, celos y miedo. Estas pasiones humanas se describen en catorce tercetos y reemplazan, en la creatividad de Boiardo, los palos clásicos de las cartas. Pero este supuesto tarot parece estar compuesto de solo cuarenta cartas, por lo que no sabemos si en realidad tiene una serie de triunfos, como hemos visto en los demás mazos, o si simplemente adaptó las figuras de corte y las dotó de un significado como el de los triunfos. Como la baraja está diseminada y solo nos quedan cartas de palos, poco más podemos saber acerca de este juego.

Si analizamos los naipes que tenemos, vemos que presentan varias particularidades. En primer lugar, los palos de la baraja son diferentes: Látigos (que significan miedo), Ojos (que son los celos), Jarrones (o Copas, relativos a la esperanza) y Flechas (símbolos de amor). En segundo término, cabe señalar que el enfoque del juego está centrado en las relaciones amorosas. En esto parece diferir de los tarots que hemos visto hasta ahora, de un carácter mucho más filosófico que este mazo de Boiardo.

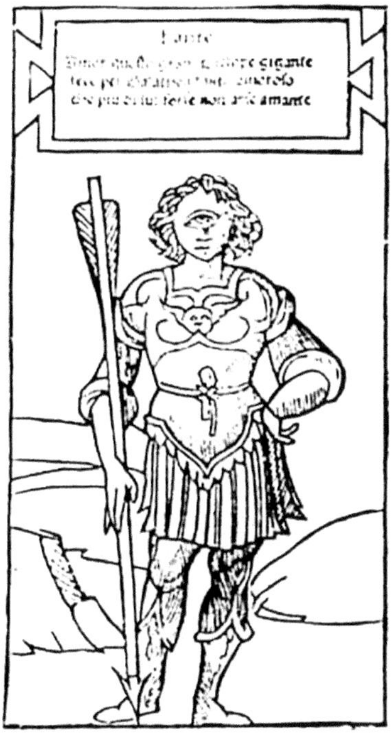

Infante de flechas del Tarot de Boiardo.

Del tarot al que se refiere el poema, conocido como Tarot de Boiardo, apenas nos quedan seis cartas reconocidas como tales: el Caballero de Jarrones, el Rey de látigos, el Dos de látigos, el Ocho de Ojos, el Rey de ojos y el Infante de flechas. Estos naipes se complementan con la versión que hizo un tal Merlín a finales del siglo XIX. Siguió su estilo y desconocemos cuál fue su fuente para copiar, probablemente para recrear estas nueve cartas: el Infante de Jarrones, el Infante de Ojos, el Caballero de Látigos, la Reina de Látigos, la Reina de Jarrones, el Rey de Flechas, el Rey de Ojos, el As de Látigos y el Dos de Jarrones.

Si nos fijamos en estas cartas, observamos que tienen todas ellas una cartela con el nombre del naipe y una pequeña descripción. Si tenemos que señalar una carta por su extrañeza, esta es la del Infante de Flechas, al que se le representa con un solo ojo, esto es, se trata de un cíclope, tema desde luego novedoso en los tarots que hemos visto hasta ahora.

Como podemos ver, este extraño tarot fue concebido como un juego de distracción amorosa, en la que la relación entre sus naipes establecía uniones entre unos y otros personajes, y tiene un marcado componente sexual. Elementos como los falos aparecen señalados en algunos versos de Boiardo. Así que este mazo, aunque se le conoce también como juego de triunfos, es simplemente una diversión y muy poco tiene que ver con los tarots que estamos tratando de descifrar.

Las cartas Goldschmidt y Guildhall

¿Hubo juegos de triunfos inspirados o basados en el ajedrez? Ya hemos contemplado esa hipótesis. El libro europeo más antiguo donde encontramos las reglas del juego es el *Versus de Scachis*, escrito en versos latinos por un compositor anónimo del siglo x. Y, cómo no, en el siglo xiii, bajo el mandato del rey Alfonso X, se escribió el *Libro de los juegos*, que trata sobre el ajedrez, las tablas reales y los dados.

De lo visto hasta el momento, podríamos deducir que quizá algunas piezas del ajedrez podrían haber inspirado algunos triunfos. Pero si buscamos una relación más directa, nos topamos con un extraño juego denominado Tarot Goldschmidt, hoy en el museo alemán de naipes de Lienfelden-Echterdingen, cerca de Stuttgart. De él solo se conservan nueve naipes que no hacen sino abrir interrogantes acerca de su significado y su origen. Estos naipes reaparecieron en el primer cuarto del siglo xx, cuando el coleccionista Victor Goldschmidt (de quien tomaron su nombre) los hizo públicos, sin indicar cuál era su procedencia, en un libro titulado *Farben in Kunst* (Heidelberg, 1919).

Parece consensuado que el origen de esta baraja data de mediados del siglo xv, lo que la coloca temporalmente en la franja de los tarots visconteos.

Eso sí, su lugar de procedencia es todavía una incógnita: se ha propuesto tanto que fuera un mazo lombardo como que proviniera de la Provenza.

Los naipes que conservamos son los siguientes: el Cinco de Bastos, el As de Espadas, el As de Copas, El Halconero, El Mago, El Papa, La Fe, El Sol y una carta femenina que podría ser la Emperatriz o la Papisa. Las nueve cartas se cierran con un extraño delfín coronado, inédito en las barajas del tarot de la época. Algunas conjeturas lo ponen en paralelo con el Diablo.

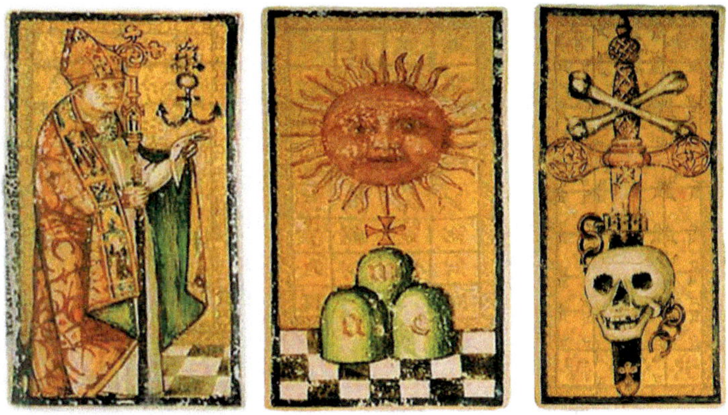

El Papa, El Sol y el As de Espadas del Tarot Goldschmidt. Wikimedia Commons.

Vayamos con las cartas de triunfos. El elemento común a estos naipes es que la mayoría de ellos reposan sobre un suelo ajedrezado. Este es un elemento que nos pone tras la pista del vínculo de este juego con el ajedrez. Es como si las piezas del juego hindú hubiesen sido traspasadas a las cartas, aunque no sabemos exactamente qué significado podrían tener.

La presentación de estas cartas no estuvo exenta de polémica. Muchos expertos afirmaron que las cartas eran falsas. Pero fueron sometidas a exámenes químicos por el Instituto Doerner en 1955, y el análisis de espectrografía concluyó que junto al pan de oro se apreciaban pequeñas cantidades de cobre, plomo, zinc, aluminio, manganeso, magnesio y silicio. Esto quiere decir que el resultado era compatible con la antigüedad que se proponía. Lo que había sucedido es que habían sido reutilizadas. Esto se puede apreciar, por ejemplo, en el borde izquierdo de la carta que representa al papa o al obispo. El fondo dorado está estampado y las espaldas están recubiertas con un rojo carmín oscuro. Además están pintadas sobre pergamino, cosa muy inusual, y que solo se emplea en barajas muy puntuales como la ya citada Baraja de Stuttgart.

La cuestión principal es que la iconografía de las cartas es tremendamente singular y no encaja con los tarots de la época. Veamos qué podrían representar. Empecemos por lo fácil: el Cinco de Bastos. Aparentemente nada tiene de extraño. Su factura se parece a los naipes españoles de la época. Pista a favor de la factura española. El As de Espadas con la calavera abajo y las dos tibias en medio hacen clara alusión a la muerte: no ya una carta de triunfo dedicada a la muerte, sino todo el palo de Espadas como homenaje a la Parca. Recordemos que en aquella época, con las plagas de la Peste Negra, la muerte estaba presente por doquier; se construían obras arquitectónicas y artísticas con los huesos de los fallecidos; y se cantaban loas a la muerte como la historia de los tres vivos y los tres muertos o las famosas danzas de la muerte que cubrían las paredes de las iglesias. Esta es mi hipótesis. Pero la calavera con dos tibias cruzadas es también un símbolo que suele aparecer bajo la cruz de Cristo y significa el triunfo de Cristo sobre Adán y el pecado original, otra posible interpretación.

Una carta también enigmática, pero que puede arrojar alguna luz, es la que representa al Sol. Este se corresponde perfectamente con el triunfo del Sol en los tarots normales. Pero el suelo es ajedrezado, tiene una cruz y tres montículos con las letras «m», «a» y «c» en su interior. Este naipe podría arrojar mucha luz a este mazo: aquí los montículos y las letras podrían ser un símbolo heráldico. Ross G.R. Caldwell ha encontrado escudos heráldicos con similitudes a los tres montículos que nos hablan de familias italianas como Sabini, Bertoldi o Chigi-Saracini, sin llegar a coincidir plenamente con ninguna. Lo que sí parece seguro es la filiación heráldica de la carta, aunque la familia concreta esté por desvelar. Este autor propone también un significado para las letras dentro de los montículos: *ad medium caeli* que significa «en el centro de los cielos», un término común en astrología y que suele aparecer reducido al término «MC». Casa con la carta del Sol. Es la pista más fiable de la que disponemos.

El Halconero sería la primera carta antropomorfa. Encontramos un paralelo a ella en el Tarot de Mantegna, como veremos. Allí la carta denominada «Zentiluomo» (Gentilhombre) es también un halconero acompañado de un ayudante. También tenemos otro halconero en el Tarot Sola Busca sobre el que indagaremos. En el Tarot Goldschmidt lo que tenemos es otro símbolo intrigante: algo parecido a la rueda de la fortuna vinculada a este personaje.

El Papa también contiene un elemento extraño: una especie de ancla, cuyo significado está todavía por explicar. Más elementos significativos encontramos en los ases: en el de Copas podemos observar un ouroboros o serpiente que se muerde la cola, símbolo gnóstico relacionado con la eternidad.

Pero, si cabe, la carta más intrigante de esta extraña baraja es la que representa a un delfín coronado. No hay ningún paralelismo conocido con alguna carta del tarot. En este caso debemos acudir a la numismática para encontrar una referencia a este símbolo. Esto nos lleva a Francia, donde encontramos algunas monedas con este elemento. Así tenemos, por ejemplo, una moneda de la época de Carlos VII de Francia, datada entre 1422 y 1440 y otra, más tardía, que combina delfines y flores de lis, adscrita a Francisco I ya en el siglo XVI. Pero la moneda que coincide de una forma notoria con nuestro naipe nos lleva de vuelta a Italia, al Piamonte, concretamente a una moneda acuñada por Delfino Tizzone, conde de Desana, fechada en 1584. Así que tenemos de nuevo la incógnita sobre el origen de esta extraña baraja. Si fuese francesa, tendríamos una evidencia de que el juego del tarot surgió a la vez en Francia y en Italia. Pero si fuese italiana, tendríamos un origen paralelo al de los tarots Visconti y vinculado además con el juego del ajedrez. Por otra parte, el Tarot Goldschmidt presenta variaciones iconográficas con los mazos visconteos, lo que le convertiría en un tarot especial, a la altura del Tarot de Mantegna o del Sola Busca que sí que se han conservado.

Hay cuatro naipes más, conocidos como cartas Guildhall, que se han relacionado con el Tarot Goldschmidt. Incluso algunos autores han propuesto que pertenecieran a la misma baraja. Se trata de dos pares de cartas pintadas a mano y con fondo de oro. Fueron encontrados en un viejo cofre en Sevilla. Los cuatro naipes conservados son El Mundo, el As de Copas, el As de Espadas o El Sol y la Sota de Bastos. El As de Copas es muy similar al del Tarot Goldschmidt, aunque no presenta el ouroboros pero sí el suelo ajedrezado. Esta es la principal prueba del vínculo entre estos dos grupos de cartas. Siguiendo el análisis, el mundo tiene muchas similitudes con las barajas visconteas, lo que nos hablaría del posible origen italiano. Sin embargo, la Sota de Bastos es de tipo español y parece extraída de los juegos de naipes hispanos (pero no del tarot). La última carta por mencionar sería El Sol o As de Espadas, donde, esta vez sí, aparece de nuevo el ouroboros.

Estos dos grupos de cartas, vinculados entre sí o no, nos hablan de la multitud de variaciones iconográficas que el tarot presentaba en sus orígenes. Quizá esta baraja no evolucionara y quedó en el olvido, pero no deja de ser interesante su análisis. Tal vez en el futuro aparezcan más cartas de esta baraja que nos permitan conocer el mazo al completo, pues se trata de un ejemplo de originalidad en la creación de barajas de triunfos en el siglo XV.

El Tarot Leber y el Cicognara

Viajemos a la tierra de Frigia, en Asia Menor, en el centro de la actual Turquía. Las glosas cantan a un rey con un poder extraordinario: todo lo que tocan sus manos se convierte en oro. Nos estamos refiriendo, como no, al rey Midas. Como toda leyenda, la historia de este mítico gobernante tiene un poso de verdad. Las crónicas nos cuentan que este rey vivió entre los años 740 a.C. y el 696 a.C. y que, aunque no sabemos la razón exacta, el regente adquirió una riqueza casi inimaginable. El texto nos hablaría, probablemente, del descubrimiento de algún tesoro, el cual le granjearía tamaña riqueza. Y de ahí surgió la leyenda que cantaron los griegos, según la cual Dionisos concedió a Midas el don de convertir en oro todo lo que tocase. Pero este don se volvió en su contra: todos los alimentos que trataba de ingerir se convertían en el preciado metal. De este modo, el monarca murió de inanición.

Pues bien, el rey Midas es uno de los protagonistas de las barajas Leber y Cicognara, hecho que las hace singulares. Cómo no, Midas está representado como el Rey de Oros, haciendo alusión al poder mágico que acabamos de describir. Pero lo curioso es que tanto los triunfos de esta baraja como las cartas de corte hacen referencia a personajes verdaderos o ficticios del acervo grecorromano. Por su datación tardía (ya del siglo XVI) podríamos describir estas barajas como continuadoras del Tarot Sola Busca.

El Tarot Leber se encuentra en la Biblioteca Municipal de Rouen y el Cicognara está desaparecido, y la última noticia que tenemos de él es que estaba en la colección privada de esta familia en el siglo XIX. Se ha supuesto que ambas barajas responden a una misma tipología aunque haya pequeñas diferencias entre ellas.

Uno de los elementos característicos de estos mazos es que los triunfos y las cartas de corte tienen un nombre y un lema. De esta manera tenemos unos tarots que, por primera vez, nos dan una pista más clara sobre la interpretación de sus cartas. Mencionaremos algunas de ellas.

La carta del Emperador está consignada con la sentencia *Imperator Assiriorum* (Emperador de los asirios) y quizá pueda hacer referencia a Sardanápalo, figura legendaria, pero que se halla incluida en una lista de biografías de personajes de la Antigüedad conocida como *De Casibus Virorum Illustribus*. Un rasgo característico de esta carta es que el emperador aparece junto a la figura de un camello.

Respecto al Papa, el texto que lo acompaña dice *Pontifex Pontificum* (lo cual hace referencia al primero del colegio pontificio o pontífice máximo). Se le representa con la triple tiara típica de los papas.

Si seguimos el recorrido por los arcanos mayores, nos encontramos con El Carro. El lema que lo acompaña es *Victoriae Premium* (la recompensa de la victoria). Hace referencia a los carros triunfales en los que los generales romanos victoriosos hacían su entrada a la capital del imperio pasando a través de un arco de triunfo. Por tanto, según esta baraja, El Carro es una carta positiva alusiva a la victoria y a los honores que se reciben por ella.

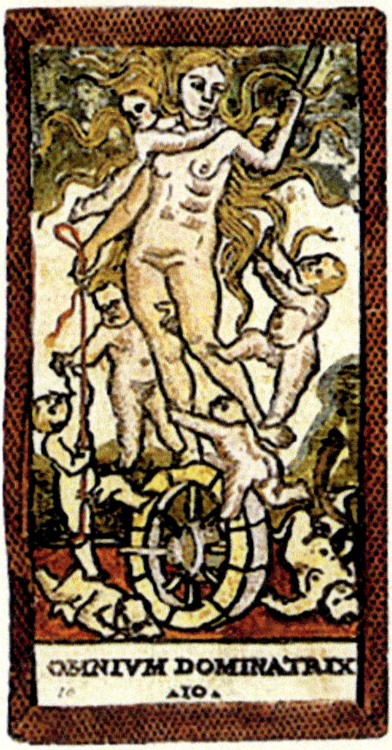

Diosa Fortuna del Tarot Leber.

Un triunfo característico de estas barajas, y que es bastante singular, es el tiempo. La frase asociada reza *Rerum Edax*; esto es, el devorador de las cosas. Este naipe se podría poner en referencia con el de la muerte, que a todos nos iguala. En este sentido, tenemos también a la diosa Fortuna (la rueda de la fortuna en otros tarots) cuyo lema es *Omnium Dominatrix* (dominadora de todas las cosas) y la que dicta la suerte de las personas. Un naipe que te puede proporcionar todo lo bueno o todo lo malo, sea cual sea tu puesto en el escalafón social.

La siguiente carta sería el Diablo, cuya consigna es *Perditorum Raptor* (capturador de los perdidos), que hace referencia a aquel que se lleva las almas de los pecadores caídos en desgracia. El naipe contiene las figuras de la historia de Plutón y Proserpina, que sería una prefiguración griega del mito del Diablo cristiano y que hace referencia a la vida como un proceso cíclico donde la estación del invierno alude a la muerte y el verano, a la vida. Esto es, para representar a este personaje maligno no se recurre a los textos bíblicos, sino que se prefiere hacer una alusión mitológica.

Por último, nos acercamos al triunfo de la Estrella, consignada como *Inclitum Sydus* (la gloriosa estrella). Sería la carta opuesta a la anterior, pues podría relacionarse con la figura de Cristo. Pero de nuevo se omite la vinculación cristiana y se hace referencia a la *Stella Maris* o el astro brillante en el firmamento que sirve de guía a los marinos al navegar por la noche.

Como hemos podido observar, estas barajas de triunfos tardías contienen más información que las primeras que hemos visto, y sirven, de algún modo, para arrojar algo de luz a sus antecesoras. Aquí hemos visto cómo los temas cristianos han sido omitidos y sustituidos por sus variantes paganas, lo que nos permite reflexionar sobre la convivencia de lo pagano y lo cristiano en el Renacimiento, fruto sobre todo del impulso humanístico que trató de poner en valor el mundo clásico, el cual quiso poner en relación con el cristiano, estableciendo paralelismos y relaciones entre las narraciones de las dos tradiciones.

3

Los tarots Visconti

Afanado en su trabajo de miniaturista, Bonifacio Bembo se aplica en su tarea de ilustrar el conocido como *Códice Palatino 556: Il Lancilotto*, encargado por su mecenas, Bianca Maria Visconti. En estos momentos está terminando de esbozar una viñeta en la que vemos a dos caballeros jugando al ajedrez. Tal vez uno de ellos sea su padre, Filippo Maria Visconti. A su alrededor hay varias damas, una de las cuales toca el arpa, tal vez la propia Bianca Maria, además de diversos animales. De pronto, un misterioso caballero se adentra en la estancia y se dirige al maestro: «¿Es usted Bonifacio Bembo?». «El mismo», responde. «Tengo un encargo muy importante para vos. Se trata de un trabajo secreto y, por tanto, debéis jurar que nada de lo que os diga saldrá de estas cuatro paredes. La recompensa: quinientos ducados por adelantado y mil más cuando concluyáis. Es un encargo personal de Francesco Sforza para vuestra ama, madonna Bianca María».

Bonifacio Bembo, con cierto estupor, aceptó la propuesta. Además de los quinientos ducados, el intrigante mensajero le había dejado unos pergaminos que contenían una serie de precisas instrucciones de lo que tenía que hacer: una baraja de setenta y ocho cartas cuya iconografía detallaba pormenorizadamente. Aún había más: al terminar el trabajo, debía quemar ese documento.

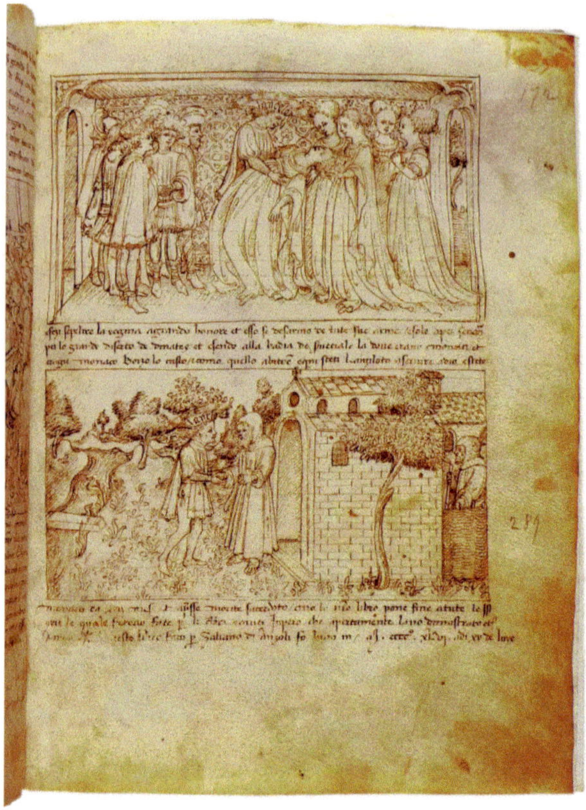

Bonifacio Bembo. Historia di Lancillotto del Lago *(Pal. 556). Biblioteca Nazionale Centrale di Firenze. Wikimedia Commons.*

Lo que acabamos de narrar es el encargo del primer tarot de la historia del que conservamos cartas. Hablamos del llamado Visconti de Modrone, también conocido como Tarot de Cary Yale.

De él solo conservamos sesenta y siete naipes. Sus dimensiones son considerables para un juego de este tipo, aproximadamente unos 85 milímetros de ancho por 182 de alto, y están pintados a mano con témperas de vivos colores sobre un papel de oro en un cartón grueso. La factura y el estilo coinciden con los de Bonifacio Bembo, aunque la atribución de estos no está consensuada por todos los historiadores del tarot.

La estructura de esta baraja es la siguiente: cuatro palos (Oros, Copas, Espadas y Bastos) de dieciséis cartas cada uno, de las cuales diez estaban numeradas y las seis restantes eran las conocidas como figuras de corte, a saber: Rey, Reina, Caballero, Amazona, Infante e Infanta. Se cree que las car-

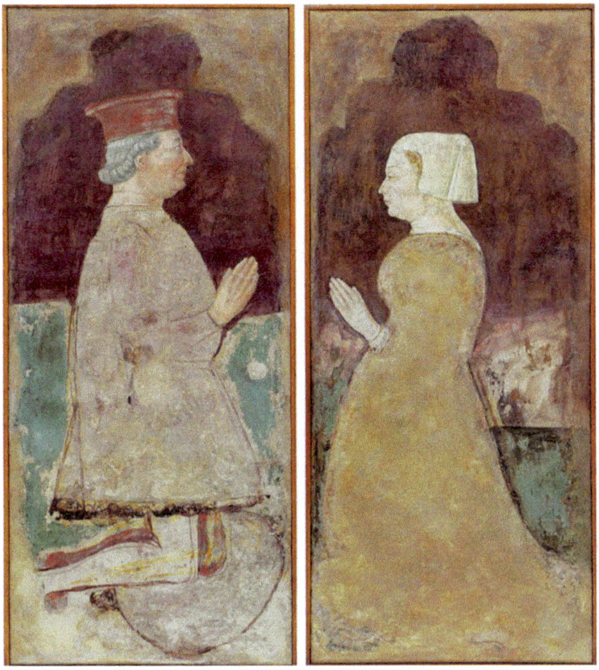

Francesco Sforza y Bianca Maria Visconti en unos frescos dibujados por Bonifacio Bembo en la iglesia de San Agustín de Cremona.

tas de triunfos serían en total dieciséis para este mazo y no veintidós, como lo serán en las demás. De ellas solo conservamos once, entre las que encontramos una predominancia de figuras femeninas. Solo un hombre, el Emperador; algunas cartas ambiguas, como La Muerte, El Amor y El Juicio; mientras que las mujeres protagonizan los naipes de La Emperatriz, El Carro, La Fortaleza, El Mundo, y tres virtudes: Fe, Esperanza y Caridad (que no existen en las demás barajas visconteas).

Un detalle importante de esta baraja y de sus dos compañeras (Brera Brambilla y Pierpont Morgan Bergamo) es que entre los naipes apreciamos diversos emblemas heráldicos de las familias Visconti y Sforza. Recordemos que estas se unieron con el matrimonio entre Bianca Maria Visconti y Francesco Sforza en 1441.

Los símbolos que encontramos son variados. Por una parte, los de la familia Visconti. El primero es una serpiente de color azul que devora a un hombre desnudo, de color rojo, a veces con un turbante sarraceno, lo que representaría la victoria frente a los otomanos. Otro emblema es el águila imperial negra sobre fondo dorado, alusiva al ducado de Milán, junto con el *biscione* (la víbora), concedido por el emperador del Sacro Imperio Romano Germánico al duque Gian Galeazzo Visconti en 1395. También tenemos la corona ducal con ramas, la paloma, el sol radiante, así como el lema de la familia Visconti: «A bon droyt» (a buen derecho), probablemente acuñado por Petrarca.

De parte de los Sforza, encontramos su escudo en la baraja de Pierpont Morgan: tres anillos de diamante entrelazados, junto con el león de Venecia, que haría referencia al período en el que Francesco Sforza estuvo al servicio de la Serenissima República de Venecia. Hay otro detalle en la baraja alusivo, esta vez, al patriarca de la familia: en el Cuatro de Oros de la baraja de Cary Yale vemos a un hombre a caballo y en el borde puede leerse «Filip Maria Ducha». Se trata de una réplica de una moneda oficial del ducado de Milán acuñada entre 1412 y 1447.

Señalaremos un último elemento heráldico: las cruces blancas sobre fondo rojo, emblema de la ciudad de Cremona, que fue establecido en 1441 con motivo del ya mencionado enlace de Bianca Maria Visconti y Francesco Sforza.

La segunda de las barajas es el Tarot Brera Brambilla, fechado en 1447, del que únicamente conservamos cuarenta y ocho naipes, de los que solo dos son triunfos: el Emperador y la Rueda, por lo que no son muchas las pistas que podemos obtener a través de él para averiguar el sentido de los juegos del tarot. Sin embargo, este es el único mazo del que no dudamos de su autoría. En lo que a factura se refiere, tenemos pruebas fehacientes de que su artífice fue Bonifacio Bembo.

El tercero más importante es el llamado Pierpont Morgan o Tarot Visconti Sforza, del que se conservan setenta y cuatro de las setenta y ocho cartas de las que estaba compuesto y que ha sido datado aproximadamente en 1452. Al igual que el anterior, ninguna de las cartas tiene nombre ni numeración, por lo que los jugadores debían conocer perfectamente el valor y el poder de cada carta por su simbología. Se cree que su artífice fue también Bonifacio Bembo, pero seis de las cartas fueron sustituidas más tarde (probablemente por deterioro o pérdida) y realizadas por un segundo artista del que no tenemos ninguna pista concreta. De la mano de Bembo distinguimos El Mago, La Papisa, El Papa, La Emperatriz, El Emperador, El Amor, El Carro, La Justicia, El Tiempo, La Rueda, El Juicio, La Muerte, El Colgado y El Loco. Los seis incorporados más tarde son La Fortaleza, La Templanza, La Estrella, La Luna, El Sol y El Mundo.

Pero ¿cuál es el origen que subyace tras las cartas de los tarots Visconti? ¿Qué lugar ocupan en la Historia del Arte? ¿Cómo podrían haber sido utilizadas? ¿Existen elementos esotéricos relacionados con ellas? Vamos a examinar algunos de estos interrogantes y trataremos de explicar la estructura y su significado.

Los *Triunfos* de Petrarca

Un viento helado le sopla en la cara. El frío ha calado ya en sus huesos. Pero la cima está muy próxima y todavía le quedan fuerzas. Está a punto de coronar el pico del Mont Ventoux en el sur de Francia, pero para él, en realidad, su hazaña consiste en conquistar el monte Parnaso, donde habitaban las nueve musas que llegaron allí guiadas por el dios Apolo.

Nuestro protagonista no es otro que Francesco Petrarca, el gran poeta, humanista y fundador de las letras italianas. Junto con su hermano y otros dos compañeros habían dado inicio al alpinismo, pues nunca nadie antes había subido a una cumbre por el mero afán de superación. Pero, como decimos, Petrarca lo que vio era el ascenso a la morada del dios solar y de sus nueve concubinas. Mirando al horizonte en lontananza recita unos versos en honor a los poetas clásicos.

Petrarca soñaba con la vuelta a los tiempos del imperio, a la grandeza de Roma, y su propósito era emular a los grandes autores de la Antigüedad. Por ello, ejercitó denodadamente su condición de filólogo y dedicó gran parte de su vida a traducir a los clásicos, como su amado Cicerón.

Su poema *África*, causó sensación en su tiempo y ello le valió ser nombrado poeta laureado por el tribunal romano. Había logrado su sueño: alcanzar la gloria y visitar por fin su amada Roma, urbe que solo conocía por las descripciones de los textos latinos. Pero, cuál no fue su sorpresa al llegar a la ciudad eterna y descubrir que toda ella era una ruina: los foros imperiales derruidos, el coliseo saqueado para reutilizar su piedra y su cobre, y el gran Panteón de Agripa convertido en iglesia. Se le vino abajo la visión idealizada de la gran Roma, capital del imperio más grande que jamás había existido.

Petrarca continuó su vida escribiendo y luchando por devolver a su patria italiana la unidad y la grandeza de su pasado. En ese proceso redescubrió, junto a su querido Boccaccio, la gloria de los dioses paganos. El último de sus poemas, los *Triunfos*, representaba una serie de figuras alegóricas que se le mostraban en sueños y que siguió escribiendo hasta el final de sus días, en 1374, y que dejó inconcluso.

Lo que Petrarca no sospechaba es que sus *Triunfos* iban a inspirar, casi con toda probabilidad, uno de los juegos de cartas más populares de la historia: el tarot.

Traslademonos hasta el año 1388, catorce años después de su muerte. Estamos en la corte de Milán y en ese momento el duque Gian Galeazzo Visconti, recién ascendido al poder, decide hacerse con la biblioteca del gran Petrarca que custodió en la ciudad de Pavía. Allí recaló el segundo de sus hijos, Filippo Maria, quien tuvo tiempo para familiarizarse con los libros del humanista, así como para aprender la historia y la literatura de los clásicos.

Tras diversos avatares, Filippo Maria Visconti subió al poder en el ducado de Milán en 1412. El duque fue un gran aficionado a los juegos. Pasaba sus horas con el ajedrez, los dados, las cartas y los astrágalos, este último entretenimiento basado en los textos homéricos. En torno a 1415, sabemos que el duque Visconti pidió a Marziano da Tortona un juego de cartas compuesto por divinidades clásicas y animales que hoy conocemos como «Michelino» y del que ya hemos tratado anteriormente.

Así que, con esta extraña baraja, la que, como vimos, contiene a los dioses paganos, tenemos a Filippo Maria Visconti y a Milán como el campo de cultivo óptimo para el surgimiento del tarot. Estos dioses nos hablan del desatado interés por la mitología en el humanismo y que impregnó a los aristócratas de los estados del norte de Italia, sobre todo a sus principales dirigentes. Y si pensamos en los grandes literatos de la época, se nos viene a la mente Boccaccio, compositor de *La genealogía de los dioses paganos*, que actualizaba el estudio de la mitología clásica y la hacía accesible a sus coetáneos. Esta fue, probablemente, la principal fuente para la baraja de Michelino.

Es en este momento cuando, según nuestra hipótesis, se comienza a gestar el nuevo juego, pero esta vez repleto de significado alegórico y basado en el poema de los *Triunfos* de Petrarca. Allí, el genial humanista narra los triunfos del Amor, la Castidad, la Muerte, la Fama, el Tiempo y la Eternidad como una vía de superación para el hombre. Cada paso hacia el mundo celeste es representado por uno de estos triunfos. Esto podría tener una relación directa con la obra de otro humanista: Dante y su *Divina Comedia*, donde Infierno y Cielo están divididos en una escala que hay que ascender hasta la perfección de Dios. Puede que el juego de triunfos pretenda, asimismo, lograr esa ascensión a través de un camino iniciático, concepto este ya plenamente renacentista e inspirado en los cultos mistéricos de la Antigüedad.

Pero, *a priori*, los triunfos de Petrarca no están reproducidos fielmente en las cartas del tarot. Hace falta un estadio intermedio que nos dé la clave para el origen de nuestra baraja. Debemos rastrear algunas pistas para encontrar el origen del tarot, y las vamos a hallar, en buena parte, en el desarrollo de la astrología, cuyo eco vemos en la simbología que se halla en los libros miniados e, incluso, llevados a su máxima expresión, en ciclos pictóricos de algunos palacios.

Pero antes de abordar este tema, hay otra cuestión por la que nos preguntamos: ¿por qué no hay descripciones que nos hablen de cómo se practicaban los juegos de triunfos? La respuesta es sencilla: cada uno de los naipes encerraba un significado profundo que el jugador debía conocer de antemano. Esta idea nos lleva a pensar en el arte de la memoria, una práctica habitual en los monasterios medievales, donde los alumnos aprendían los conceptos a través de imágenes. Este conocimiento del significado de las imágenes arquetípicas permaneció en el Renacimiento.

El arte de la memoria

Pela, Macedonia. Siglo IV a.C.

> Querido Alejandro. Eres uno de mis mejores discípulos y además eres el heredero al trono de Macedonia. Sé de buena tinta que tu futuro está señalado para llevar a cabo grandes gestas. Por ello te voy a enseñar hoy una manera de guardar en tu memoria todos los conocimientos. Verás: el fantasma precede a la palabra y nuestro intelecto está compuesto por una esencia fantástica. Dispón una serie de lugares en tu memoria y, a través de las imágenes, sitúa en ellos los fantasmas de los conceptos que quieras guardar.

De esta manera, el gran Aristóteles enseñó a su discípulo lo que hoy conocemos como arte de la memoria. Este joven no era otro que el gran Alejandro Magno, quien conquistaría más adelante todo el medio Oriente y llegaría, nada menos, que hasta las puertas de la India.

Para saber por qué razón no contamos con descripciones literales del juego de los triunfos, hay que abordar el concepto del arte de la memoria, que ya se practicaba habitualmente en la Edad Media. De acuerdo con Lluïsa Vert, se trataría de un conjunto de reglas mnemotécnicas utilizadas para ordenar la memoria. Su origen lo hallamos en un tratado titulado *Ad Herennium*, datado un siglo antes de nuestra era. Pero el desarrollo de esta técnica tuvo lugar en la Edad Media, donde fue utilizado por algunos Padres de la Iglesia como san Agustín o san Alberto Magno. El procedimiento consistía en crear en la mente una serie de espacios imaginarios donde se situaban las imágenes que recordar. Dichas imágenes podían ser históricas o mitológicas y cada una de ellas albergaba un concepto que, de esta manera, era mucho más fácil de recordar. Así que este era un método muy práctico para conseguir memorizar gran cantidad de información asentada en la mente a través de conceptos gráficos.

Por otra parte, en el Medievo, la mayoría de la gente no sabía leer. Por ello, las enseñanzas de la historia bíblica, por ejemplo, se llevaban a cabo a través de las escenas que representaban el Antiguo o el Nuevo Testamento. Es lo que se conoce como *Biblia pauperum* o Biblia de los pobres.

Pero el desarrollo de este método desde un punto metafísico lo tenemos en uno de nuestros grandes pensadores: Ramón Llull. En su *Arte Combinatoria* trató de incluir en su método a los entes divinos en una serie de círculos móviles, cuyas distintas posiciones generaban un sistema trascendente que constituyó un medio de conocimiento metafísico. Aquí, de hecho, podríamos hallar uno de los principios del juego del tarot: la combinación de conceptos trascendentes representados por imágenes cuya combinación genera un conocimiento superior.

Ahora bien, su importancia y su vínculo con el hermetismo los hallamos ya en el Renacimiento. El arte de la memoria alcanzó un gran esplendor convirtiéndose entonces en una disciplina mágica utilizada por los grandes sabios y artistas renacentistas. De hecho, los dibujos y grabados astrológicos, así como los grandes salones que exhiben las constelaciones estelares en distintos palacios, responden a sistemas mnemotécnicos.

Su uso por los estudiosos del Renacimiento tenía como fin penetrar en los misterios mágicos y cabalísticos, a partir de una serie de alegorías a imagen del mundo celeste, y pretendían despertar la memoria profunda según ellos dormida en el interior de cada ser humano. Este recuerdo tenía mucho que ver con el despertar del hombre interior. De esta manera, los conceptos superiores del macrocosmos podían ser equiparados a elementos inferiores o del microcosmos, estableciendo así una correlación que ayudaba al individuo a alcanzar el conocimiento más profundo.

Uno de los elementos que se tomó en este procedimiento fue el de las imágenes del Zodiaco y de los planetas, que servirían de motivación espiritual. Así, las imágenes del mundo inferior podían elevarnos para conocer las verdades del superior. Por ello, no es descartable que las imágenes que se establecieron en los primeros juegos de tarot, esto es, imágenes terrenales, tuvieran asimismo una vinculación con conceptos superiores. Estas correspondencias de conocimiento a través de la memoria son, a nuestro juicio, la razón de que no queden por escrito las instrucciones de estos juegos de cartas: ¿para qué establecer los significados por escrito cuando son las propias imágenes las que atesoran todo el conocimiento?

Las cartas del tarot, en aquel momento y en aquella coyuntura, tenían pleno sentido por sí mismas y no precisaban de una explicación literal. Lo que sucede es que nosotros, desde nuestra perspectiva contemporánea, no podemos entender ese arte de la memoria y precisamos buscar las relaciones de esas imágenes y su sentido para comprender el tarot. Entender esta baraja es alcanzar el alto concepto espiritual del período renacentista. Por ello, es preciso abrirse paso a través del conocimiento de esa época, fundamentado, en su mayoría, en disciplinas como la astrología, la mitología, la alquimia, la cábala o la magia natural.

La astrología en la corte de los Visconti

> Ilustrísimo señor Antonio Bernareggi: por la presente, y como máximo representante de la Universidad de Pavía, os otorgo el título de físico y astrólogo por esta institución, y, como tal, podréis ejercer vuestro oficio.

Algo así pudo ser el certificado que obtuvo uno de los protagonistas de esta historia, Antonio Bernareggi, astrólogo personal de Bianca Maria Visconti, duquesa de Milán, casada con Francesco Sforza, pareja que conocimos al comienzo de estas páginas. La presencia de astrólogos en la corte de los Visconti, primero, y de los Sforza, después, está atestiguada por numerosas cartas y registros en las que los físicos y astrólogos predecían sucesos para sus señores fijándose en la posición de los astros.

Echemos un vistazo a la universidad ubicada en Pavía, ciudad muy próxima a Milán, donde se formaban en distintas profesiones aquellos que trabajarían, con casi total probabilidad, en la corte milanesa. La Universidad de Pavía es una de las más antiguas y prestigiosas de Europa. Sabemos que

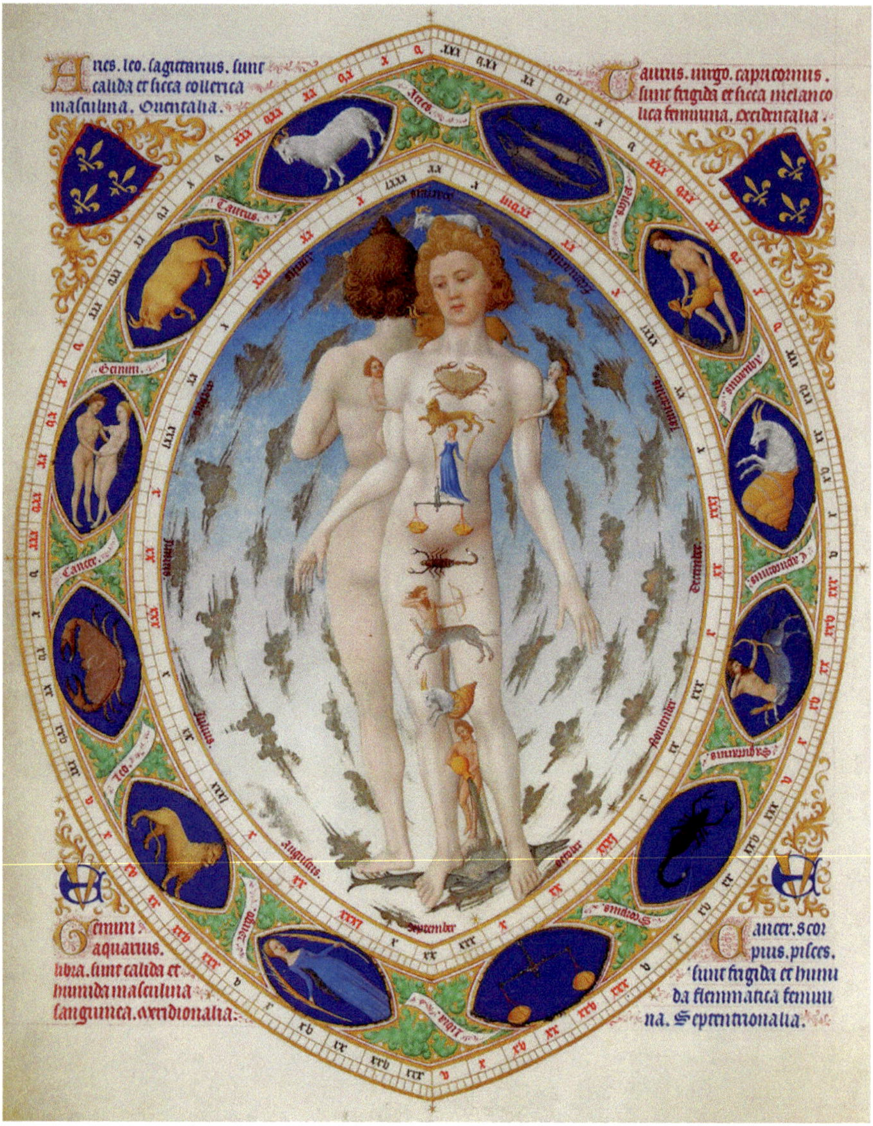

Hombre zodiacal. Hermanos Limbourg. Las muy ricas horas del duque de Berry. *S. XV.*

ya en el año 825 había allí una institución de educación superior. En 1361, el emperador Carlos IV le dio el título de *Studium Generale*, esto es, de escuela superior o universidad. De este año datan sus primeros estatutos. Entre los estudios que se impartían en esta institución estaba la Ley Canónica y Civil, así como los estudios de Teología, y se convirtió rápidamente en un centro educativo de primer orden en el norte de Italia. Además de esta formación sabemos que había docencia de Física (el equivalente a nuestra Medicina) y Astrología.

Aunque no hemos conservado el programa de la licenciatura en Astrología de esta universidad, sí tenemos la relación de libros que los estudiantes de esta disciplina seguían en la Universidad de Bolonia, lo que nos puede dar una pista certera del currículo que se forjaban los astrólogos en los *Studia* italianos de la época. En primero, Matemáticas euclidianas, la Astronomía esférica de Ptolomeo y la Astrología árabe, a través de textos como las *Tablas de Alfonso X* o el *Algorismus* de Juan de Sacrobosco. En segundo, el siguiente tomo de Euclides, la *Sphaera* de Sacrobosco, textos con los cuales empezaban a hacer medidas sobre la esfera celeste. También aprendían a usar y fabricar un astrolabio, un antiguo instrumento astronómico que permite determinar la posición y altura de las estrellas sobre el cielo. En tercero comenzaba ya la Astrología propiamente dicha, con el estudio del libro de Alcabitius *Introductorius ad iudicia astrorum*, además del *Centiloquium* del Pseudo-Ptolomeo. El último año estaba dedicado a una disciplina algo diferente: la Astrología médica, que establecía un paralelismo entre el cuerpo humano y el Zodiaco, y que era útil para la predicción y cura de las enfermedades. Además, en el último año se profundizaba en la observación celeste con el *Tetrabiblos* de Ptolomeo y el *De diebus creticis* de Galeno. Como vemos, los astrólogos de esta época eran muy sabios, pues conocían en profundidad las matemáticas y la geometría aplicadas a la esfera celeste, lo que les permitía hacer mediciones y pronósticos a través de las posiciones de los astros.

La Universidad de Pavía fue ampliada y renovada por el duque de Milán, Gian Galeazzo Visconti, y se convirtió así en la universidad del ducado. De ella provinieron, como comentábamos, muchos de los astrólogos que asesoraron a los gobernantes milaneses.

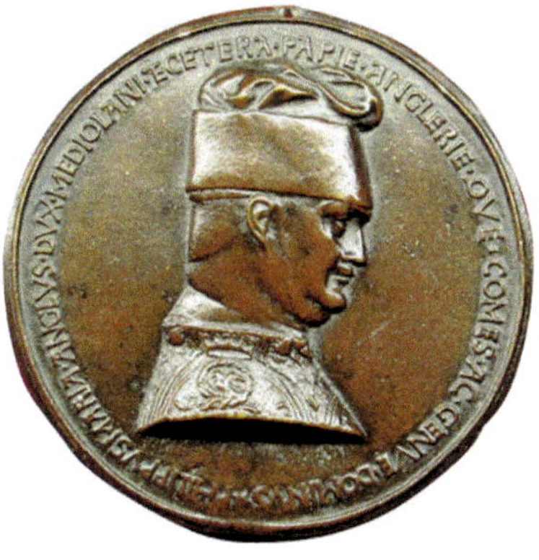

Filippo Maria Visconti representado en una medalla conmemorativa realizada por Pisanello (1441).

Uno de los primeros augurios de estos astrólogos tuvo una gran importancia en la sucesión en la dinastía de los Visconti. Como ya sabemos, Gian Galeazzo tenía dos hijos: Filippo Maria y

Giovanni Maria. Pues bien, la decisión sobre cuál sería el gobernador de la corte ambrosiana no se tomó por las aptitudes o habilidad política de los hermanos, sino que fue tomada en virtud a un auspicio astrológico. Según el maestro de la corte, por su carta natal, el sucesor en el ducado debía ser Filippo Maria en detrimento de Giovanni. Aquí tenemos una prueba irrefutable de la importancia de la astrología en las decisiones políticas milanesas.

La cosa no termina ahí. Filippo Maria Visconti fue otro gran aficionado a las artes adivinatorias a través de las estrellas. Según nos cuenta Decembrio, el biógrafo de este gobernante, este tenía miedo a la oscuridad, al canto de los pájaros y a los relámpagos. Además temía, especialmente, los malos augurios. Aparte de esto, Filippo preguntaba a los astrólogos los mejores días para declarar la guerra o firmar la paz, para viajar o para descansar. Quedó subyugado por una predicción en especial: un cometa apareció en los cielos y estuvo allí tres meses. Justo el día que desapareció, su padre Gian Galeazzo pasó a mejor vida.

Según atestiguan los documentos, su hija Bianca Maria continuó con la superstición de su padre y habitualmente consultaba con su físico. El responsable de esta tarea a su servicio fue Antonio Bernareggi, hijo de físico y licenciado en Astrología por la Universidad de Pavía. Bernareggi estuvo al cuidado de Bianca Maria, de su madre y de sus hijos. Pero su uso de la astrología tuvo más que ver con las cuestiones médicas. Mediante la correspondencia entre la posición de los astros y las partes del cuerpo, este personaje ofrecía curas y establecía los días más adecuados para distintos tratamientos.

La tradición astrológica en el ducado milanés permaneció todavía más en el tiempo. Francesco Sforza, marido de Bianca Maria, siguió también los consejos de los astrólogos. De hecho, en la lectura de su carta natal, se quiso ver a un *primus inter pares*, un hombre excepcional a la altura de los grandes personajes de la historia. Un corpus de noticias y registros atestiguan la consulta astrológica por parte de Francesco a lo largo de su vida.

A la vista de estos hechos podemos establecer que, para la familia Visconti, las predicciones astrológicas fueron muy importantes. Esto coincide en el tiempo con el desarrollo del tarot en esta corte. Pero ¿podemos establecer una relación directa entre astrología y tarot? Todo parece indicar que sí. De hecho, como veremos más adelante, un historiador de la talla de Aby Warburg estableció una relación directa entre los naipes del Tarot de Mantegna con los frescos astrológicos del Palazzo Schifanoia de Ferrara. Aunque la correspondencia no es directa, sí podemos establecer la hipótesis de un más que posible vínculo entre el nacimiento del tarot y la astrología, que se traduce en las vinculaciones de los elementos del macrocosmos y el microcosmos. Nos ocuparemos de ello en mayor profundidad cuando analicemos los arcanos mayores de distintos tarots.

Del Gótico al Renacimiento

Nos situamos en el año 1368. La ciudad de Milán no tiene aún un edificio religioso que destaque sobre los demás. En ese momento, Gian Galeazzo Visconti había ascendido al poder en el ducado y otorgó una paz a sus dominios pues su predecesor, Barnabó Visconti, había sido un tirano. Y qué mejor en un período de paz que erigir un gran edificio para el pueblo que alimentase su fe. Este fue el inicio de la construcción del *duomo* (catedral en italiano) de estilo gótico flamígero bajo las órdenes del ingeniero jefe Simone da Orsenigo y de una cuadrilla de trescientos trabajadores.

Al igual que vimos que el arte de la memoria se empleaba para transmitir conceptos mediante imágenes visuales, los maestros constructores transmitían a sus discípulos el arte de la construcción a través de enseñanzas secretas que se expresaban oralmente y a través de dibujos. Este es el origen de las logias masónicas que proliferarán siglos más tarde.

Puede resultar paradójico que traigamos a colación una catedral gótica para explicar la baraja del tarot, la cual estamos defendiendo como una creación renacentista. Pues se debe a varios motivos: el primero, la vinculación de la fábrica de la catedral con la famila Visconti que fue su promotora, a la vez que comisionaba la realización de preciosas láminas que constituían los juegos de triunfos; además, el estilo gótico de la catedral se emparenta con las decoraciones en pan de oro de algunos arcanos mayores de los tarots visconteos.

Pues la factura de las cartas de estas primeras barajas nos remite a los pintores de los llamados *scriptoria* de la tardía Edad Media en Lombardía. Estos artistas, en origen, habían representado un universo simbólico en vidrieras y libros miniados, así como en frescos de grandes edificios o de las propias catedrales. De alguna manera, el tarot estaba recogiendo esa tradición de formas alegóricas pero en un nuevo formato que permitía realizar combinaciones con este tipo de figuras. Es aquí donde reside la modernidad de estas barajas.

Estamos hablando, por tanto, de un período de transición del arte gótico al renacentista. Formas medievales y conceptos modernos que, además, encierran un secreto que todavía no conocemos. En efecto: ni tenemos noticia de las técnicas geométricas que permitían alzar las catedrales ni de los conceptos que se esconden tras las primeras barajas del tarot.

Si buscamos el origen de las cartas de los juegos de triunfos, solo tenemos que mirar las imágenes del último período gótico. El Loco, El Papa, El Emperador, Los Amantes o El Ermitaño no están representando más que las condiciones del hombre, y las podemos encontrar, por ejemplo, en las danzas de la muerte, una tradición iconográfica surgida de la peste, como ya hemos comentado. Nos habla, por tanto, de que todos y cada uno de nosotros, sea cual sea nuestro rango en el escalafón, seremos igualados por la muerte, curiosamente otra de las alegorías que aparecen en los mazos del tarot.

Otras cartas también tienen sus referencias en textos astrológicos medievales. Por una parte tenemos el Sol, la Luna y la Estrella que hacen referencia a los cuerpos fijos y a los errantes (aunque en otras barajas, como el Tarot de Mantegna, se desarrollarán mucho más). Pero este tema astrológico tuvo un desarrollo a comienzos del siglo XV en unos repertorios de imágenes llamados los «hijos de los planetas», basados con toda probabilidad en el texto *La genealogía de los dioses paganos* de Boccaccio. Estos hijos de los planetas fueron también llevados a las imágenes. Su primera representación se remonta a 1400 en París, donde una mujer, Christine de Pizan, ilumina por primera vez las representaciones de los hijos de los planetas. Este tema tuvo su eco en Centroeuropa donde encontramos, en 1430, su aparición en el texto alemán conocido como *Planetengedicht*, de donde probablemente llegó a Milán. En Italia lo hallamos en Florencia en 1460 en una obra grabada por Baccio Baldini, inspirado en dibujos de Botticelli.

Allí encontramos algunos de los personajes de los arcanos mayores de los tarots Visconti: El Mago o El Juglar son hijos de La Luna; El Mendigo y El Loco, de Saturno; Los Enamorados, de Venus; El Papa, de Júpiter, y El Emperador sería hijo del Sol. De nuevo tenemos una conexión astrológica, que apoyaría la hipótesis del vínculo de los naipes del tarot con el conocimiento del firmamento.

Pero ¿quién o quiénes llevaron a cabo la factura de las cartas de estos primeros tarots? La respuesta a esta pregunta es compleja. Tan solo tenemos referencias sobre uno de los artífices de estas barajas. Se trata de Bonifacio Bembo, pintor que trabajó al servicio de la familia Visconti, autor de algunos de los mazos visconteos. Y mencionamos que la mayoría son de su mano, pues algunos naipes fueron sustituidos *a posteriori*.

Bonifacio Bembo nació en Brescia, una localidad próxima a Milán. Solo tenemos constancia de su actividad entre los años 1447 y 1477 y sabemos que fue uno de los pintores de la corte ambrosiana y que trabajó personalmente para llevar a cabo las pinturas de esta corte. De su mano proceden los retratos de Francesco Sforza y Bianca Maria Visconti que se conservan hoy en la Pinacoteca de Brera. También pintó los frescos de la iglesia de Sant'Agostino de Cremona, donde se casaron ambos cónyuges, como ya vimos al comienzo del libro.

Bembo tuvo una formación humanista, acaso en la Universidad de Pavía. Sabemos que conoció a Georgios Gemistos Plethon, ya mencionado, un intelectual que había huido de Constantinopla ante la conquista de los turcos y se había traído consigo al exilio numerosos textos en griego que se conservaban en Bizancio. Si Bembo trabó amistad con Plethon, es muy probable que estuviera al tanto de los progresos en el desarrollo de las traducciones de estas obras, de modo que sería uno de los principales valedores del pensamiento hermético en la corte de Milán. Esto dota de sentido a la hipótesis que sostenemos en este libro: el tarot es una creación esencialmente renacentista e imbricada con el pensamiento hermético. Si Bembo estaba conectado con Florencia y el desarrollo del humanismo en esta ciudad, muy probablemente lo trasladase a sus creaciones.

Así que podríamos decir que Bembo es el paradigma de la transición entre el Gótico y el Renacimiento: por un lado, su formación artística fue la gótica, pero sus conocimientos intelectuales son ya plenamente renacentistas. Así lo vemos en su trabajo en la creación del tarot Visconti Sforza: nuevos conceptos fruto del conocimiento hermético y factura tradicional del último período gótico. Los naipes tienen fondos dorados y plateados, típicos del gótico, pero sus figuras comienzan a tener un realismo más próximo a la manera renacentista. Y los conceptos que hay detrás de cada carta encierran un saber que se trasvasa de la Edad Media al Renacimiento.

Para poder conocer la dimensión del desarrollo intelectual de este juego de cartas, a continuación, vamos a explorar los naipes que han sobrevivido de los diferentes tarots Visconti para así atisbar cómo pudo ser este juego de naipes y su sentido último. Los historiadores no parecen ponerse de acuerdo en su orden, pero nosotros vamos a seguir una clasificación de los arcanos mayores divididos en tres grupos de siete cartas o septenarios, con una última carta, la que haría el número veintidós, que se corresponde con El loco, y que es un naipe especial. Como comprobamos, está presente el número siete, como guarismo mágico que, como veremos, también se halla en los tarots de Mantegna y Sola Busca.

La estructura

Entramos de lleno en el fascinante mundo de los tarots que sentaron las bases de este juego de cara al futuro. Las barajas que vamos a analizar son las tres conocidas como tarots Visconti, aunque utilizaremos como guía principal el mazo Pierpont Morgan Bérgamo, el más completo, conocido, como ya sabemos, como Tarot Visconti Sforza. De él conservamos setenta y cuatro naipes: veinte triunfos, quince cartas de corte y treinta y nueve cartas numerales. La biblioteca Pierpont-Morgan en la ciudad de Nueva York custodia treinta y cinco, la Accademia Carrara cuenta con veintiséis, mientras las restantes trece se hallan en la colección privada de la familia Colleoni en Bérgamo.

Sabemos que esta baraja fue producida aproximadamente en 1451 y que en origen contaba con setenta y ocho cartas, de las cuales cincuenta y seis eran cartas numerales y cartas de corte, divididas en cuatro palos, y veintidós cartas de triunfos o arcanos mayores. El hecho de contar solo con setenta y cuatro ha llevado a postular diversas interpretaciones de cómo eran las cartas perdidas.

Uno de los hechos más notables es que los triunfos, en los tres tarots principales, tienen un fondo dorado, mientras que las cartas numerales están pintadas en tonos crema con motivos de flores y parras. Los dos triunfos que le faltan a la baraja Visconti Sforza son, teóricamente, El Diablo y La Torre, que, a la hora de conformar mazos modernos, han tomado prestados de otras barajas posteriores en el tiempo, lo que nos indica que no sabemos si existieron o cómo fueron esos dos triunfos. Todavía hoy es una incógnita.

Si nos fijamos en el Tarot Visconti Sforza, de los veinte triunfos con los que contamos, se nota perfectamente que catorce de ellos fueron dibujados por un artista y seis, por otro. Los catorce primeros tienen una calidad muy superior y se atribuye su factura a Bonifacio Bembo. Son los siguientes: El Mago, La Papisa, El Papa, La Emperatriz, El Emperador, El Amor, El Carro, La Justicia, El Tiempo, La Rueda, El Juicio, La Muerte, El Colgado y El Loco. De los seis restantes, no sabemos quién fue su artífice, pero sí que son posteriores y de mucha peor calidad, son: La Fortaleza, La Templanza,

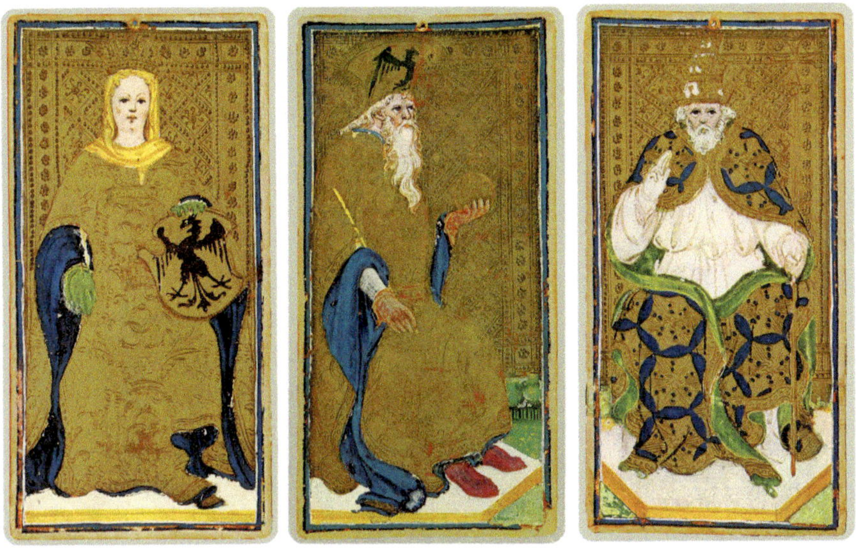

La Emperatriz, El Emperador y El Papa del Tarot Visconti Sforza.

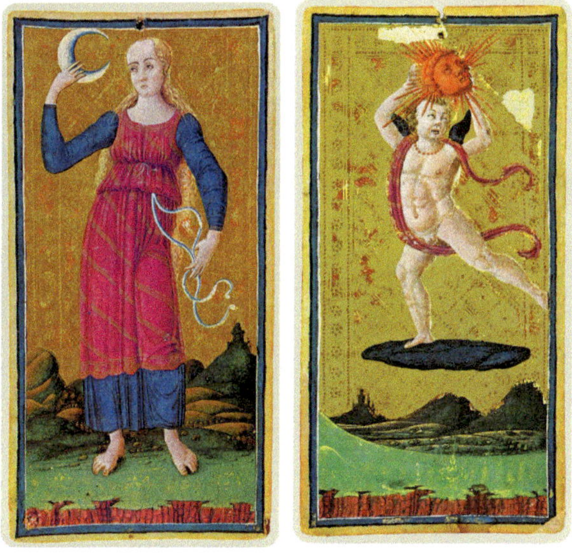

La Luna y El Sol del Tarot Visconti Sforza.

La Estrella, La Luna, El Sol y El Mundo. ¿A qué se debió esta inclusión? Pues probablemente al desgaste por el uso. Algunas cartas se malograron y fueron sustituidas. Aunque hay estudiosos que afirman que esas cartas no existieron de origen y fueron añadidas con posterioridad.

Debemos tener en cuenta también los arcanos menores. Aquí hay variaciones entre los distintos tarots visconteos. Podemos establecer una clasificación. Por una parte, las cartas numerales, del uno al diez, en las que vemos tantos símbolos como el número que representan, esto es, el Cinco de Espadas repite cinco espadas o el Dos de Oros representa a dos monedas, por citar algunos ejemplos. Aquí, el número representa el valor del naipe. Por otra parte estarían las cartas de corte: Sota, Caballero, Reina y Rey, adscritas a los distintos palos de Oros, Copas, Espadas y Bastos.

Si nos centramos en el Tarot Visconti Sforza, en los cuatro palos, notamos también algunas cuestiones. Las cartas de corte del palo de Bastos tienen vestimentas decoradas con plata y llevan bastones largos. Las de Copas tienen indumentaria dorada, con insignias de sol y rayos portando un cáliz grande, representativo de este palo. Las figuras de Espadas llevan todas armadura completa y una gran espada. Y los Oros están ornamentados con cintas azules atadas a soles circulares.

Pero si observamos estos naipes en los tarots visconteos, encontramos algunas diferencias. En concreto, el Visconti de Modrone presenta una divergencia fundamental que hay que tener en cuenta: dentro de las cartas de corte, vemos que hay más personajes de lo normal. Si lo examinamos en detalle, comprobamos que consta de sesenta y siete naipes de los cuales once son triunfos (que concuerdan con los del Visconti Sforza), diecisiete cartas de corte y treinta y nueve numerales, lo cual ha llevado a plantear la hipótesis

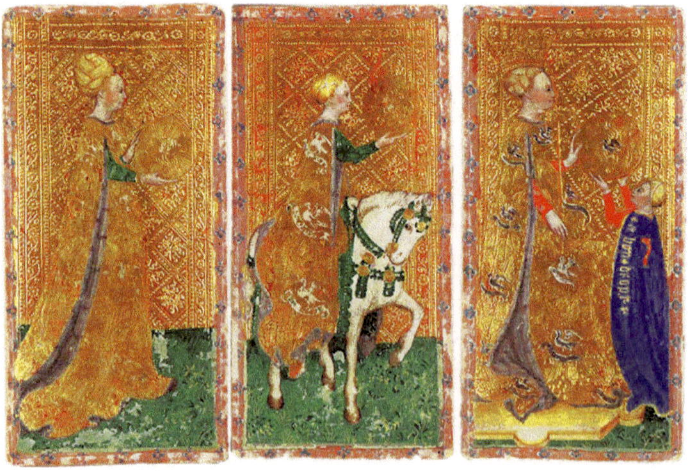

Cartas femeninas del Visconti de Modrone: La Sota, La Dama a caballo y La Reina.

de que el número total de cartas inicial de este tarot pudo haber llegado a ochenta y seis. Esto es, esta baraja contiene más cartas de corte: Sotas, Doncellas, Caballeros, Amazonas, Reinas y Reyes. Esto es, seis cartas de corte, más diez cartas numerales, harían dieciséis cartas por palo que, junto a los veintidós triunfos, harían un total de ochenta y seis naipes. Este hecho convertiría a este tarot, el más antiguo de los conservados, en una baraja única en número de cartas y cuyo significado es todavía más enigmático.

Si nos fijamos en el Tarot Visconti Sforza, en los cuatro palos, también notamos algunas cuestiones en lo que a las cartas de corte se refiere: las cartas del palo de Bastos tienen vestimentas decoradas con plata y llevan bastones largos; las de Copas tienen indumentaria dorada, con insignias de sol y rayos portando un cáliz grande, representativo de este palo; las figuras de Espadas llevan todas armadura completa y una gran espada, y los Oros están ornamentados con cintas azules atadas a soles circulares.

¿Qué podemos decir, entonces, de estas cartas de corte? Pues que son unas cartas de transición. Por una parte, pertenecen a los distintos palos, pero, por otra, son figuras que podrían esconder un significado alegórico como los triunfos o arcanos mayores. Quizá por la necesidad de expresar unos significados más profundos se pudo partir de estos naipes para desarrollar los arcanos mayores. Este argumento se basaría en la similitud estilística de las cartas de corte y de los triunfos, todos con el fondo de pan de oro.

Se ha sugerido también la hipótesis de que las figuras podrían representar a diversos personajes de la corte milanesa. Si nos fijamos, por ejemplo, en el Tarot Sola Busca, que examinaremos en detalle más adelante, las cartas de corte representan a personajes de la Antigüedad, como es el caso de Alejandro Magno y su entorno. Así que estos naipes especiales podrían albergar un sentido más allá de un alto rango en el juego.

Pero la clave fundamental, y que hace diferente el tarot de otros juegos de cartas, está en los triunfos. La primera dificultad para su análisis proviene de que las cartas no llevan inscrito ni el nombre ni su numeración, por lo que se infiere que los jugadores conocían perfectamente el significado de cada arcano mayor y su valor en el juego. Solo por comparación con otras barajas posteriores se ha podido deducir su orden y su nombre. A partir de aquí, lo que tenemos son conjeturas.

Una de esas propuestas estructurales, sobre todo de las barajas más antiguas, es la que conocemos como teoría de los cinco palos de catorce cartas. Esto es, los triunfos o arcanos mayores tendrían el mismo número que los cuatro palos de cartas numerales. Esos catorce triunfos no están definidos. Se ha sugerido, por ejemplo, que el Tarot Visconti Sforza, que tiene seis cartas posteriores en el tiempo, pudo haber tenido en origen solo catorce triunfos, los conservados y realizados por la mano de Bonifacio Bembo, que habrían sido ampliados *a posteriori*. Otra divergencia aparece en los triunfos del Visconti de Modrone, donde aparece la esperanza, una virtud teologal que luego desaparecerá en los tarots visconteos (aunque reaparecerá en el Tarot de Mantegna). Esta teoría expone que la estructura del palo de triunfos seguiría el siguiente esquema:

- Cinco cartas de condiciones del hombre (El Mago, La Emperatriz, El Emperador, La Papisa y El Papa).
- Cinco cartas de designios del destino (El Amor, El Carro, La Justicia, El Ermitaño y La Rueda de la Fortuna).
- Cuatro cartas llamadas «de los tres adversarios y la salvación» que serían, por una parte, El Loco, El Colgado y La Muerte, con El Ángel o Juicio Final como último naipe.

Para nosotros, la hipótesis más extendida sería la correcta: la de que los triunfos estén divididos en tres septenarios más la carta del Loco, que sería una especie de comodín, por su carácter ambivalente. Y es que uno de los números mágicos donde los haya es el siete, pues representa los siete planetas o los siete grados de iniciación en algunos ritos iniciáticos, y vamos a ver cómo está presente también en el Tarot de Mantegna que analizaremos más adelante.

Los tres septenarios que proponemos serían los siguientes:

- Las condiciones del hombre o microcosmos.
- Elementos que nos ayudan o dificultan en la vida.
- Los planetas o elementos del macrocosmos.

Los tres septenarios y El Loco

Aunque los tres grupos de cartas han sido ordenados según distintas teorías y, si nos fijamos, en los tarots posteriores en el tiempo, en los que figuran el nombre de las cartas y su valor numérico, se puede apreciar que hay más de veinte formas diferentes de ordenar los triunfos. Esto nos lleva a pensar que la organización de los arcanos mayores no tenía un orden taxativo y preestablecido, y que fue más adelante cuando se consolidó la posición de los triunfos.

En este libro proponemos una clasificación poco usual y que se ha hecho basándose en la comparación de los triunfos de los tarots visconteos con el Tarot de Mantegna, en el que está perfectamente claro el orden de los naipes. Según este criterio, el primer septenario recogería las condiciones del hombre y estaría compuesto por los siguientes triunfos:

- El Ermitaño
- El Mago
- Los Amantes
- La Emperatriz
- El Emperador
- La Papisa
- El Papa

De esta manera tenemos establecido un primer orden de cartas mundanas: las condiciones que puede tener el hombre a lo largo de la vida. Puede que, en el punto en que te encuentres, carezcas de todo tipo de bienes, así que en ese caso tu naipe será el del Ermitaño. Si utilizas algunos trucos para ganarte la vida, entonces habrás subido un peldaño y serás El Mago. Cabe señalar en este punto que el nombre de este naipe puede inducir a cierta confusión. Este hombre utiliza trucos de magia (de prestidigitación) para ganar dinero a costa de la inocencia de otros. Cierto es que posee un nivel algo superior, pero su catadura moral no es la más correcta. El siguiente nivel sería el de los Enamorados. Tus necesidades básicas están cubiertas y en la plenitud de la vida llega el descubrimiento del amor. A partir de aquí, las cartas que se suceden nos hablan de muy altos rangos del poder político y religioso, curiosamente emparejados (han superado con éxito la prueba del amor), son La Emperatriz y El Emperador, y La Papisa y El Papa. El poder material sobre los demás son las dos primeras cartas, mientras que el poder espiritual recae en las dos últimas.

El segundo septenario serían cartas que proporcionan influencia al hombre para ascender o descender en el escalafón terrenal. Son las siguientes:

- La Fortaleza
- La Justicia
- La Templanza

- La Rueda de la Fortuna
- El Diablo
- El Colgado
- La Muerte

Los tres primeros naipes están relacionados con el ámbito religioso y son cartas positivas: La Fortaleza, La Justicia y La Templanza te permiten ascender en la escala de las condiciones del hombre, sobre todo para ocupar el lugar de La Papisa y del Papa. Pero puede que también La Fortuna influya en tu vida, tanto para bien como para mal, para subir o bajar en el escalafón. Y llega El Diablo, que aúna en sí las malas influencias, las que te hacen descender y te llevan a la perdición. El Colgado es una carta extraña: está boca abajo y atado por una pierna. Parece un castigo terrenal, que te hace descender en tu rango vital. Y tu vida por fin llega a su final con la carta de La Muerte.

Podríamos decir, por tanto, que este segundo septenario es simétrico: sus tres primeros arcanos son positivos (las virtudes), sus tres últimos negativos (El Diablo, El Colgado y La Muerte), y, como bisagra, La Rueda de la Fortuna que puede repartir la suerte favorable o desfavorable. Esta carta representaría el libre albedrío que determina el futuro en uno u otro sentido sin poder influir en él.

El tercer septenario se corresponde con el macrocosmos. Todo lo que sucede en el cielo tiene correlación con el mundo terreno, el microcosmos. Los naipes que lo componen son:

- La Luna
- El Sol
- La Estrella
- El Carro
- El Juicio Final
- El Mundo

En primer lugar tenemos los dos grandes astros que gobiernan la vida: El Sol y La Luna, además de La Estrella, que representa en sí todo el firmamento. El Carro simboliza el movimiento de las estrellas fijas en la esfera celeste. Los influjos de estas cartas, a través de la astrología, rigen los destinos del hombre. Debe ser una aspiración, tanto en la vida como en el juego, que los cuerpos celestes nos sean propicios. Y el resultado de nuestra vida y nuestras acciones se presentará ante Dios en el día del Juicio Final, que encontramos también entre los triunfos. Por último, tenemos El Mundo, que recoge toda la creación. Solo nos resta por saber el significado de la Torre, que puede tener un trasunto bíblico y podría representar el enorme zigurat de Babilonia que trajo la confusión entre los hombres a través de la pluralidad de lenguas. Este elemento lo encontramos en la carta de Nembroto en el Tarot Sola Busca.

Por último tenemos la carta del Loco, que completaría los veintidós triunfos del Tarot Visconti Sforza. Se trata de un personaje ambivalente: aunque es humano, puede sufrir un trastorno y entrar en contacto con el mundo superior. Es como el dios Hermes, un mensajero entre los dioses y los hombres.

4

El Tarot de Mantegna

Hasta este momento hemos visto las diversas barajas que dieron lugar a la estructura de los tarots actuales. Estaban conformadas por una serie de cartas numerales divididas en cuatro palos (Oros, Copas, Espadas y Bastos), cartas de corte (Sota, Caballo, Rey y Reina, con algunas variaciones) y los triunfos, cuyo simbolismo no está unívocamente determinado.

La baraja que vamos a examinar a continuación es la conocida como Tarot de Mantegna. En cuanto a su cronología, se puede situar su origen en fechas aproximadas, entre 1465 y 1470. Se trata de un tarot grabado y no coloreado, esto es, realizado en serie con planchas que imprimen las figuras sobre el papel y que no requieren de un artista que cree para cada baraja, como sí hemos visto en el caso de los tarots visconteos.

Otra diferencia, esta sí fundamental, es que este tarot está conformado por cincuenta cartas ordenadas en cinco series de diez láminas cada una, y todas ellas son triunfos. O sea, han desaparecido las cartas numerales y las de corte. Están ordenadas numéricamente y constan de un nombre muy bien definido, además de una letra que corresponde con cada serie. Por tanto, podemos decir que el Tarot de Mantegna es el primero que conservamos completo, además, como veremos, en distintas versiones, y que difiere de la estructura de las barajas de triunfos vistas hasta este momento. Muchos estudiosos consideran que el Mantegna no debe ser considerado como un tarot, sino como un juego de cartas diferente. Nosotros, sin embargo, lo consideramos un tarot, entre otras cosas, porque su estructura nos ayuda a dar sentido a los tarots iniciales, como vimos en los capítulos anteriores y como seguiremos argumentando en las próximas páginas.

Y luego tenemos la atribución de estos naipes nada menos que al gran pintor renacentista Andrea Mantegna. Como también veremos a continuación, esta relación es falsa: Andrea Mantegna no fue el creador ni el diseñador de este tarot, ni tampoco ninguno de los artistas que formaron parte de su famoso taller de grabado. Acerca de su autor intelectual, así como de sus grabadores, discutiremos los datos que conocemos a lo largo de este capítulo.

A modo de planteamiento, y para que el lector tenga un conocimiento previo del orden y la estructura del Tarot de Mantegna, consignamos a continuación los nombres de sus naipes ordenados:

Palo E o S (pues varía su nombre en diversas barajas), cartas de la 1 a la 10, que representan las condiciones del hombre o los rangos terrenales:

1. Misero (Mendigo).
2. Fameio (Sirviente).
3. Artixan (Artesano).
4. Merchadante (Mercader).
5. Zintilomo (Mancebo).
6. Chevalier (Caballero).
7. Doxe (Duque).
8. Re (Rey).
9. Imperator (Emperador).
10. Papa.

Palo D, cartas de la 11 a la 20, que son las nueve musas y Apolo:

11. Caliope (la de la bella voz).
12. Urania (la celestial).
13. Terpsicore (la que deleita en la danza).
14. Erato (la amorosa).
15. Polimnia (la de muchos himnos).
16. Talia (la festiva).
17. Melpomene (la melodiosa).
18. Euterpe (la muy placentera).
19. Clio (la que ofrece gloria).
20. Apollo (dios del Sol, las artes y la profecía).

Palo C, cartas de la 21 a la 30, con las siete Artes Liberales, junto a las Ciencias Liberales:

21. Grammática (Gramática).
22. Loica (Lógica).
23. Rhetorica (Retórica).
24. Geometria (Geometría).
25. Aritmetricha (Aritmética).
26. Musicha (Música).
27. Poesia.
28. Philosophia (Filosofía).
29. Astrologia.
30. Theologia (Teología).

Palo B, cartas de la 31 a la 40, que son los Principios Cósmicos encarnados en los Genios y las Virtudes:

31. Iliaco (Genio del Sol).
32. Chrónico (Genio del Tiempo).
33. Cósmico (Genio del Mundo).
34. Temperantia (Templanza).
35. Prudencia.
36. Forteza (Fortaleza).
37. Iusticia (Justicia).
38. Charita (Caridad).
39. Speranza (Esperanza).
40. Fede (Fe).

Palo A, cartas de la 41 a la 50, que se corresponden con las esferas celestiales:

41. Luna.
42. Mercurio.
43. Venus.
44. Sol.
45. Marte.
46. Iupiter (Júpiter).
47. Saturno.
48. Octava Spera (Octava Esfera).

49. Primo Mobile (Primer Móvil).
50. Prima Causa (Causa Primera).

Lo que nos dicen las cartas

El Tarot de Mantegna guarda muchos secretos aún por descubrir. Por ello, al estilo de Sherlock Holmes, deberemos ir fijándonos en cada uno de los detalles de esta baraja que vayan llamando nuestra atención. Seguiremos un procedimiento deductivo para ir tirando de los hilos que salten a nuestra vista: ¿quién fue su diseñador intelectual?, ¿quién lo dibujó y lo grabó?, ¿qué significado tienen sus naipes?, ¿cómo se practicaba el juego con el Tarot de Mantegna?

Pese a ser la baraja mejor estructurada, con más datos sobre sus figuras y con un orden claramente establecido, es paradójicamente casi la que más secretos guarda en su haber.

Al contrario de lo que sucedía con los tarots Visconti, en cuyos arcanos mayores no había ningún nombre o referencia que nos hablara de su origen o de su significado, el Tarot de Mantegna nos pone sobre la pista del significado de todas sus cartas. Es más, su estructura nos sirve para hipotetizar el orden auténtico de los arcanos mayores en las barajas de Milán. Así que debemos agudizar la mirada y el ingenio para tratar de hallar pistas que nos revelen algunos datos fundamentales acerca del origen y el significado de esta baraja.

Para comenzar, trataremos de hallar pruebas que nos hablen de su origen.

En la denominada serie E o S vemos que tenemos las condiciones del hombre, esto es, el escalafón o los niveles de poder que puede conseguir un hombre en la vida. Ahí encontramos desde los niveles más bajos, como El Ermitaño o El Sirviente, hasta los más altos, tales como El Rey, El Emperador o El Papa. Como hemos visto antes, todas las cartas tienen nombre, número y la serie a la que pertenecen. Pues bien, en esta clasificación, uno de los personajes, justo por debajo del Rey, es El Doxe (o Dogo), nombre con el que se conocía al gobernante de la Serenissima República de Venecia. Este es un indicio muy claro: quien encargó la baraja tenía que provenir de Venecia o, incluso, formar parte de la realeza véneta, cuando no el mismísimo dogo.

Así que tenemos un encargo veneciano. Pero ¿acaso las cartas fueron grabadas en esa ciudad? La respuesta es que no, y para ello nos fijamos en los nombres de alguna de ellas. En concreto, zintilomo (gentilhombre) y artixan (artesano) son palabras del dialecto ferrarés. Así que casi con toda certeza podemos decir que estos naipes fueron grabados en el entorno de Ferrara. Recordemos que esta ciudad-Estado es una de las primeras en las que se desarrolló el juego de triunfos, así que no nos debería extrañar que esta baraja provenga de la región gobernada por la familia Este.

Mantegna, un nombre erróneo

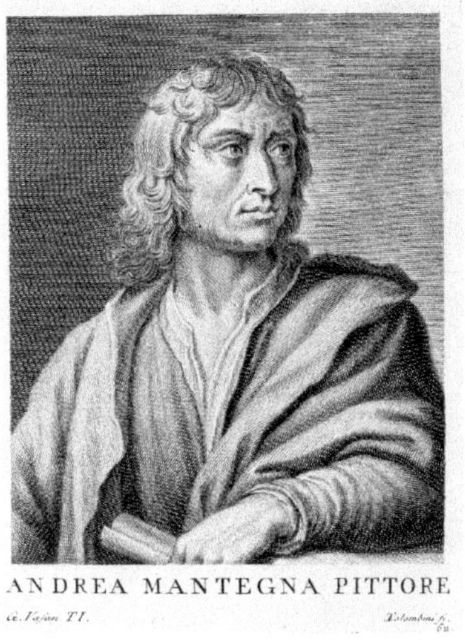

Retrato de Mantegna en las Vidas *de Vasari (s. XVIII).*

Tracemos una semblanza de este pintor. Sabemos de Andrea Mantegna que nació en la Isola di Cartura, no se sabe con precisión si en 1430 o 1431, una ciudad situada en la región de Padua. Y sabemos que murió en Mantua en 1506 al servicio de los Gonzaga. En la Padua del *Quattrocento*, nuestro hombre, el hijo de una familia muy humilde y que había dedicado sus primeros años a trabajar como pastor, tuvo la oportunidad de entrar como aprendiz en el taller del pintor Francesco Squarcione y pasar a formar parte también de lo que en Venecia se conocía como *studium*, una academia o escuela de arte, donde se instruía a los estudiantes en las nuevas formas de arte inspiradas en la Antigüedad. Por ese taller habían pasado grandes maestros florentinos, como los pintores Filippo Lippi y Paolo Uccello, además del genial escultor Donatello. Podemos suponer que este contacto fue clave para el desarrollo posterior de la obra de Mantegna, impregnada de ese espíritu del Renacimiento florentino y que se quedó fijado como una seña de identidad de su arte.

Mantegna aprendió en este taller el gran invento de la pintura del Renacimiento: la perspectiva, técnica mediante la cual los elementos pictóricos se representan con distinto tamaño según la distancia a la que se encuentran del observador. Recordemos que en el Medievo la representación de las figuras era jerárquica (Dios y los santos, por citar un ejemplo, se representaban de un tamaño mucho mayor que los hombres) y no se tenía en cuenta el tamaño según el ojo lo percibe. Y no solo eso, sino que Mantegna llevó la perspectiva hasta sus extremos en sus pinturas en escorzo (se conoce así a las representaciones de figuras en posiciones no frontales) como el que vemos en *La lamentación sobre Cristo muerto* (1457-1501) o en el paisaje de *El tránsito de la Virgen* (1462), este último albergado en el Museo del Prado, dos de las obras maestras de Mantegna que lo elevan como uno de los grandes del Renacimiento sin lugar a dudas.

Sabemos que en el último tercio del siglo XV se encontraba instalado en Mantua bajo la protección de Isabela d'Este, esposa de Francisco II Gonzaga, señor de Mantua, lugar en el que permanecería hasta su muerte. Isabela provenía de Ferrara, una ciudad-Estado que, como ya sabemos, tiene una tradición de gusto por los juegos de naipes, lugar donde encontramos los primeros registros escritos que citan los encargos de distintas barajas de tarot. Sabemos, además, que Isabela era una gran coleccionista de todo tipo de objetos y gran mecenas de las artes. En el palacio de Mantua tenía una estancia propia en la que guardaba todos sus tesoros. Este espacio se conocía como *studiolo*, y fue muy popular en las cortes renacentistas. Estos espacios serían el origen de los gabinetes de curiosidades, antecedentes directos de los museos. Todas las pistas nos llevan a pensar que Isabela d'Este fue una gran jugadora del tarot y es posible que encargara la elaboración de alguna de estas barajas para su colección particular. La relación de Isabela con su protegido Andrea Mantegna es una de las primeras pistas que vincularía a este pintor con la baraja que lleva su nombre.

Otra razón para pensar en la posible autoría de nuestro pintor como artífice de los cincuenta naipes es el hecho de que Mantegna fundó en Mantua un prolífico taller de grabado. Especializado en la impresión de imágenes, del negocio del pintor salieron muchísimos grabados, no de su autoría directa, pero sí bajo su supervisión. Si pensamos que este singular tarot está compuesto por cincuenta imágenes grabadas, podríamos tener aquí una segunda prueba de que Mantegna estuvo detrás de la creación de estos naipes.

Y ya el último indicio que llevaría a la atribución del tarot a Mantegna es que dentro de la producción del artista se encuentran los llamados *triunfos de César* en los que aparecían largos y lujosos carruajes que anunciaban la gloria de los vencedores en batalla. Recordemos que el término «triunfos» se empleaba para designar los tarots en aquella época. Los *triunfos de César* estaban dedicados a Julio César y su triunfo en la Guerra de las Galias, y fueron encargados por la familia Gonzaga que quería, de alguna manera, vincular su linaje con el de la antigua Roma. Consta de nueve lienzos realizados por Mantegna entre 1485 y 1505, y se supone que a su muerte en 1506 el proyecto quedó inacabado, pues debían ser diez las piezas del conjunto. También conservamos de su taller las versiones grabadas de los lienzos. Si bien los *triunfos de César* son posteriores en el tiempo al Tarot de Mantegna, hay testimonios que nos hablan de que este artista hizo una serie de triunfos basados en los versos de Petrarca de los que ya hemos hablado. Tendríamos, entonces, una posible influencia de Andrea en la concepción artística de esta baraja.

El caso es que, en su tiempo, este tarot no fue atribuido a Mantegna. No será hasta el siglo XVIII cuando esta singular baraja sea bautizada por el filólogo Luigi Lanzi como Tarot de Mantegna. Esta evidencia la hallamos en uno de sus escritos que hace referencia a este juego de cartas con este fallido nombre, pero que ha sobrevivido hasta nuestros días.

Visto lo expuesto, y aunque hay pruebas que nos invitan a la duda, hoy sabemos a ciencia cierta que el Tarot de Mantegna no fue realizado ni por el maestro ni por su taller, pues el estilo del dibujo no se corresponde. Casi podríamos decir con un poco de sorna que el Tarot de Mantegna ni es un tarot ni es de Mantegna.

El ideólogo

Buscamos a una persona que tiene vinculación con Venecia y con Ferrara, conoce las artes del grabado y el saber necesario para plasmar en un juego de cartas todo el conocimiento que viene del Medievo y las novedades renacentistas que miran al pasado clásico. Además, por la antigüedad de las cartas y sus registros, sabemos que debieron ser ideadas y grabadas entre los años 1465 y 1470.

Hasta la fecha se ha especulado con un hombre importante para nuestra historia: Ludovico Lazzarelli. Y menciono que es importante porque sabemos que tiene todas las bazas a su favor para considerarlo también el autor intelectual del Tarot Sola Busca que nos ocupará en el siguiente capítulo. Como muchos investigadores pueden suponer, si Lazzarelli fue el inventor del Sola Busca, ¿por qué no serlo también del Mantegna? Pues para ello vamos a hacer una primera parada en la vida de Ludovico Lazzarelli.

Nuestro personaje nació y murió en la ciudad de San Severino Marche, en el período que va desde 1447 hasta 1500, una localidad perteneciente a

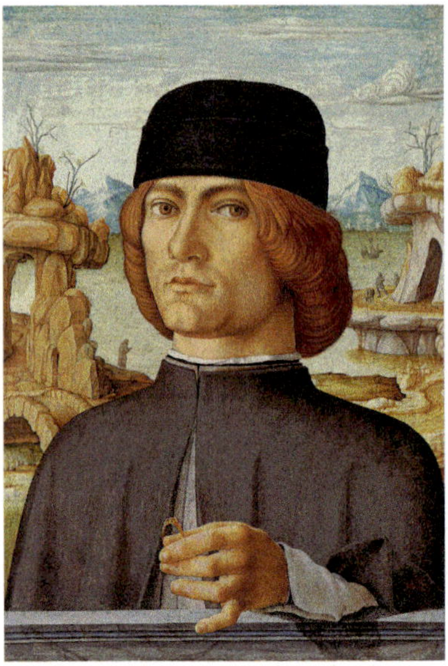

Francesco del Cossa.
Retrato de un hombre con una sortija
(Ludovico Lazzarelli), *hacia 1472-1477.*
Museo Nacional Thyssen-Bornemisza.

los Estados Pontificios. Se formó inicialmente como poeta, siguiendo la estela de los clásicos como Ovidio. Sus primeros puestos importantes le llevaron a distintas cortes donde trabajó como instructor para los hijos de los nobles. En 1467 sabemos que se encontraba en Venecia donde había acudido para perfeccionarse en el estudio del griego y del latín. Allí marchó por vínculos familiares, ya que sus hermanos estudiaban medicina y jurisprudencia en la Universidad de Padua. Así que tenemos a Lazzarelli en Venecia en la franja temporal en la que fue ideado y creado el Tarot de Mantegna.

Si miramos su biografía, su gusto por la cultura clásica le llevó por el sendero del humanismo: aprendió griego y hebreo, matemáticas y astrología, además de interesarse por el hermetismo en sus diferentes facetas, destacando en el estudio de la Cábala. Esta pista es tentadora si pensamos que, además, en su juventud tuvo un fuerte vínculo con Marsilio Ficino. Este pensador florentino, y miembro de la Academia Platónica florentina promovida por los Médici, fue el traductor del *Corpus Hermeticum*, una importante obra que inauguraría el hermetismo renacentista. Así que Lazzarelli pudo conocer desde muy joven estos textos vinculados con el pensamiento mágico.

Es precisamente en este marco temporal (entre 1468-1469) cuando Lazzarelli compuso en Venecia un poema dedicado a las imágenes de las divinidades, titulado *De gentilium deorum imaginibus* (De las imágenes de los dioses paganos). Allí, nuestro autor nos habla de cómo los dioses y las musas rigen los destinos del hombre. Trataba de traer a su tiempo una idea que había pervivido en la Edad Media desde la Antigüedad: que los dioses influyen en el sino del hombre a través de los planetas de una forma continua e inevitable. Se sabe que su texto se inspiró en una obra anónima titulada *De Deorum imaginibus libellus*, que demuestra el interés humanista de nuestro hombre. Este tratado estuvo dedicado originariamente a Borso d'Este, duque de Módena, lo que de nuevo nos vuelve a poner sobre la pista de Lazzarelli como autor del Mantegna. Hay que señalar que, ante la repentina muerte de Borso, Lazzarelli cambió la dedicatoria y el libro lo destinó a Federico de Montefeltro, duque de Urbino.

Pues bien, si nos fijamos en las ilustraciones del *De Deorum*, hallamos otra pista: vemos que las deidades paganas y las musas están figuradas por las cartas del Tarot de Mantegna, excepto Mercurio, Juno, Plutón y Victoria. Esto se debe a que Lazzarelli concibió todo un programa iconográfico con una serie de dioses paganos que eran un complemento indisoluble de su obra: la poesía no tenía sentido sin las imágenes. Estableció así una fuerte conexión entre los planos astrológico, astronómico, mitológico y adivinatorio a través de su obra.

En el Renacimiento, el conocimiento hermético no estaba reñido con la religión, sino todo lo contrario: los grandes filósofos de la época trataron de aunar en un solo credo el cristianismo con las ideas paganas y el conocimiento hermético. Para ellos, personajes como Platón ofrecían en su pensamiento una perspectiva diferente sobre una misma realidad, de tal suerte que sus ideas podían formar un todo con el cristianismo y otras formas de pensamiento. En su poema *De Deorum,* Lazzarelli propone una teología en la que «la poesía, como filosofía de lo sagrado, revela la verdad del cristianismo, como una síntesis perfecta de todo el conocimiento humano». «La poesía se revela mediadora entre la realidad espiritual y la vida terrena». Esta preponderancia de la poesía podría servir, incluso, para justificar la presencia de las musas de las artes bajo la tutela de Apolo en uno de los palos del Tarot de Mantegna.

Dadas estas pruebas, para algunos autores este vínculo parece ser decisivo en la vinculación de Ludovico Lazzarelli con el diseño de esta baraja, hecho desde luego más que plausible y, sobre todo, único, pues no encontramos intelectuales en esa época y en ese ámbito que podamos postular como ideólogos del Tarot de Mantegna.

Pero para otros estudiosos del esoterismo como Wouter J. Hanegraaff la cosa no está tan clara. Este investigador, de gran fama en los estudios del esoterismo occidental y gran conocedor de la vida y obra de Lazzarelli, el hecho de que las imágenes del Mantegna aparezcan en este tratado no es sino una prueba circunstancial y lo relaciona como copista del Mantegna, no como su autor. Hanegraaff sugiere que en esa época temprana de la vida de Lazzarelli, recién cumplidos los veinte años, sus intereses no eran filosóficos sino poéticos, pese a conocer las ideas humanistas que ya hemos comentado debidas a su relación con Marsilio Ficino. Hanegraaff propone que Lazzarelli habría sido un hermetista de primer orden, conocedor de la cábala, la alquimia y la astrología años más tarde, lo que lo desvincularía de la creación del Tarot de Mantegna.

Así que tenemos dos visiones diferentes: una que relaciona a Lazzarelli con el Tarot de Mantegna con numerosas pruebas circunstanciales, y otra, conocedora en profundidad de la vida de Lazzarelli, que afirma que, en su juventud, en los años del nacimiento de esta baraja, estaba interesado más en la poesía que en otra cosa.

En nuestra opinión, Lazzarelli sí que pudo ser el autor intelectual del Tarot de Mantegna. El hecho de pensar en un juego de cartas con la presencia de deidades paganas, virtudes cristianas, saberes medievales, planetas, así como las condiciones del hombre, no está reñido con el amor por la poesía a la par que con el conocimiento. Además, el hecho de saber que unos años después Lazzarelli pudiera crear el Tarot Sola Busca nos reafirma su gusto por la creación de repertorios de personajes de distintos ámbitos en forma de baraja. Apostemos, entonces, por su autoría.

Los cultos mistéricos

Estamos en un santuario de la Roma imperial, junto a un templo subterráneo. Un venerable anciano venda los ojos a un joven. Es su mentor. Se cerciora de que no puede ver nada y lo introduce por un agujero que da al interior de una galería. No podemos percibir ningún objeto. Pasados unos minutos oímos unos gritos: es el joven asustado. No mucho más tarde, con la cara desencajada, el muchacho sale por otra oquedad. El sabio se retira con el iniciado a una estancia secreta del templo y comienza a sonar una música mientras le susurra al oído los nombres secretos de dios y le muestra una imagen de un personaje que apuñala a un toro esculpida en la pared. Le está revelando el primer secreto de su orden: el mitraísmo.

Esta escena bien podría corresponderse con el rito de iniciación de las religiones mistéricas que proliferaron durante la Antigüedad clásica a lo largo del Mediterráneo: los cultos eleusinos, los órficos, los dedicados a Isis o Cibeles, o el mitraísmo que acabamos de mencionar. Este tipo de religiones se caracterizaban por una cuestión: su credo se revelaba solo a los iniciados y de forma oral. Así que en todos ellos había un rito de paso donde el discípulo pasaba una prueba tras la cual era digno de recibir el secreto de la orden. Este secreto o, mejor dicho, misterio solamente se transmitía de forma oral, por lo que no existen registros escritos en los que se hallen reflejadas esas revelaciones. Así las cosas, muy poco es lo que sabemos hoy en día sobre estos cultos mistéricos.

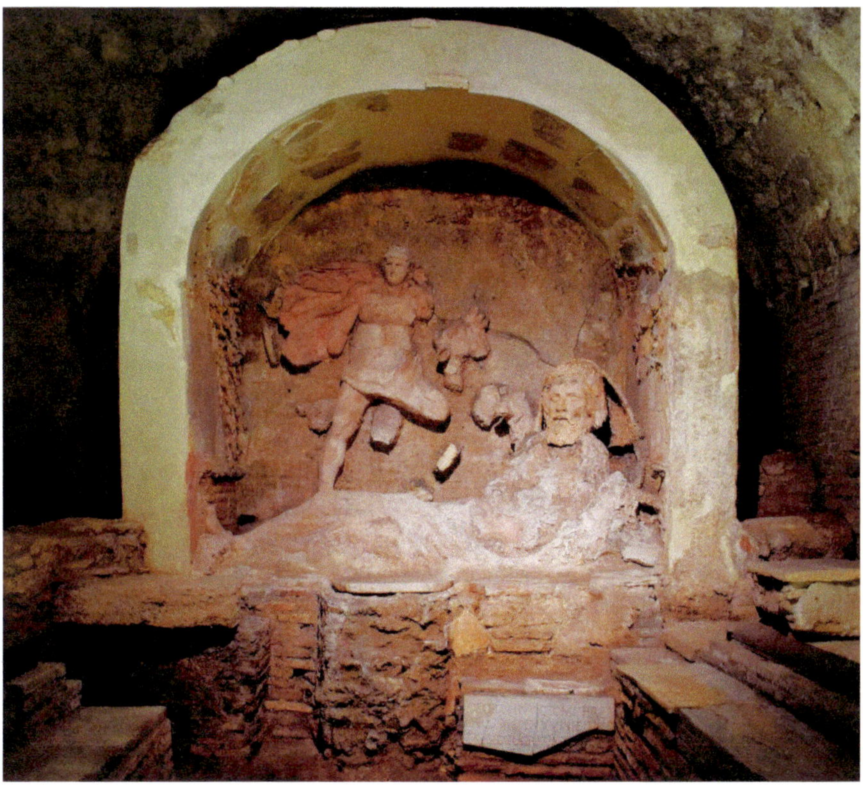

Mitreo de Santa Prisca (Roma). Foto: Pedro Ortega.

A continuación voy a proponer una hipótesis: algunas de estas religiones mistéricas habrían permanecido latentes en la Edad Media y pudieron haber llegado hasta el Renacimiento. Sería algo así como pensar que algún conciliábulo hubiese recogido el testigo de alguna de esas religiones, aunque probablemente con una pátina cristiana, que se hubiese mantenido vivo a lo largo de la Edad Media y hubiese llegado al Renacimiento. Pues uno de los argumentos para que esta hipótesis cobre carta de naturaleza es la presencia de elementos mistéricos en las cartas del tarot.

La hipótesis que vamos a tratar de verificar es la supervivencia del mitraísmo, entre otras razones porque este credo estaba dividido en siete niveles, con correspondencias astrales cada uno, y que veremos que están presentes en el Tarot de Mantegna. Pero aún hay más, el estudioso del Tarot Sola Busca, Peter Mark Adams, habla también del influjo mitraico directo en ese tarot; así que quizá pueda haber un poso de verdad en esta hipótesis.

Vamos a exponer a continuación los siete niveles de iniciación del mitraísmo:

- Corax (cuervo) Mercurio.
- Ninfis (crisálida) Esposo - Venus.
- Miles (soldado) Marte.
- Leo (león) Júpiter.
- Perses (persa) Luna.
- Heliodromus (conductor del Sol) Sol.
- Pater (padre) Saturno.

El siete ya ha sido mencionado cuando hablamos de los septenarios de los tarots Visconti. Este número representa el intelecto, el pensamiento y la sabiduría, por lo que bien podríamos decir que se corresponde con el significado del tarot, a través del cual se podría ir adquiriendo un mayor nivel sapiencial según transcurre el juego. Pues en el Tarot de Mantegna, pese a que cada palo se compone de diez cartas, el siete subyace en cada uno de ellos. Comprobémoslo.

Hemos visto que el palo E o S es el de las condiciones del hombre. Tenemos los niveles más bajos: El Mísero y El Sirviente, los más pobres del escalafón; luego viene El Artesano que manipula objetos con fuego: se trata del que se inicia (además su maestro está detrás), y si contamos los siguientes niveles hasta el diez, tenemos un total de siete. Pero seguimos: en el palo de los saberes tenemos el *Trivium* y el *Quadrivium*, que también hacen un total de siete. En el de las virtudes, tenemos las cardinales y las teologales, que suman también este número. Si nos fijamos en el palo de los planetas, aquí tenemos claramente los siete niveles de iniciación mitraica: Mercurio, Venus, Marte, Júpiter, Luna, Sol y Saturno. De nuevo siete. Pero ¿y las musas que son nueve? Pues aquí tenemos solo a siete de ellas representadas con una esfera astral. Ya que, de acuerdo con las relaciones que se establecen en la música de las esferas, hay siete musas que se corresponden con los siete planetas conocidos en la Antigüedad.

Pero aquí no acaba la presencia del siete. Si nos fijamos en los tarots Visconti, tenían tres septenarios y una carta sobrante que sumaba un total de veintidós arcanos mayores. En el Tarot de Mantegna tendríamos siete septenarios (que hacen un total de cuarenta y nueve) más una carta que completa las cincuenta y que bien podría ser la última, la Prima Causa, el origen de todo lo creado en el universo.

Como hemos visto, no es casual la presencia del número siete en el Tarot de Mantegna. Ahora bien, el vínculo mitraico es débil. Si miramos al Renacimiento, allí no encontramos apenas referencias a este culto. Su figura principal, la tauroctonía, en la que el dios solar Mitra mata al toro con un puñal y alrededor de la escena aparecen un perro, una serpiente y un escorpión, apenas existe en el Renacimiento. Solo en lugares escondidos como en el retablo de la catedral de Astorga en León vemos a una suerte de ángel apuñalando a un toro, seña de referencia mitraica.

Ahora bien, hay otros elementos que nos podrían hablar de la pervivencia del mitraismo en el Renacimiento. Los mitreos, esto es, los espacios donde se reunían los devotos a Mitra, eran espacios subterráneos abovedados y cuya techumbre tenía representadas las estrellas del firmamento. Este hecho no es baladí. Probablemente, a partir de aquí, podamos establecer un nexo entre el mitraismo y la cultura renacentista que, en algunos de sus palacios, llevó la astrología a sus paredes y techos, como enseguida veremos.

Sabemos que las fuentes del mitraísmo no llegaron como tales al Renacimiento, debido en gran parte a que los misterios mitraicos solo se transmitían de forma oral. Tampoco continuó su iconografía, que se redescubriría en siglos posteriores. Pero sí sabemos que el mitraísmo dejó huellas significativas tanto en el cristianismo como en algunas prácticas que perduraron en la Edad Media. En primer lugar, la religión cristiana adoptó la fecha del 25 de diciembre (solsticio de invierno en el que se festejaba el culto a Mitra) como la del nacimiento de Jesús. También adoptó el calendario solar y no lunar, como el hebreo, y tomó la medida de la semana en siete días haciendo referencia a los

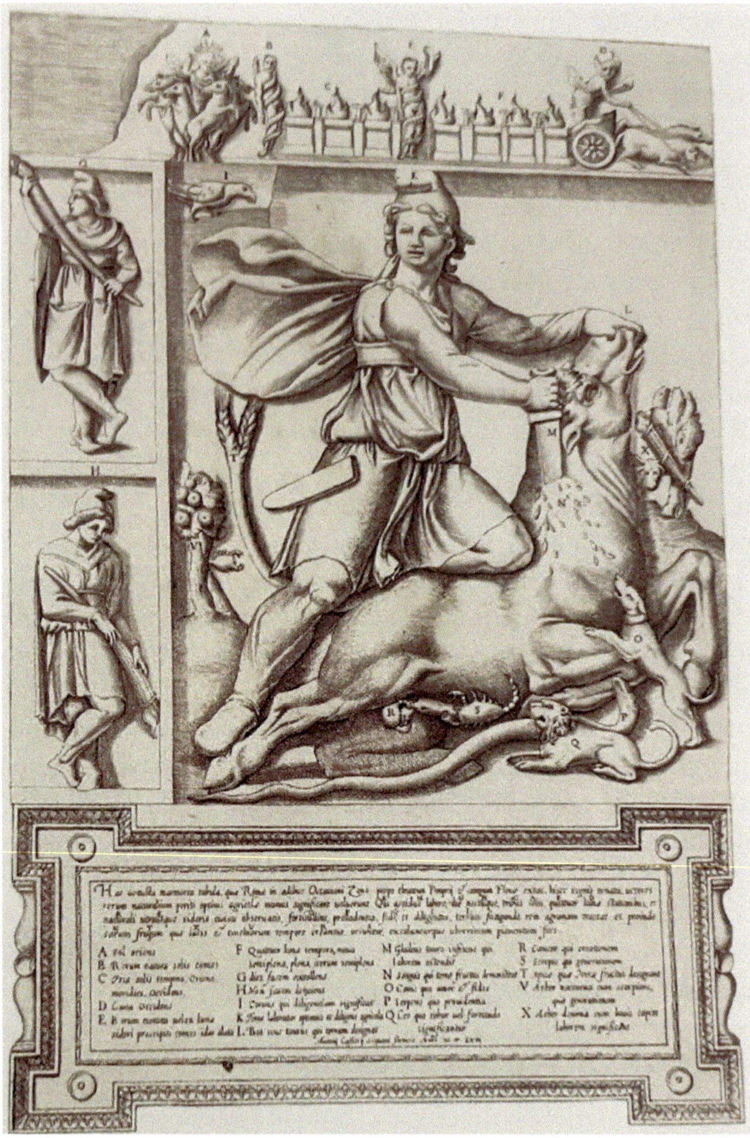

Monumento a Octaviano Zeno en el Speculum Roman magnificientiae, *1562.*

siete planetas. Además sabemos que el mitraísmo influyó en el Zodiaco aportando los doce signos y que pervivió en el Medievo. Visto esto, sería factible que los siete grados de iniciación del mitraísmo, basados en los planetas, pudieran ser aplicables al Tarot de Mantegna. De ser así, las cartas numeradas del 4 al 10 podrían representar los siete grados de iniciación mitraica.

El número 7 en la obra de Cornelius Agrippa

La referencia mitraica no es la única que está basada en el número 7. En el Renacimiento, una figura como Pico della Mirandola, miembro de la Academia Platónica florentina, apela al «simbolismo numérico», basado en las enseñanzas de Pitágoras, que asignaba virtudes a los diez primeros números y los describe como los elementos de los que la realidad está compuesta. Pero no solo Pitágoras, tenemos también en el Renacimiento la cábala cristiana. Esta disciplina trata de buscar las dimensiones ocultas de la Creación y de las Sagradas Escrituras. Para llegar a entender estos aspectos, idearon los diez *sefirot* o manifestaciones divinas y elaboraron un procedimiento conocido como gematria, que permitía descubrir los elementos ocultos del Antiguo y Nuevo Testamento. Así, Johannes Reuchlin se constituyó como el principal cabalista cristiano del Renacimiento.

Pero para hablar del número 7 en su más amplia dimensión, debemos ir a la primera mitad del siglo XVI. Allí tenemos una fuente que recoge las principales ideas sobre el significado de los números en el Renacimiento. Y para ello nos fijamos en la figura de Cornelius Agrippa, autor de un libro titulado *De occulta philosophia libri tre*, de 1533, que se consideraba como el mayor compendio de todas las tradiciones mágicas del saber antiguo, por ello nos interesa su contenido, en especial para la materia que estamos tratando. Dentro de esta obra nos encontramos un apartado dedicado al significado de los números y, cómo no, hace especial énfasis en el número 7.

«El Septenario —dice Agrippa— es el número del poder variado y múltiple, al estar compuesto de uno y de seis, o de dos y cinco, o de tres y cuatro, y por tener la unidad que lo liga con un doble trinario». Más adelante continúa diciendo que la virtud del siete genera al hombre, que simiente depositada en el vientre debe pasar siete horas sin efusión para concebir, que si pasan siete días desde la concepción habrá vida. También menciona como especiales a los niños sietemesinos. Tras el nacimiento, la séptima hora decide la vida del niño: si se supera, se lo toma como nacido para la vida.

Otro aspecto del 7 que aborda Agrippa se refiere a las estrellas. Afirma que es el día más largo respecto al más corto por el mismo número 7, y el equinoccio de invierno del de verano porque «todas las cosas se hacen por los siete signos». Expone que hay «siete círculos alrededor de la longitud del eje, siete estrellas en los carros celestes, alrededor del polo ártico, de la osa mayor y de la menor, igualmente siete pléyades; siete planetas, que forman los siete días de la semana».

La Luna también contiene el número 7: «Es la séptima de los planetas y la más cercana a nosotros y este número rige su movimiento, y su luz; ya que en veintiocho días da toda la vuelta al zodíaco». Además, cada siete días la Luna cambia de fase.

Otro aspecto que señala Cornelius Agrippa es que este número está consagrado a la virginidad ya que no puede ser engendrado (pues lo componen dos números que no son iguales) y no engendra, pues no puede dividirse en dos números iguales. Por ello se dice que este número corresponde a la diosa Palas Atenea.

Y en el cristianismo también está presente el número 7: siete fueron los días de la Creación, Cristo reposó el séptimo día en el sepulcro y el siete está también vinculado a la cruz.

Además de citar diversos pasajes bíblicos en los que se menciona esta cifra, debemos hablar del Apocalipsis, donde de nuevo lo vemos muy presente: «Había siete lámparas ardientes delante del trono de Dios, y siete candeleras de oro en medio de los que estaba una imagen semejante al hijo del hombre, y que tenía en su mano derecha siete estrellas. Igualmente había siete espíritus delante del trono de Dios, y siete ángeles estaban delante de Dios, y tenían siete trompetas; vio también un cordero que tenía siete cuernos y siete ojos; vio también un libro sellado con siete sellos, y cuando el séptimo fue quitado el cielo permaneció el silencio».

Por último, Agrippa cierra su disertación enumerando ejemplos de presencia del siete: «Siete días de la semana, siete planetas, siete edades del mundo, siete cambios del hombre, siete artes liberales, siete colores, siete metales, siete agujeros en la cabeza del hombre, siete pares de nervios, siete montañas en Roma, siete reyes romanos, siete guerras civiles, siete sabios del tiempo del profeta Jeremías...», y algunos ejemplos más.

No es de extrañar, por tanto, que el siete fuera un número tan importante para los creadores de los distintos tarots: quisieron que este número tan significativo y tan sagrado estuviera presente en la raíz, en la estructura profunda del tarot. Por ello, los arcanos mayores de nuestras barajas ocultan en su interior la presencia del número 7.

El palacio Schifanoia

Una de las pruebas que atestiguan la importancia que tuvo en su época el Tarot de Mantegna es la relación entre sus cartas y la creación del ciclo pictórico del palacio Schifanoia en Ferrara. Nos pone sobre esta pista Aby Warburg, uno de los grandes historiadores del arte y creador del método iconológico, y que supo ver, más allá de las similitudes formales, la presencia de los dioses olímpicos figurados en el mazo de Mantegna y que aparecen en la conocida como «Sala de los meses» dentro de este palacio, de fuerte componente astrológica.

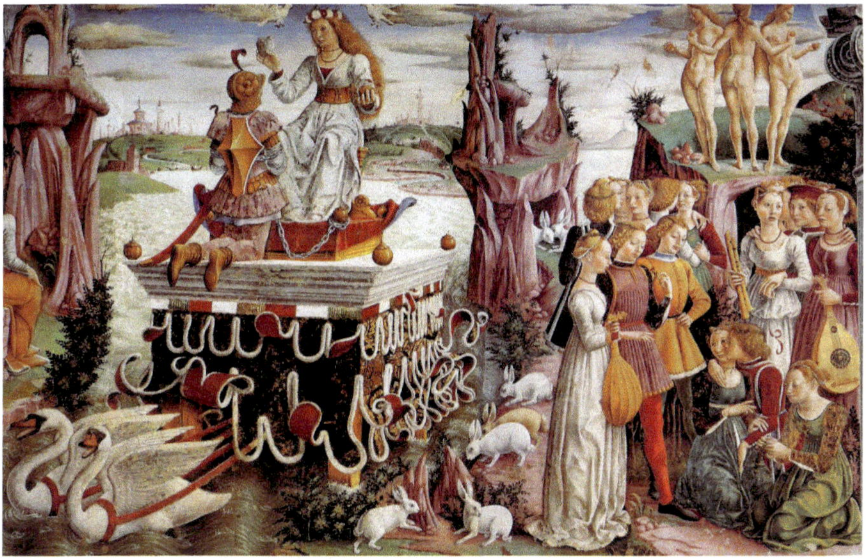

Triunfo de Venus en el palacio Schifanoia de Ferrara.

Hagamos un poco de historia. En la corte de la familia d'Este, gobernadores de Ferrara, estaba muy presente la magia y la adivinación. Borso d'Este, quien mandó pintar esta sala, se decía que vestía de un color concreto cada día en función de las previsiones astrológicas. Tenía todo un equipo de asesores que le ayudaban a tomar sus decisiones. Así, tenemos a Petro Bono Avogaro, astrólogo de la corte, que se dedicaba a elaborar presagios anuales; Carlo da Sangiorgio, geomante, para las consultas en la toma de decisiones, y, por último, Pelligrini Prisciano, bibliotecario e historiador. Este último, señala Warburg, fue el verdadero ideólogo de la sala astrológica. Además pudo estar también detrás de la creación del Tarot Sola Busca, del que nos ocuparemos más adelante. La manufactura de la decoración de la sala de los meses fue de la mano del pintor Francesco del Cossa.

En su origen, esta estancia constaba de doce paneles verticales asociados cada uno de ellos a los dioses y a los signos del Zodiaco. Lamentablemente, solo se han conservado siete. La estructura es similar en cada muro, pues están divididos horizontalmente en tres partes iguales. En la superior están representadas las vidas y andanzas de los dioses clásicos, con un dios dominante y su correspondiente signo del Zodiaco. Así tenemos a Palas para Aries en el mes de marzo, Venus para Tauro en abril, Apolo para Géminis en mayo, Mercurio para Cáncer en junio, Júpiter y Cibeles para Leo en julio, Ceres para Virgo en agosto y, por último, Vulcano para Libra en septiembre.

En la parte intermedia aparece representado el signo zodiacal correspondiente y, debajo de él, los tres decanos en los que la tradición astrológica divide cada uno de ellos. Aquí entramos en un terreno que ha suscitado muchas dudas. No hay una fuente clara que nos hable de los decanos tal y como están representados en el palacio Schifanoia. Hay diversas teorías que nos cuentan que estas fracciones de las constelaciones podrían seguir un sentido inverso al de los signos del horóscopo, lo que habría dificultado su interpretación. Desde luego, este elemento indica una gran erudición del pensador que ideó la sala, pues no solo debía conocer en profundidad la mitología clásica y la astrología, sino que debía tener acceso a fuentes todavía sin identificar para elaborar el programa de los tres decanos de cada signo.

Por último, en la franja inferior, el príncipe Borso d'Este mandó representar los triunfos y gestas de su reinado a la cabeza de Ferrara. Esta es una costumbre habitual en los mandatarios de todos los reinos: buscan el reconocimiento de su linaje, o bien poniendo en valor las gestas de sus antepasados, o bien buscando una conexión entre su familia con los personajes de la mitología clásica, para así dar abolengo a su ascendencia.

Como mencionábamos antes, el palacio Schifanoia no es el único con decoración en clave astrológica. Podemos citar también la villa Farnesina en Roma, promovida por la familia Chigi, la capilla Pazzi en Florencia o la biblioteca de la Universidad de Salamanca, todos ellos ejemplos de representaciones de un momento concreto de la posición de los astros en el cielo para conmemorar una efemérides, como las posiciones de los astros en el momento del nacimiento de importantes mandatarios. Desde luego, la temática astrológica en los palacios renacentistas nos habla de la importancia de esta disciplina entre los nobles de la época. Y su vínculo con las barajas de tarot nos hace pensar que la presencia de los planetas se corresponde con la mirada hacia el Cielo en busca del destino y de los presagios. Aunque no es el único, debemos afirmar la presencia del componente astrológico en las cartas del tarot y, más que en ningún otro, en el de Mantegna.

El Tarot de Mantegna y la Historia del Arte

Los tarots han sido siempre considerados como un objeto adivinatorio apartado de lo artístico, un elemento cultural depauperado y ajeno a los valores estéticos. Esto no es ni mucho menos cierto. Ya hablamos de los tarots visconteos, creados a mano y con láminas de oro o plata por maestros pintores de primer orden. Pero es que el Tarot de Mantegna va más allá y en él encontramos uno de los primeros ejemplos del origen de la emblemática. Esta disciplina utiliza las imágenes como alegorías para expresar conceptos concretos. El significado de la palabra «emblema» es «lo que está puesto dentro o encerrado», y se compone habitualmente de una imagen enigmática provista de una frase o leyenda que ayudaba a descifrar un oculto sentido moral que se recogía en verso o prosa.

Se propone como creador de la emblemática a Andrea Alciato, un jurista milanés nacido a finales del siglo xv. Creó un total de noventa y nueve epigramas morales y se los dedicó al duque Maximiliano Sforza. Por azares de la vida, a través del consejero imperial Peutinger, la obra llegó a manos del impresor Steyner, quien consideró que lo apropiado sería añadir una ilustración a cada epigrama. Esto fue llevado a cabo por un grabador llamado Breuil, y el libro salió a luz en 1531 en Augsburgo con el título *Emblematum liber*.

Pero nos atrevemos a decir que ni Alciato fue el primero, ni es casual que esta emblemática surgiese en Milán y se forjara en los terrenos teutones. Entre medias hay un protagonista que media entre el Tarot de Mantegna y el arte alemán. Nos estamos refiriendo a Durero, pues este genio quedó impresionado por esta baraja. Supo entender que en ella se contenía toda una sabiduría que se había perpetuado a través del tiempo, desde la época

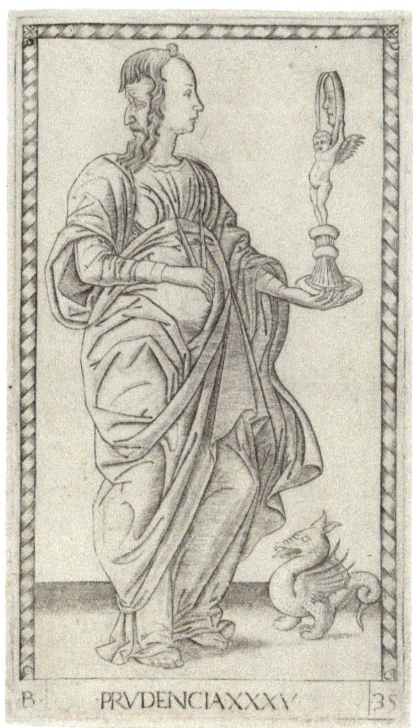

Carta de la prudencia en el Tarot de Mantegna.

clásica hasta el Renacimiento pasando por el Medievo. De esta manera, Durero copió las cartas del Mantegna, lo que las hizo además ganar en valor artístico, y supuso la exportación de este repertorio de cartas llenas de significado a lo largo de Europa. De la colección original de mano del maestro, solo han llegado hasta nosotros diecisiete de sus dibujos, el resto se perdieron en un incendio.

Por desgracia, es difícil trazar el camino que siguieron los diseños de Durero, pero a buen seguro sirvieron como repertorio para los artífices del norte de Europa. Hace poco, casi por casualidad, en una visita a la Torre Negra de Brasov, en Rumanía, me encontré representadas en la pared varias figuras del Tarot de Mantegna. Una fue la que me dio la clave de este vínculo: la que representa a la prudencia. Se trata de una figura que tiene dos caras, una de un anciano y otra de una joven; esta última se mira en un espejo. Se trataba de una imagen del siglo XVII y nos ponía tras la pista de las imágenes del Tarot de Mantegna en la Rumanía de influencia germana.

Podemos colegir, entonces, que el Tarot de Mantegna inaugura la tradición de la emblemática y se anticipa en medio siglo, aproximadamente, a los *Emblemas* de Alciato. La culminación de esta tradición es la *Iconología* de Cesare Ripa, compuesta en 1593. Se trata de una obra que tiene el objetivo de servir a los poetas, pintores y escultores para representar los diversos motivos que el arte requiere: las virtudes, los vicios, los sentimientos, las pasiones humanas, como si fuese una enciclopedia visual con alegorías que se reconocen a través de los atributos y el color simbólico. No cabe duda de que el Tarot de Mantegna es un claro predecesor de esta obra.

El significado de las cartas del Tarot de Mantegna

A continuación, haremos un análisis somero de las cinco series de diez cartas que conforman el Tarot de Mantegna deteniéndonos en algunos naipes de especial significado. Veamos.

Las condiciones del hombre

Una primera cuestión que nos llama la atención es que el inicio de la baraja no recoge los reinos mineral, vegetal ni animal, ni tampoco los cuatro elementos (que sí aparecen en la baraja conocida como Minchiate originaria de Florencia que veremos), sino que comienza por el hombre. Esto es, el ser humano, y todo lo que hay encima de él, es sobre quien recae el protagonismo de esta baraja. Esto quiere decir que el Tarot de Mantegna se configuró desde una perspectiva antropocéntrica, con el hombre como centro, y su relación con las entidades superiores. Si establecemos un paralelo con los tarots Visconti, podríamos decir que en este palo se refleja el microcosmos, frente a la última serie, la de los planetas, que representaría el macrocosmos. De hecho, algunas cartas se repiten: El Papa, El Emperador, El Rey, las encontramos en los Visconti, pero si bien allí forman un grupo de veintidós cartas no ordenadas, en el Mantegna tenemos un orden jerárquico establecido por su numeración. Por tanto, la intención de las cartas del Mantegna debería ser distinta a la de la familia de los tarots Visconti, aunque, como veremos, esta serie encerraría en su interior un septenario. Así que es el momento de preguntarnos por el origen de esta primera serie ordenada y articulada de las condiciones del hombre y ver su estructura.

Lo más probable es que el origen se remonte a la tradición tanto textual como visual de un género medieval conocido como «las danzas de la muerte» o «danzas macabras». Estas obras se originaron cuando Europa comenzó a verse asolada por la peste a partir de la Edad Media, como ya mencionamos. Su intención era advertir a los humanos, fuera cual fuere su condición, de que la muerte les llegaría a todos por igual. Allí aparecen los distintos estamentos del hombre ordenados jerárquicamente de acuerdo con su clase social, al igual que sucede en esta primera serie del Mantegna. No obstante, si bien en las danzas de la muerte los rangos eclesiásticos ocupan una buena parte de la cadena, en el Tarot de Mantegna solo aparece la figura del Papa. A juzgar por las demás series, que iremos viendo, apenas aparecen referencias al cristianismo. Solo hay una carta dedicada a la Teología, además de las virtudes cristianas, y la culminación de la baraja es la prima causa que, en algunas versiones, aparece con la representación de los cuatro evangelistas. Hecha esta acotación, podemos afirmar que el Tarot de Mantegna es un repertorio de imágenes en su mayoría profano, acorde con las ideas humanistas del Renacimiento.

Dicho esto, el ideólogo del Tarot de Mantegna debió conocer las diversas variantes del tema de las danzas de la muerte o danzas macabras tanto figurativas como textuales. De las primeras podemos hacer referencia al *Triunfo de la muerte* del Camposanto de Pisa, obra de Buonamico Buffalmacco en una fecha tan temprana como 1355. De las segundas, podemos mencionar *La danza general de la muerte*, en torno a 1400, conservada en un manuscrito de la Biblioteca de El Escorial, o los poemas latinos medie-

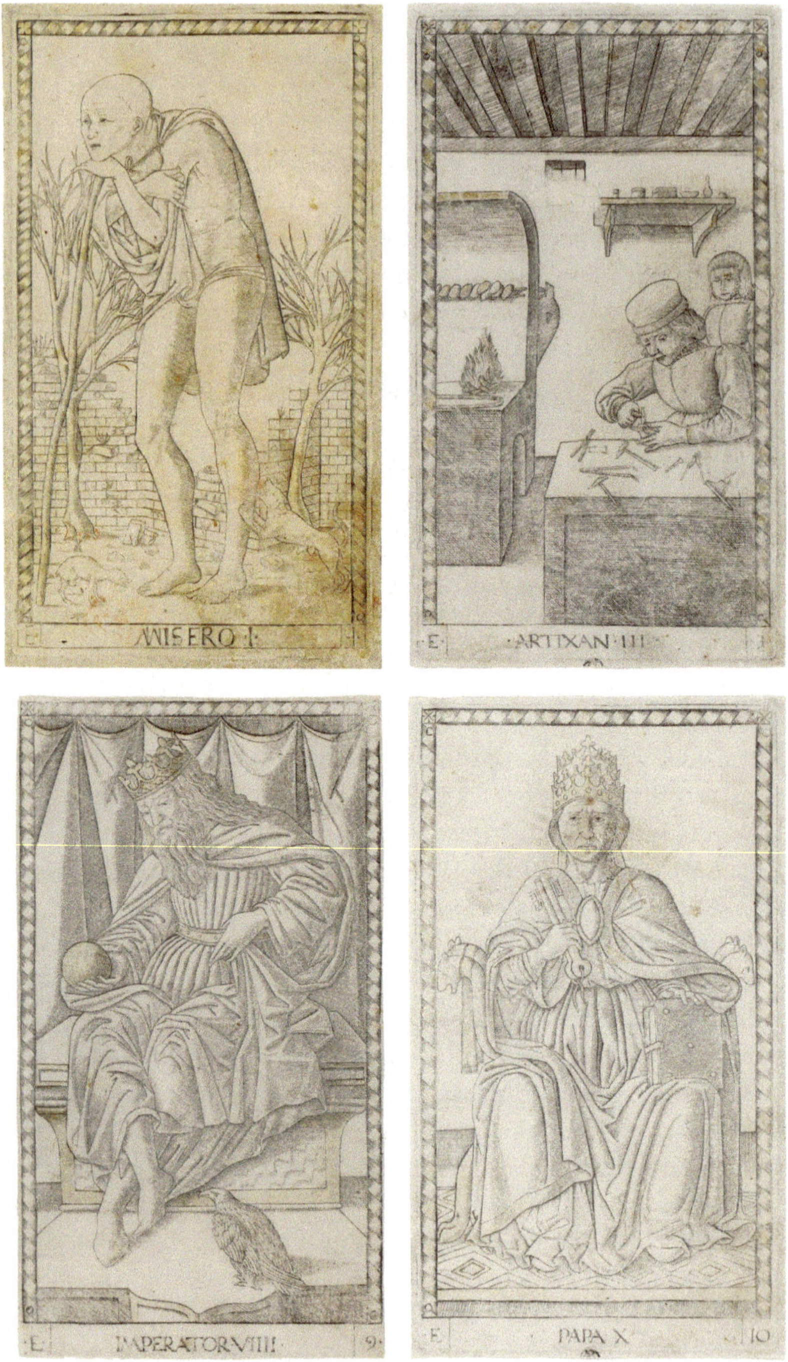

Mísero, Artesano, Emperador y Papa del Tarot de Mantegna.

vales conocidos como *Vado mori*, que presentan un escalafón de personas que finalmente serán igualadas por la muerte.

Fijémonos, por tanto, en la novedad que nos presenta el Tarot de Mantegna: aunque el origen de esta serie sean las danzas macabras, aquí su intención no es la preparación para la muerte, sino que es establecer una descripción de los estratos sociales y de qué manera un sujeto puede ascender en el escalafón. Este hecho podría tener su origen en la visión del *memento mori* (recuerdo de la muerte) en la Antigüedad, donde, lejos de tener una visión lúgubre, promulgaban el *carpe diem*, esto es, el disfrute de la vida.

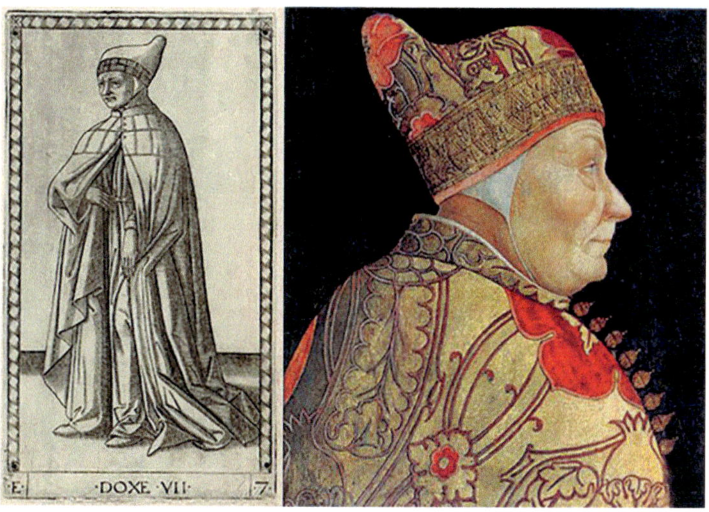

La carta de doxe parece corresponderse con el dogo Francesco Foscari, señor de Venecia de 1423 a 1457.

Hay otra posible fuente a la que podemos acudir. Nos referimos a *La nave de los necios* de Sebastian Brant, editada en la última década del siglo XV. Allí se narra la historia de diversos personajes de distintas clases sociales, calificados de necios, que viajan en un barco hacia Narragonia, el reino de los necios. Aunque esta obra es posterior al Mantegna, sabemos que tiene orígenes anteriores, los cuales se remontan a la literatura didáctica medieval, en la que se muestra la necedad de las personas, sea cual sea su clase o condición. Aquí debemos señalar un dato importante: los grabados de la edición de *La nave de los necios* fueron realizados por Alberto Durero. De él hemos visto, además, que utilizó las cartas del Tarot de Mantegna para hacer una versión de este. Así que tenemos, aunque posterior, una vinculación entre estas dos obras. No obstante, el argumento de la necedad tampoco parece ser la intención de la primera serie de nuestro tarot, aunque sí presenta a la sociedad dividida en rangos como sucede con los necios.

Dicho esto, tenemos, pues, en el Mantegna una muestra de los distintos niveles sociales, claramente jerárquica, y además parece estar referida, incluso, a personajes concretos y reales. Sabemos que la carta del doxe se refiere al dogo Francesco Foscari (que gobernó de 1423 a 1457), la del rey a Carlos VII de Francia (que reinó de 1422 a 1460), la del emperador a Segismundo I (que reinó de 1410 a 1460) y el papa a Nicolás V (pontífice entre 1447 y 1454). Nosotros proponemos, además, otra referencia: la carta del comerciante haría referencia a Marco Polo.

Apolo y las musas

La segunda serie del Tarot de Mantegna está dedicada a Apolo y las musas. Para conocer el significado de todas las cartas de esta baraja con vinculaciones mitológicas nos referimos a una fuente humanista: la *Genealo-*

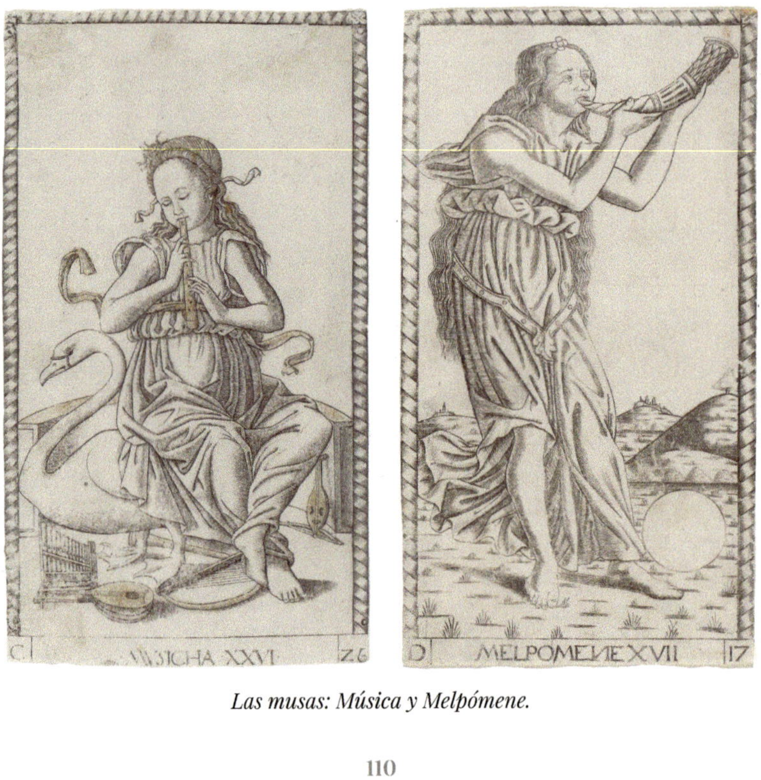

Las musas: Música y Melpómene.

gía de los dioses paganos, libro iniciado por Giovanni Boccaccio en 1350 y que continuaría anotando hasta su muerte en 1375.

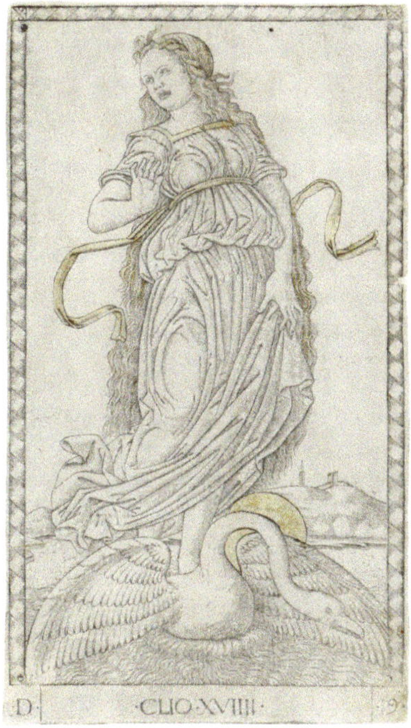

Clío.

Así, Boccaccio nos acerca a Apolo y las musas y nos dice que este dios fue hijo de Júpiter y de Latona, y que nació en el mismo parto que Diana, de modo que eran mellizos. Fue el dios de la adivinación y de la sabiduría, así como descubridor del arte de la medicina. Sabemos también que Mercurio le regaló una cítara, con la que guiaba a las musas, procedentes del monte Helicón, que cantaban siguiendo su música. Se dice que Apolo era un dios hermoso, de eterna juventud e imberbe (de ahí el apelativo «apolíneo»). A su vez, se le consideraba como una deidad asociada al sol, al igual que Mitra.

Boccaccio nos cuenta también que Apolo persuadió a las musas para que acudieran al monte Parnaso y establecieran allí su morada. Ellas eran un total de nueve hermanas, hijas de Júpiter y Mnemosine, y personificaban las artes y las ciencias. Así, Calíope era la musa de la poesía épica, Clío de la historia, Erato de la poesía lírica, Euterpe de la música, Melpómene de la tragedia, Polimnia de la pantomima, Talía de la comedia, Terpsícore de la danza y Urania de la astronomía.

La importancia de Apolo y las nueve musas en la cultura renacentista está atestiguada, entre muchas otras expresiones, por una obra de arte capital: *El Parnaso*, que Rafael Sanzio y sus discípulos pintaron en 1511 nada más y nada menos que en el corazón de la cristiandad: en Sala de la Signatura en los palacios Vaticanos. Allí, Apolo, junto a las nueve musas, albergan en el monte Parnaso a nueve poetas humanistas y otros nueve de la Antigüedad clásica. Así, el dios solar Apolo habita nada menos que en las estancias de Cristo, al igual que Hermes Trismegisto aparece representado en los apartamentos Borgia vaticanos o en la catedral de Siena. Una prueba más de la interconexión entre el cristianismo y las religiones paganas rescatadas por los humanistas del Renacimiento.

Del término «musa» deriva la palabra «música», y es que estas hijas de los dioses se ordenaban también como la escala musical que se utilizaba en el Renacimiento, estableciendo entre ellas los tonos y semitonos correspondientes. Por otra parte, las musas están también asociadas a los planetas, y su relación establece la denominada «armonía de las esferas», un sistema concebido por Pitágoras en la antigua Grecia, transmitido por Platón, y que fue asimilado en el Renacimiento a través de las interpretaciones de Marsilio Ficino y Pico della Mirandola, dos humanistas de la famosa Academia Platónica de Florencia. Así, si nos fijamos en este palo del Tarot de Mantegna vemos que siete de las nueve musas están representadas con una esfera que se asimilaría a un planeta, el que le corresponde por la armonía de las esferas. Por ello, tenemos también en la serie D un septenario camuflado en la serie de las musas.

Estas mujeres, además, son las que inspiran no ya solo a los poetas, músicos o artistas, sino al hombre que se vale de su influjo para ascender en el camino antes y después de la iniciación. Aquí volvemos a nuestra hipótesis de que el Tarot de Mantegna fuera un juego iniciático: Apolo es el dios solar que sobrevivió en la Edad Media y llegó al Renacimiento, aunando en sí las características de otros dioses vinculados al astro rey: Helios y Mitra, por citar los ejemplos más notorios. Así que la iniciación solar podría haber recaído en la figura de Apolo y, de ahí, haber recabado en nuestro misterioso autor del Tarot de Mantegna.

Pero tenemos más pruebas que apoyan esta hipótesis del camino iniciático. Para ello me remito a lo expuesto por Raimon Arola, quien ahonda en el significado de las musas y nos da la clave para su puesta en relación con los misterios. Nos dice que: «Diodoro de Sicilia explica que musa proviene del verbo *myéo-*, que significa 'iniciar en los misterios', pues antiguamente se creía que las Musas conducían a los hombres hacia los secretos iniciáticos», y, más allá, las relaciona concretamente con el Himno órfico dedicado a las musas: «Vosotras, que disteis a conocer a los mortales los misterios rituales, [...] venid, por favor, para vuestros iniciados, multicolores y castas, aportando una emulación gloriosa, deseada y por muchos celebrada». Así que tenemos que las musas intervienen también en los rituales iniciáticos, en este caso los relacionados con el mito de Orfeo. De hecho, sabemos que el rito de paso de los cultos órficos se hacía con música, y parte del secreto revelado oralmente era el conocimiento de los nombres secretos de Dios.

Las artes liberales

La serie C del Tarot de Mantegna está dedicada a las «artes liberales». También podríamos decir que representa todo el saber que ha llegado hasta el Renacimiento. Consta de las siete artes liberales propiamente dichas, que son el *Trivium* y el *Quadrivium*, a las que se han añadido la Filosofía, la Astrología y la Teología, como tres ciencias incluso superiores a estas. Se trata, por tanto, de una nueva forma de ascender en el escalafón iniciático. A través del conocimiento una persona crece y se realiza. Quizá este podría ser el sentido de este palo de la baraja de Mantegna.

La primera referencia que tenemos de las llamadas artes liberales nos llevan a un docto político y escritor latino del siglo VI d.C. llamado Casiodoro. En su época, el cristianismo convivía con la corriente arriana que más tarde fue declarada herética. Casiodoro, como buen político, supo mantener una cierta equidistancia entre los dos credos. Pero la cuestión importante que nos atañe de este hombre es la recopilación y clasificación de los saberes. Esta fue llevada a cabo en una obra titulada *Educación en las letras divinas y humanas*, comenzada el año 530 y que su autor no dejaría terminada cuando acaeció su muerte treinta años más tarde. En esta obra, Casiodoro establece el *Trivium* y el *Quadrivium* como suma de las disciplinas del conocimiento. El *Trivium* está relacionado con el lenguaje y consta de Gramática, Retórica y Dialéctica, mientras que el *Quadrivium* versa sobre las Matemáticas: Aritmética, Música, Geometría y Astronomía. Sus fuentes fueron en su mayoría los grandes filósofos de la Antigüedad y podemos citar a Aristóteles, Euclides y Arquímedes, del mundo griego, y a Cicerón, Porfirio y Apuleyo, del romano.

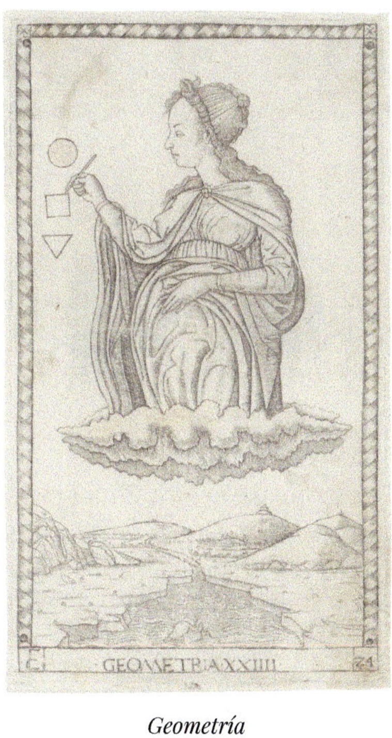

Geometría

Si nos fijamos, el *Trivium* y el *Quadrivium* suman un total de siete disciplinas. De nuevo tenemos aquí oculto otro septenario, el de las disciplinas del saber que, de nuevo, ayudan al hombre

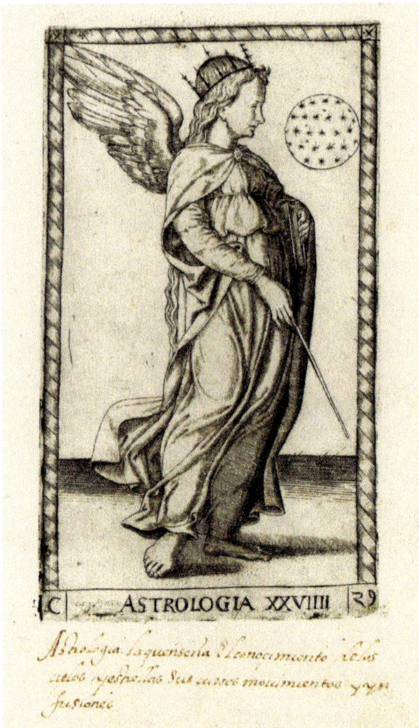

Astrología

a subir en el escalafón de la serie E o S que vimos anteriormente.

Volvamos a buscar el origen de los naipes de la serie C. Otra gran fuente de conocimiento que ayudó a fijar los saberes proviene de un personaje hispano: san Isidoro de Sevilla, que vivió desde mediados del siglo VI d.C. hasta bien entrado el VII. Por su sabiduría y su devoción es considerado uno de los padres de la Iglesia. Pues bien, Isidoro de Sevilla acometió una obra sin parangón hasta esa fecha: las llamadas *Etimologías*. En ellas se recogen, término a término, todos los conceptos conocidos en su tiempo, los cuales relaciona temáticamente. Este libro fue copiado numerosas veces a lo largo de la Edad Media y sirvió como gran referencia para la educación. Además fue una obra puente que facilitó la conservación de la cultura clásica que pasó a la Hispania visigoda y, de ahí, sobrevivió a lo largo de la Edad Media. De hecho, su éxito llegó hasta el Renacimiento, donde se hicieron unas diez ediciones impresas entre 1470 y 1530. Por ello puede que el autor del Tarot de Mantegna conociera bien la obra de san Isidoro y que esta fuera su fuente para esta tercera serie. Las *Etimologías* de Isidoro de Sevilla también se ocupan con gran extensión acerca del *Trivium* y el *Quadrivium*, y es aquí donde también podemos encontrar la Astrología, la Filosofía y la Teología que el autor del Mantegna incluyó por encima de las artes liberales.

El concepto de Astrología de Isidoro de Sevilla es muy moderno: él le atribuye dos acepciones. La primera, la de ser una ciencia supersticiosa, por lo que quedaría desvirtuada frente a las demás, pero, en un segundo significado, sería el saber astronómico aplicado a la vida cotidiana. En lo que respecta a la Filosofía, Isidoro también se encarga de ella y la define como el conocimiento de las cosas divinas y humanas, unido al estudio y cuidado de llevar una vida recta y ordenada. Para él, la Filosofía tiene tres vertientes: la natural o física, que investiga la naturaleza y sus causas (lo que hoy conocemos como Física), la moral, que versa sobre las costumbres o moralidad de los actos (podríamos hablar de la Ética moderna), y la tercera, la racional o lógica, encargada de buscar la verdad en las dos anteriores (la que hoy definimos como Lógica).

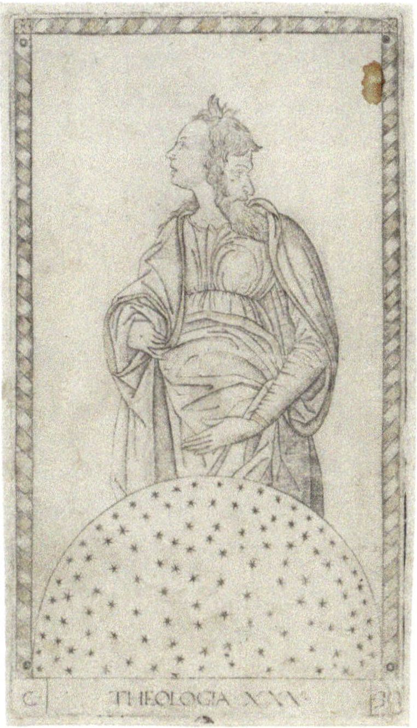

Teología

Y por último tenemos la Teología, que sería la más elevada de las artes liberales, también presente en Isidoro de Sevilla, y cuya práctica de este saber sin duda fue muy bien recibida en el Renacimiento, pues se trata de una filosofía cristiana con una gran influencia neoplatónica pero muy fundamentada también en la Biblia y en los padres de la Iglesia como san Agustín. Por ello podemos decir que la Teología fue la corriente suprema de pensamiento de la cultura medieval, pues la concepción del mundo en esa época estaba centrada en Dios (teocentrismo), así que el saber que se encarga del estudio de Dios tiene que ocupar el rango más alto del escalafón. Curiosamente, esta carta está representada por un andrógino, un ser con dos rostros: uno femenino y otro masculino, que dominan sobre la esfera celestial. Se trata de una visión quizá platónica de Dios, que alberga en sí los dos sexos. Otra carta de este Tarot de Mantegna, la prudencia, está representada por otro ser andrógino. Desde luego, la componente heterodoxa está muy presente en la conformación de esta baraja.

Por último, debemos mencionar que la visión del autor intelectual del Tarot de Mantegna es distinta a la de Isidoro de Sevilla, como vamos a ver en la interpretación de sus láminas, en las que encontramos referencias paganas, alquímicas y astrológicas alejadas un tanto de la visión cristiana. El autor del Mantegna logra plasmar en sus láminas estos conceptos medievales reinterpretados en el Renacimiento, los cuales encierran claves para su interpretación.

Las virtudes

De nuevo nos encontramos con el número 7 en la configuración del Tarot de Mantegna. Después de los siete niveles de iniciación de las condiciones del hombre y de las siete artes liberales, aquí nos encontramos con las tres virtudes teologales y las cuatro virtudes cardinales. Para completar el número de diez cartas, el creador del Mantegna incluyó al principio de esta cuarta serie tres genios, en lugar de haber acudido a otras fuentes clásicas, como podrían haberlo sido las virtudes éticas expuestas por Aristóteles. No sabemos aquí, a ciencia cierta, por qué eligió a los genios para cerrar el palo de diez cartas.

Comencemos por indagar sobre quiénes eran estos genios. Se trata de Iliaco, Cósmico y Chronico. Son, respectivamente, el genio del fuego, del agua y de la tierra. De alguna manera serían una síntesis de los cuatro elementos del pensamiento platónico, entre los que faltaría el aire. Según Giordano Berti, elegir a estos tres genios tendría que ver con el propio significado de las virtudes en el contexto renacentista. Si bien las virtudes en la Edad Media tenían una vocación profundamente espiritual y estaban vinculadas con los influjos angélicos, en el Renacimientos representarían, sin embargo, facultades morales y físicas. Así los tres genios responderían a la capacidad racional, a la capacidad sensitiva y a la capacidad vegetativa.

En este contexto, con una mirada más clásica que medieval, nos referimos a un escritor latino para buscar el origen del sentido de las virtudes dentro del Tarot de Mantegna. Nos estamos refiriendo a Prudencio, un poeta de origen hispano que vivió a caballo entre el siglo IV y V de nuestra era. Escribió numerosas obras, entre las que podemos mencionar el *Peristephanon,* donde narró las vidas de algunos santos y mártires cristianos, y la *Psychomachia* o *Batalla por el alma del hombre*, que es a la que nos vamos a referir a continuación.

En este poema, Prudencio nos habla de la lucha entre los vicios y las virtudes del hombre. En esta batalla, todos los personajes son alegorías femeninas, al igual que sucede con las láminas del Mantegna. Pondremos algunos ejemplos: la Fe en liza con el Paganismo al que derrota con la palabra, en el seno de la historia de san Mauricio; la Lujuria acosa a la Castidad, pero a la que derrota degollándola con una espada del mismo modo que Judith venció a Holofernes; otra enemiga es la Ira, que cae fácilmente derrotada por la Paciencia y se suicida con su lanza; el Libertinaje es destruido por la Templanza, que alza la cruz de Cristo. Y así Prudencio continúa narrando

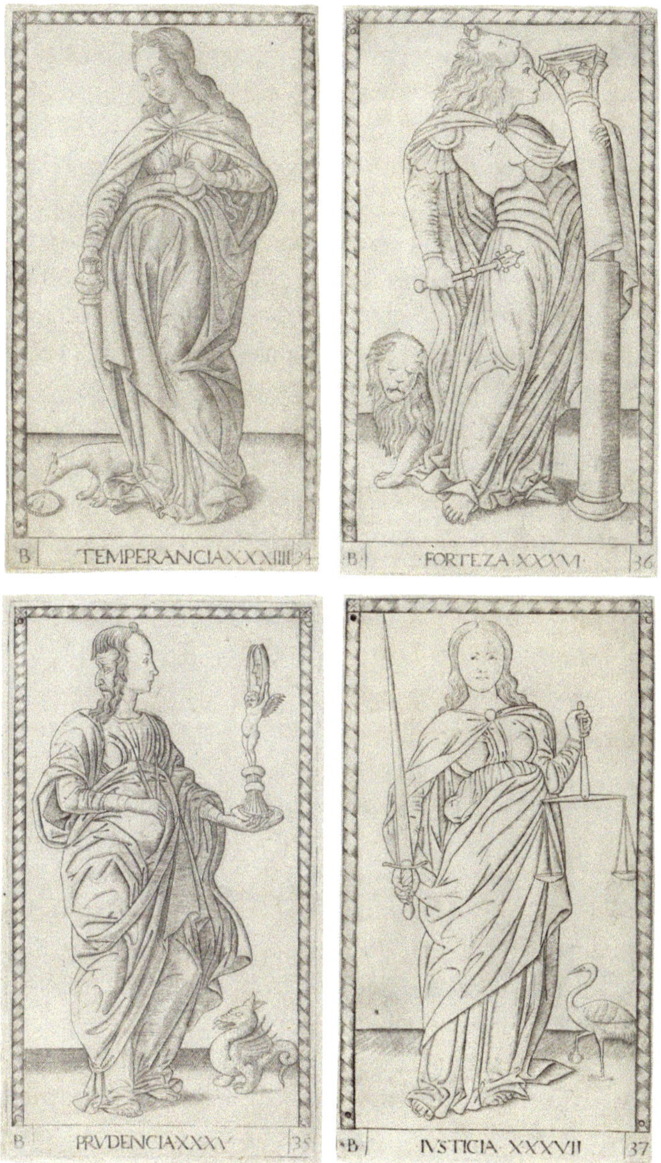

Templanza, Fuerza, Prudencia y Justicia.

una lucha entre pecados veniales y capitales que culmina con la construcción del «templo del Alma» donde está el trono de Sabiduría.

Este poema de Prudencio sirvió de base para que la escolástica medieval estableciera una jerarquía de las virtudes, que quedaría fijada en la *Suma*

Teológica de santo Tomás de Aquino en el siglo XIII, un texto capital que influiría directamente en el desarrollo del cristianismo a lo largo de la Edad Moderna y que está presente también en el pensamiento del autor del Tarot de Mantegna. Para Tomás de Aquino, el hombre ha de recorrer un largo camino hasta alcanzar su última perfección. Este camino es el de la virtud. Frente al vicio, que daña el alma en su naturaleza y aleja al individuo de la felicidad, la virtud le hace crecer como persona, aumentando la capacidad de amar y haciéndole más digno de ser amado. Así que ese largo camino que plantea santo Tomás bien puede ser el que tiene lugar en esta serie de virtudes que, junto a las series de los saberes y la de la inspiración de las musas, permiten el desarrollo del iniciado.

El sistema de las virtudes en la serie B se configura de la siguiente manera:

- Las virtudes teologales: Fe, Esperanza y Caridad.
- Las virtudes cardinales: Prudencia, Fortaleza, Justicia y Templanza.

Si recordamos, en los tarots visconteos están presentes las virtudes cardinales, no así las teologales. Este vínculo, además de los grupos de siete cartas, nos muestran un nuevo vínculo entre los tarots milaneses y el Tarot de Mantegna.

Los planetas

La denominada serie A, con las cartas numeradas entre la 41 y la 50, cierra el Tarot de Mantegna. En ella nos encontramos el nivel más alto dentro de la estructura de esta baraja. Se muestran los planetas, la octava esfera y dos últimas e intrigantes cartas denominadas Primo Mobile y Prima Causa.

Las siete primeras cartas corresponden, por este orden, a la Luna, Mercurio, Venus, el Sol, Marte, Júpiter y Saturno. De nuevo tenemos siete láminas cuyos elementos se corresponden con el macrocosmos y enlazan, de nuevo, con los tarots Visconti y cierran así otro septenario.

Si nos fijamos en su orden, reproducen fielmente la teoría astronómica de Ptolomeo, establecida en el siglo II d.C. y que señalaba que las llamadas «estrellas móviles», esto es, los planetas conocidos del sistema solar, además de la Luna y el Sol, se disponían alrededor de la Tierra en una serie de esferas concéntricas. La obra de Ptolomeo cayó en el olvido hasta que fue recuperada en el siglo XII a través de traducciones al latín, gracias a lo cual

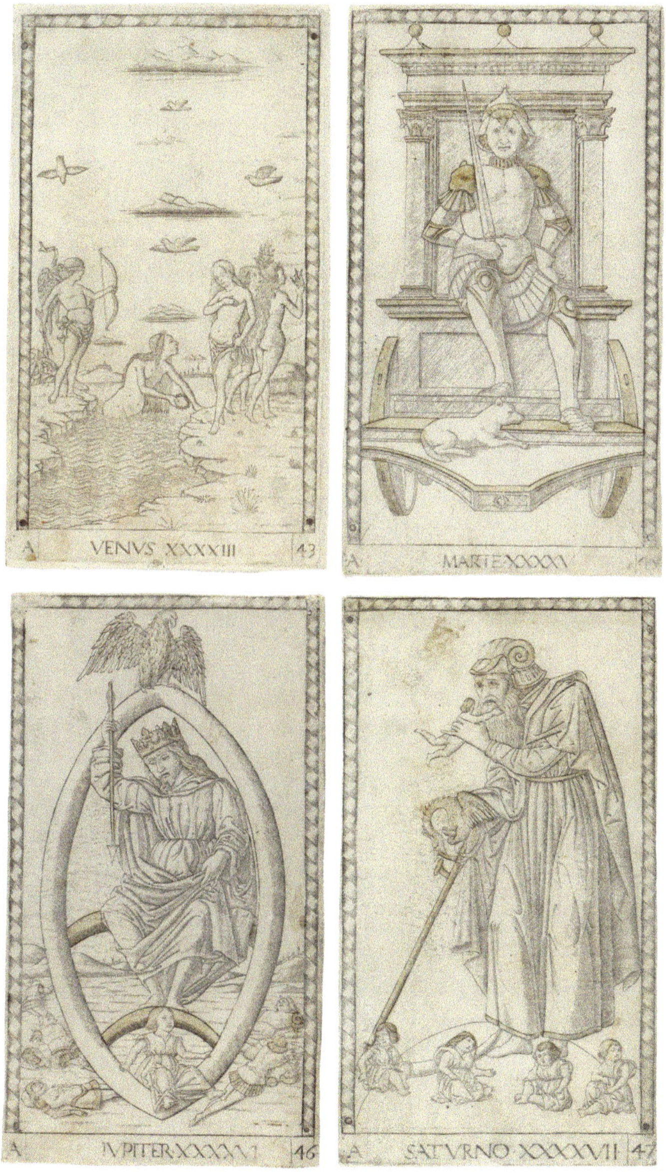

Venus, Marte, Júpiter y Saturno.

pudo ser difundida en Europa, sobre todo tras el impulso de la escuela de Alfonso X el Sabio en Toledo.

Pese a que la teoría de Ptolomeo fue ampliamente revisada por astrónomos musulmanes y cristianos en la Edad Media, no será hasta el siglo XVI cuando se produzca el cambio conceptual más importante. En ese momento, Copérnico estableció su teoría, expuesta en una obra titulada *Sobre las revoluciones de las esferas celestes*, en donde colocó el Sol en el centro, esto es, la llamada teoría heliocéntrica, con el astro solar en el centro, a diferencia del anterior modelo ptolemaico que colocaba la Tierra como punto central del universo. Este fue, sin lugar a dudas, el mayor avance astronómico de la época.

De hecho, la última carta, la número 50, titulada prima causa, nos muestra un esquema de circunferencias una dentro de otra que, aunque no contenga nombres, está representando la teoría de las esferas concéntricas heredada del modelo ptolemaico. Podemos encontrar antecedentes de esta representación, muy similar a la prima causa, por ejemplo, en la obra de Beda el Venerable titulada *De las cosas de la Naturaleza* de finales del siglo XI. Así pues, esta carta tendría la intención de reunir en torno a sí todo el universo. Para dotar de un sentido cristiano a esta carta, en versiones posteriores, como ya mencionamos, se le añadieron los cuatro evangelistas. No sucede así en la baraja original, de modo que este añadido parece mostrar que el Tarot de Mantegna trató de ser cristianizado.

Las dos cartas restantes están también interrelacionadas. La octava esfera, o esfera de las estrellas fijas, era el lugar donde se encontraban las constelaciones. Aparece normalmente representada con los signos del Zodiaco. Y más allá se encontraba el primum mobile, que ponía en marcha toda la maquinaria celeste, por lo que en el mundo cristiano se identificó con la labor de Dios.

Esta serie de los planetas tiene también mucha importancia dentro de la baraja porque articula algunas de las demás series de nuestro tarot. Citemos la serie E o S de las condiciones del hombre. Si tratamos de demostrar la verosimilitud de la hipótesis de que esas primeras diez cartas representan un proceso de iniciación, veremos que, siguiendo la hipótesis de los grados del mitraísmo, estos se corresponden con los planetas:

- Corax - Cuervo - Planeta Mercurio.
- Ninfus - Novio - Planeta Venus.
- Miles - Soldado - Planeta Marte.
- Leo - León - Planeta Júpiter.
- Perses - Persa - Luna.
- Heliodromus - Sol.
- Pater - Padre - Planeta Saturno.

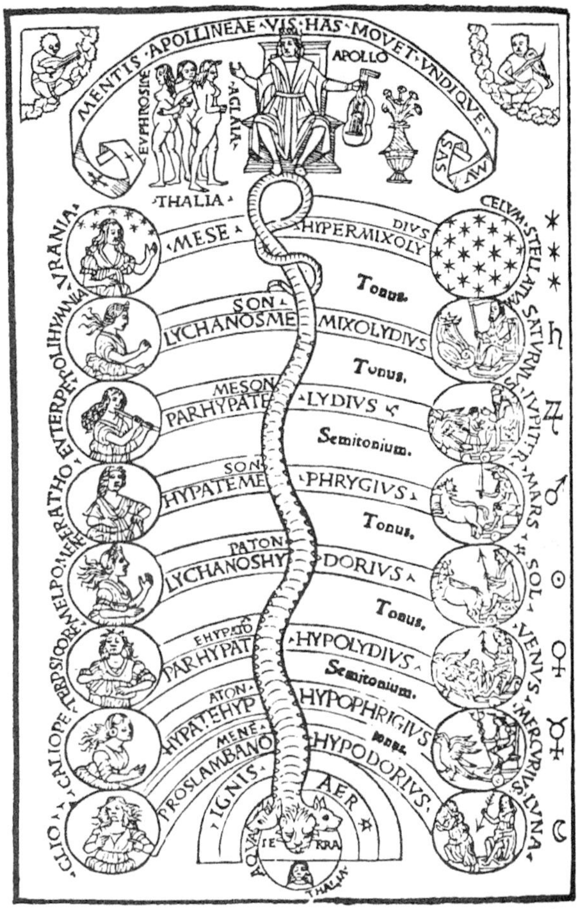

Frontispicio de la Practica Musicæ Franchini Gafori Laudems *de Franchino Gaffurio, impreso y grabado por Guillaume Le Signerre. Wikimedia Commons.*

Pero esta no es la única serie relacionada. La serie D de Apolo y las musas también encierra una vinculación directa con los planetas. Para verlo de una manera gráfica, nos podemos remitir a un interesante grabado de Gaffurio de 1518 como frontispicio de su obra *De Harmonia Musicorum Instrumentorum Opus*. En la figura aparece Apolo entronizado en la parte superior y, bajo su protección, a un lado las musas y en frente de ellas los planetas. Esta imagen pretende reflejar la teoría pitagórica de la música de las esferas. Así, cada una de las musas se corresponde con un planeta, y simbolizan la escala musical relacionada con los sonidos que producirían los

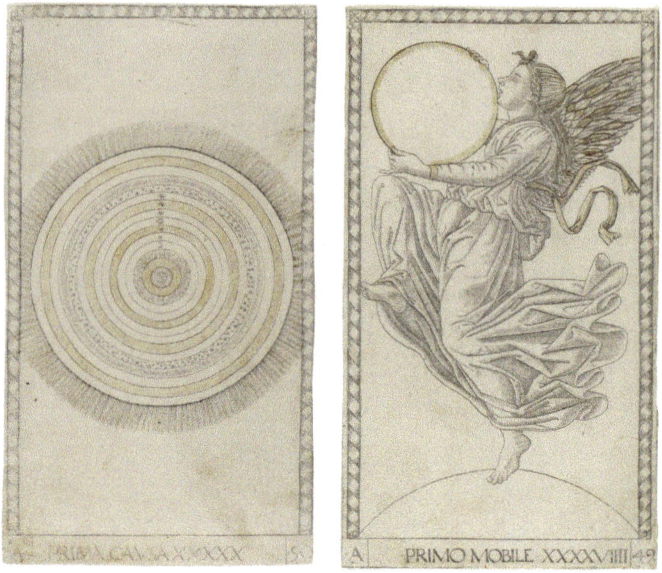

Prima Causa y Primo Mobile.

astros en armonía. Entre las musas podemos ver tonos y semitonos, como si se tratara de un pentagrama con sus notas. Si nos fijamos en el orden de los planetas y de las musas en este grabado, vemos que corresponden exactamente con el del Tarot de Mantegna. Pero al hablar de este grabado tenemos que indicar que también posee una característica singular y que lo vincularíamos, según Edgar Wind, con el Serapis egipcio que, como vimos, habría sobrevivido en el Renacimiento. De arriba a abajo desciende, desde el trono de Apolo, una serpiente con tres cabezas: una de león, otra de lobo y otra de perro. Este ser tricéfalo sería el acompañante de Serapis y habría sido acogido en el Renacimiento como el símbolo de la prudencia que, como vimos, tiene también ese atributo trifacial y que representaría el presente, el pasado y el futuro. Este símbolo será asumido por la alquimia y aparecerá en numerosas representaciones.

Por otra parte, la serie de los saberes también tiene relación con los planetas. Por una parte, el *Quadrivium*, formado por Geometría, Aritmética y Poesía, además de los tres saberes añadidos, que son Filosofía, Astrología y Teología, son las ramas del saber necesarios para entender el movimiento de los planetas y las estrellas fijas, comprender la música de las esferas, y llegar al pensamiento elevado que conecta las estrellas con la divinidad en las tres últimas disciplinas.

En suma, la última serie dedicada a los planetas representa el macrocosmos y el poder de Dios que lo articula y, al mismo tiempo, es una serie que vertebra completamente la baraja de este Tarot de Mantegna. Así pues, los astros rigen la vida del hombre, o microcosmos, que puede ascender en la escala cósmica a través de la inspiración de las musas, de la práctica de las virtudes y del conocimiento de los saberes. Esto da un sentido de unidad y completitud a este sistema de imágenes y conceptos contenidos en el Tarot de Mantegna.

5

El Tarot Sola Busca

Estamos en un interior gótico, concretamente en el palacio Soranzo-Van-Axel de Venecia, uno de los más elegantes de la ciudad de los canales. En una de las estancias, bajo una ventana con un arco apuntado, el joven Marín Sanudo espera impaciente una embajada que llegará desde Ferrara. Un ruido de caballos y el emblema de la familia d'Este en un estandarte calman su ansiedad. A continuación recorre el interior del palacio hasta su sala más elegante para recibir a sus invitados. Nada menos que el duque de Ferrara, Ercole d'Este, acude a entregarle en mano un presente. Tras unos minutos de espera y un recibimiento de gala por parte del personal del palacio, se produce el encuentro deseado: Marín Sanudo hace un gesto con su brazo al que responde el duque con el mismo ademán. Se trata de un símbolo secreto en el que ambos se reconocen como iguales. Por fin llega el momento tan esperado: Ercole d'Este coloca una pequeña caja sobre la mesa y levanta su tapa: en su interior se encuentra una baraja de cartas coloreadas. La extiende sobre un tapete y Sanudo queda perplejo: personajes encriptados, que solo unos pocos elegidos conocen, conforman la baraja...

A finales del siglo xv nos encontramos con una baraja única en su especie: el Tarot Sola Busca. Y decimos única por dos motivos: el primero es que se trata del mazo de tarot con la estructura clásica más antiguo conservado completo, y el segundo es que se trata de una baraja de la que nos consta que solamente hay una completa en el mundo. Bien es verdad que está hecha con planchas grabadas e impresas, que nos harían pensar en una producción en serie, pero lo cierto es que hay una única baraja impresa y coloreada, que se conserva en la Pinacoteca di Brera en Milán. Quedan más vestigios de láminas impresas con las figuras de este mazo, pero ninguna parece pertenecer a un mazo completo. Estas otras cartas grabadas pero no coloreadas se encuentran en la Albertina de Viena, en el British Museum de Londres y algunas sueltas en Hamburgo y París.

Podríamos pensar que lo mismo había sucedido con los tarots Visconti, pues fueron hechos a mano y ricamente ornamentados, pero sabemos que hay más de una decena de su tipología. Así que, aunque manufacturados, se trató de un juego reproducido, del que se hicieron copias, aunque variaran en su ejecución y composición.

Las primeras referencias al Tarot Sola Busca las tenemos de mano del conde Cicognara, que fue el primer historiador en fechar esta baraja. Se fijó en el arcano número XIV con la figura de Boco. Allí aparece escrito el siguiente texto: «Realizada en el año MLXX *ab urbe condita*» y corresponde al año 1491, ya que la Era veneciana (*ab urbe condita* quiere decir «el nacimiento del pueblo») comienza en el año 421 (1070 más 421 nos da 1491). En algunos textos publicados por este noble aparecen dibujos que provienen de una copia a mano en papel transparente de algunos de los naipes; probablemente los dibujó el propio Cicognara. Algunos de ellos pertenecen hoy día a la colección del historiador y experto en tarot Giordano Berti.

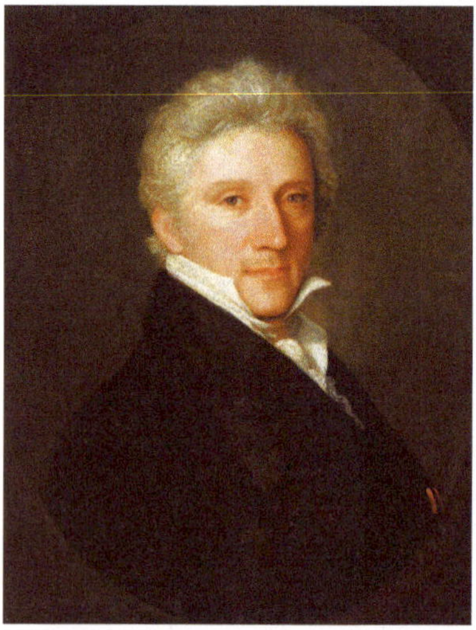

Leopoldo, conde de Cicognara de Natale Schiavoni, 1824-1931. Museo Nacional de Varsovia.

Sabemos que, a principios del siglo XIX, la baraja pertenecía a la familia Busca-Serbelloni, pero no sabemos si el mazo procedía de la rama femenina de la familia (la duquesa Serbelloni) o de la rama masculina (el marqués Busca), así que la denominación Sola Busca no es del todo precisa. Sabemos también que en el pasado se hallaba en Nápoles una baraja incompleta y sin colorear, dividida en dos colecciones privadas, desconocida para Cicognara. Esto implica que tal vez hubo la intención de hacer más copias de esta baraja en el siglo XV, pero lo cierto es que completa solo tenemos la que ahora se custodia en Milán.

Entremos en la conformación del Tarot Sola Busca y veamos que está lleno de misterios. Si bien sigue la estructura de los tarots canónicos de cincuenta y seis cartas numerales y veintidós triunfos, los personajes que lo componen se alejan totalmente de los arcanos mayores y menores que hemos visto hasta ahora. Por ejemplo, los triunfos son todos personajes con nombres latinos que podrían ser personajes históricos, bíblicos, deidades o contemporáneos del ejecutor de la baraja. Además, entre las cartas de corte nos topamos con Alejandro Magno y toda una serie de personajes relacionados con él, no de una fuente clásica, sino del llamado *Romance de Alejandro*, un corpus de obras míticas que narran la vida y hazañas de este personaje. También hay cabida para una hipótesis alquímica, que se halla en el palo de Discos (equivalente a los Oros), en donde se podrían apreciar los distintos niveles de la producción de los metales en esta disciplina.

Lo que pretendemos es señalar que el Tarot Sola Busca es una baraja única, con un objetivo muy específico y realizada para un círculo muy reducido de personas que pudieran entender el significado de sus naipes en toda su extensión, así como la manera de jugar con ellos.

La explicación del significado del Tarot Sola Busca está todavía por resolver, pero hay diferentes estudios, no excluyentes, que apuntan hacia distintos caminos. La vía oficial la representa Laura Paola Gnaccolini, autora del catálogo oficial de la Pinacoteca di Brera *Il segreto dei segreti*, y Peter Mark Adams, autor del volumen *The Game of Saturn*, cuyo estudio apunta hacia un conciliábulo pagano como receptor de esta baraja. En las páginas que siguen trataremos de arrojar alguna luz a este enigmático juego de cartas, apuntando a las dos corrientes mencionadas.

La estructura del Tarot Sola Busca

Si nos fijamos en el orden de los naipes de este tarot, nos damos cuenta de que, aparentemente, sigue la estructura de los tarots visconteos que hemos estudiado en profundidad: en primer lugar, los veintidós arcanos mayores, veintiuno numerados más el loco, junto con cuatro palos con cartas de corte y cartas numerales cada uno. Hasta aquí todo perfecto, pero, si nos paramos a examinar las cartas, veremos que existe una diferencia tanto nominal como conceptual.

Para empezar, los triunfos, excepto El Loco, tienen todos nombres latinos, todos masculinos, y no se corresponden con los de los tarots visconteos ni con ningún otro tarot de los que hemos visto hasta ahora. Así que su significado varía también respecto a las barajas ya estudiadas. Por tanto, ya tenemos la primera diferencia. El listado de los arcanos mayores es el siguiente:

> 0 – Mato; I – Panfilio; II – Postumio; III – Lenpio; IV – Mario; V – Catulo; VI – Sesto; VII – Deo Tauro; VIII – Nerone; IX – Falco; X – Venturio; XI – Tulio; XII – Carbone; XIII – Catone; XIIII – Bocho; XV – Metelo; XVI – Olivo; XVII – Ipeo; XVIII – Lentulo; XIX – Sabino; XX – Nenbroto; XXI – Nabuchodenasor.

Vamos con las cartas de corte. Algunas de ellas representan también personajes con nombres latinos. Las más destacables son las que hacen referencia a Alejandro Magno, Rey de Espadas, además de a otros personajes que podrían estar relacionados con él. Según propone Gnaccolini, estas cartas de corte harían referencia a un texto llamado *El secreto de los secretos*, erróneamente atribuido a Aristóteles, pero que nos habla de la instrucción de este a Alejandro. Los personajes de este texto aparecen en algunos naipes. Lo veremos en profundidad en uno de los próximos apartados.

Vamos con los triunfos. Estos recogen celebridades de la Antigüedad, personajes bíblicos y hombres del Renacimiento, esto es, contemporáneos a la creación de este tarot.

En primer lugar mencionaremos aquellos pertenecientes a la historia romana. Esto tiene sentido desde el punto de vista de la época: la llamada «rinascita dell'antichità», o sea, tratar de recuperar la gloria del pasado clásico que, como hemos visto, comenzó con el humanismo que surgió en el siglo XIV. Los personajes de este período son: Caio Mario, considerado el tercer fundador de Roma, por sus victorias que ayudaron a expandir el imperio en sus comienzos; Deiotaro, rey celta colaborador de Julio César; Nerón, el terrible emperador que quemó Roma y acusó a los cristianos; Catón, importante político y militar romano, y, por último, Boco, partidario de Octavio.

Otro grupo de naipes es el comprendido por protagonistas de la historia bíblica: Nembroto, constructor de la torre de Babel y nieto de Moisés, así como Nabucodonosor, rey de Babilonia que destruyó el Templo de Jerusalén. Lo cierto es que llama la atención la elección de estos dos personajes de la historia sagrada. No son personajes positivos, ambos están relacionados con atributos como la codicia y la destrucción. El caso más notorio es el de Nabucodonosor: ¿por qué se le coloca en la carta del mundo, una de las más importantes de la baraja? Esa es una de las incógnitas todavía por descubrir. Veremos algunas hipótesis más adelante.

El tercer grupo de hombres ilustres está compuesto por algunos miembros de la corriente humanista del siglo xv. Tenemos, por ejemplo, a Ludovico Carbone, literato y humanista de Ferrara, probablemente amigo de Ludovico Lazzarelli, uno de los posibles ideadores de este tarot; Pietro Sabino, humanista próximo a Pomponio Leto, fundador de la Academia en Roma para el estudio de las antigüedades y que dejó un gran legado para redescubrir la Roma imperial, y, por último, Serafino de Ciminelli de l'Aquila, poeta famoso de Nápoles que adquirió cierta relevancia a finales del *Quattrocento.*

Finalmente, hay toda una serie de nombres ambiguos y que no sabemos a quienes corresponden en realidad: Catulo, Tulio, Metelo, Léntulo, Sabino, Pánfilo, Lenpio, Olivo e Ipeo. Una de las hipótesis que se barajan es que pueden ser poetas contemporáneos, pues una práctica habitual era que los hombres de letras de la época reemplazasen su nombre real por el de algún personaje clásico.

Según Peter Mark Adams, todos los personajes que aparecen en este juego están encriptados. Esconden cada uno un secreto. Se trataría, por tanto, de un juego al que solo unos pocos podrían jugar, pues sus normas requerirían de una sabiduría previa.

El método de fabricación

Un aspecto importante que debemos considerar, antes de entrar a analizar iconográficamente los naipes de este tarot, es el de apuntar algunos datos más sobre la factura con que fue hecho y sobre quiénes fueron sus artífices.

La técnica que se empleó para este mazo fue la incisión a buril sobre la placa de cobre con dimensiones de 144 × 78 milímetros. Ahora bien, lo que no sabemos con certeza es quién fue el artista grabador. A.M. Hind propuso la teoría de que el autor del Sola Busca debía ser ferrarés, por el estilo y la incisión. No obstante, recientemente ha surgido con fuerza el nombre de un pintor activo en Venecia en la década de 1490: Nicola di Maestro Antonio d'Ancona, cuya producción pictórica comparada con las figuras del mazo Sola Busca parece ser la prueba de su autoría. No sabemos mucho de su vida: fue hijo del pintor florentino Antonio di Domenico, que se formó en

Padua, aunque después volvió a Ancona, su localidad de origen. Sigue el estilo pictórico de Piero della Francesca y de Carlo Crivelli. Si nos fijamos en algunas de las cartas, vemos que el autor utiliza como modelos algunos catálogos, como el *Libro dei Disegni* de Rosebery dello Zoppo.

Pero todavía hay un artífice más en el proceso de elaboración de nuestro tarot: la tarea de coloreado con témpera y oro. Esta fase es posterior en el tiempo y no sabemos a ciencia cierta quién pudo ser su autor. La técnica para colorear los naipes es la del miniado en colores y oro. Además, su estado de conservación es excelente, excepto algunas cartas numerales que han perdido algo de color, pese a lo cual estamos ante una baraja única.

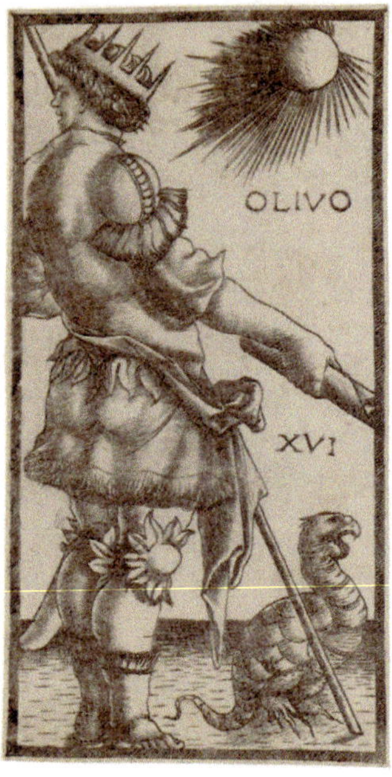

Olivo. Albertina, Viena.

Otra cuestión por la que nos debemos preguntar, y que tiene mucho que ver con el destino final de esta baraja, es el hecho de que fuera realizada para ser estampada. Esto quiere decir que quien hizo el mazo estaba pensando en una creación en serie. O sea, debería haber muchas barajas del Sola Busca, al igual que sucedía con el Tarot de Mantegna, el cual también fue grabado y tiene numerosas versiones (por ejemplo la denominación E o S de la última serie de esta baraja). Algo pasó. Todo apunta a que la finalidad de esta baraja fuera para un uso privado y único, por lo cual tendría sentido que hubiera sido pintada directamente y no grabada. Pero, entonces, ¿qué sentido tenía hacerla en planchas para su reproducción en serie? De hecho, contamos con las impresiones de cartas en la Albertina de Viena y en otros lugares, pero que no llegan a completar un mazo entero y además no están coloreadas. Quizá, cuando se efectuó el encargo del Sola Busca no se especificó que tuviera que ser un mazo único y el artífice interpretó que sería un encargo en serie. Pero el comitente, quien encargó las cartas, al conocer la posibilidad de reproducir la baraja ordenó destruir las planchas. De hecho, no las conservamos, por lo que esta hipótesis es plausible. De nuevo otra de las incógnitas por resolver relativa al Tarot Sola Busca.

De viris illustribus

> Esta sala del palacio es la más importante. Deberás decorarla con la efigie de los hombres ilustres que provienen desde la Antigua Roma hasta nuestros antecesores más próximos. Cualquiera que entre en esta estancia deberá comprobar la importancia de nuestra familia y su ascendencia directa de los héroes y emperadores romanos.

Este podría ser un encargo típico de una familia noble de la península itálica en el Renacimiento. En este período, todos los linajes pretendían mostrar su realengo a través de la representación (generalmente falsa) de los hombres importantes de la familia desde los emperadores romanos hasta los últimos miembros del clan.

Esta práctica fue habitual en los palacios de la Italia renacentista. De hecho, la idea que queremos poner de relieve es que esa representación de hombres ilustres pudo ser, al menos en origen, la inspiración para la realización del Tarot Sola Busca. Para ello cabe comentar que el género literario de las biografías de hombres ilustres fue fuente, sin duda, de las decoraciones palatinas de gigantes y personajes relevantes de la historia de Roma en los siglos XV y XVI.

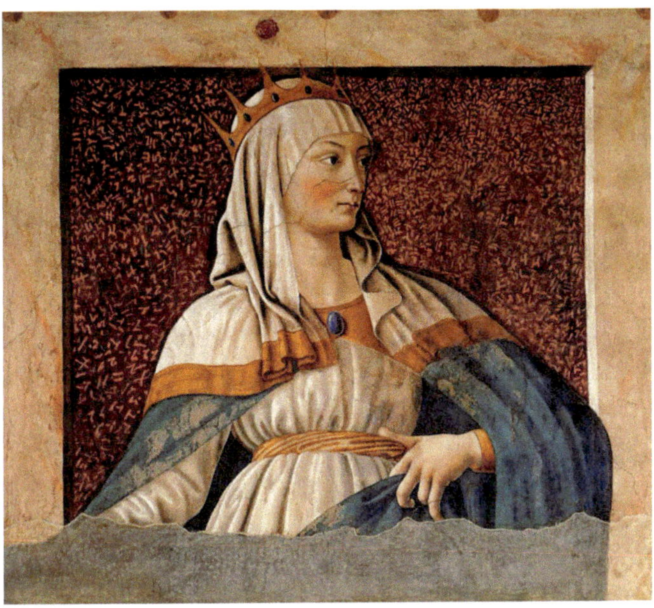

Ester en la villa de Legnaia.

Esta práctica literaria caló hondo en los aristócratas de la época y muchos de ellos quisieron tener su propia genealogía representada en las paredes de sus estancias palaciegas. Citemos algunos ejemplos de esta tradición que, aunque surgieron en la Edad Media, proliferaron en el *Trecento*, el *Quattrocento* y el *Cinquecento* en la península itálica. Los personajes allí representados se conocen como héroes o como gigantes que representaban a contemporáneos vivos, seres del pasado o legendarios.

El ejemplo más antiguo del que tenemos noticia se halla hoy perdido. Se encontraba en Nápoles, en Castel Nuovo, y era un ciclo de la mano de nada menos que Giotto, fechado en 1330. Representaba a héroes de la mitología clásica y de la historia hebrea, cada uno con la mujer que amaba. Otro autor propone que la serie de hombres representados en el *campanile* de Florencia componen otro ciclo de hombres famosos, con Hércules, Noé o Dédalo. Sin salir de la Toscana, en Siena, contamos con la serie de héroes de Roma del Palazzo Pubblico, con una serie de tiranos de Roma. Si vamos al norte, la familia Visconti encargó otra serie de hombres famosos para una sala de su palacio en Milán. Allí tenemos a Eneas, Atila, Hércules y Carlomagno. En Padua, en el palacio de Carrara tenemos otra colección: líderes romanos triunfando en sus respectivas campañas.

Entrando ya en el siglo xv, en Florencia, Castagno produjo una serie de hombres y mujeres famosos en una villa de Legnaia que podemos contemplar hoy en los Uffizi. En el Castelo Lamanta en Piedimonte están los «Nueve famosos», una representación caballeresca que alcanzaría gran notoriedad en Francia, convirtiéndose en un modelo de hombres famosos en este país. Bolonia, Ferrara o Roma tienen también series de personajes destacables. Para cerrar, el palacio Trinci en Foligno, decorado en torno a 1420 con Rómulo, Julio César, Escipión el Africano, Nerón, y muchos otros.

Visto este panorama, en el que los nobles quieren representar a los grandes personajes, ya sean históricos, legendarios o contemporáneos, no es de extrañar que en el Tarot Sola Busca aparezca justamente esto: una serie de individuos de estas tres categorías. No obstante, los personajes de este mazo de cartas no tienen parangón con los de ningún palacio en concreto, y aún los investigadores tenemos la tarea de explicar quiénes son exactamente los personajes encarnados en sus naipes. Un poco más adelante explicaremos quiénes podrían ser algunos de ellos.

¿Quién estuvo detrás de la creación de este tarot?

La respuesta a esta pregunta no está clara al cien por cien. La hipótesis que tiene mayor peso, tal y como están las investigaciones, es que fue encargado por la familia d'Este, los señores de Ferrara.

La primera teoría, que ya hemos mencionado antes, es la propuesta por Gnaccollini, que apunta a un conocido: se trata de Ludovico Lazzarelli. Como veremos en un próximo apartado, es muy posible que haya un elemento alquímico oculto en uno de los palos de la baraja Sola Busca. Esto apuntaría directamente a Lazzarelli como autor intelectual del Sola Busca ya que fue uno de los grandes alquimistas de la época y, como vimos, pudo ser el ideólogo del Tarot de Mantegna, que tenía también un componente astrológico bastante importante y quedó reflejado en el palacio Schifanoia de Ferrara. Parece haber de nuevo en esta baraja un componente mitraico, con el 7 como número mágico y que puede estar también oculto en el Sola Busca. Por otra parte, existe un vínculo entre Lazzarelli y Marin Sanudo, un noble veneciano que se cree que pudo ser quien encargó este tarot alentado por la familia d'Este de Ferrara. Así que el protagonismo de Lazzarelli en este tarot es, al menos, plausible. Pero todavía no tenemos las pruebas definitivas de su autoría y del uso que se le dio al Tarot Sola Busca.

Peter Mark Adams ahonda un poco más y apunta a que el origen estuvo en el conflicto en el que Venecia derrotó y dejó maltrecha a Ferrara. Así, el juego pudo ser encargado por un líder véneto afín a Ferrara (de nuevo se plantea el nombre de Marin Sanudo) y realizado en connivencia con los Este. De hecho, Adams plantea la posibilidad de que formara parte de una intriga de espionaje entre estos dos bandos.

Pero vamos a hablar de la famila d'Este, de sus miembros y sus costumbres marcadas por la astrología, así como su afición al tarot desde que se gesta en la corte de Milán. Y son tres los gobernantes ferrareses que pudieron estar involucrados en toda esta trama. Veamos.

Comencemos por el marqués Leonello d'Este, nacido el 21 de septiembre de 1407 en Ferrara y fallecido el 1 de octubre de 1450 en Voghiera. Fue marqués de Este, marqués de Ferrara y duque de Módena y Reggio desde 1441 a 1450. Pese a que fue hijo ilegítimo, era el favorito de su padre y, tras la muerte de su hermano Hugo, ascendió al poder. Conocido como gran mecenas de las artes, fue un hombre de gran cultura pero también muy supersticioso. De hecho, su interés por la astrología derivó en que se rodease de astrólogos y adivinadores, cuyos presagios tomaba muy en cuenta. Se dice que cada día de la semana, según el planeta dominante, vestía de uno u otro color favorable a ese astro.

Respecto al tarot, Leonello fue un gran aficionado a este juego. Conservamos documentos que señalan al encargo de estas barajas en la década de 1440. La primera de ellas es de 1441 y es el segundo registro en antigüedad en el que se menciona la palabra «triunfo». Esto quiere decir que los Este estuvieron interesados en estos juegos desde su origen.

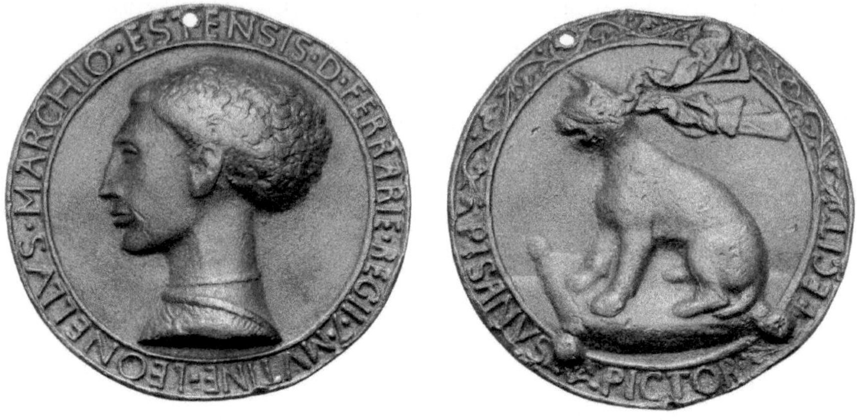

Pisanello - Moneda de Leonello d'Este - Münzkabinett, Berlín.

A su muerte le sucedió Borso d'Este, tercer hijo ilegítimo y hermano de Leonello. Nació en Ferrara en 1413 y falleció allí en 1471. Fue duque de Ferrara, Módena y Reggio desde 1450 a 1471 siguiendo la estela de su hermano. Sabemos de él que también fue aficionado a la adivinación y que seguía con rigor los dictámenes astrológicos. Se cuenta que en una ocasión el papa Pío II le reclamó para una cita en una localidad próxima a Ferrara, pero los astros eran desfavorables y dejó plantado al papa. Este le tildó de pagano, pero Borso no hizo caso de la reprimenda del pontífice y se fue a casa. Así era la creencia de los Este en la astrología. Otra obra importante de Borso fue la comisión de la pintura de los frescos del palacio Schifanoia, que ya vimos en el capítulo anterior. Respecto al tarot, durante su mandato, también encontramos registros de encargos de barajas de triunfos. Desde luego, el vínculo de los Este con el tarot es muy notable y nos hace pensar en la idea de que comisionaran una baraja especial para su familia. Pero esta parte de la historia tiene lugar durante el gobierno del tercer miembro de la familia que vamos a citar: Ercole d'Este. De nuevo otro medio hermano, al que Borso designó su heredero. Nació y murió en Ferrara (1431–1505), y es el que se lleva la palma en cuanto a prácticas esotéricas se refiere. Se dice de él que fue un diletante, amante de las artes y libertino, que más que gobernar se dedicaba a los placeres, pero además tuvo la fama de seguir los augurios astrológicos igual que sus hermanos, aunque sobre él se dice que practicaba además la nigromancia. Este arte adivinatorio proviene del mundo clásico y en él se ven envueltos los espíritus malignos. Precisa de una serie de rituales que están regulados en grimorios como *La llave de Salomón*, y su práctica contempla la realización de maleficios y magia negra. Este conocimiento pudo provenir, casi con total certeza, de Pellegrino Prisciani. Era astrólogo, matemático, estudioso del mundo hebraico, magistrado y diplomático. Él proveía de los consejos astrológicos no solo a Borso, sino también a su esposa Eleonora de Aragón y a su hija Isabella d'Este. La cuestión de la nigromancia tiene el sentido de que, cuando una previsión astrológica era desfavorable, la ayuda de la magia podía revertir sus efectos.

Es precisamente en el mandato de Borso d'Este en el que se promueve la creación del Tarot Sola Busca, y si en él estuvo envuelta la familia de los gobernantes de Ferrara, es muy posible que contuviera elementos relacionados con la astrología y la magia ritual. Este tarot podría ser considerado como una herramienta mágica para ayudar a que se cumplieran o se desbarataran los presagios astrológicos; y su creador sería el astrólogo de la familia, Pellegrino Prisciani.

La hipótesis mitraica

Entramos en la interpretación de Peter Mark Adams sobre el Tarot Sola Busca en su estudio titulado *El juego de Saturno*. Hace una propuesta de varios niveles de lectura de esta baraja en la que, en primer término, muchos de los personajes pertenecen a la Roma republicana y a Cartago, haciendo una soterrada referencia a las guerras púnicas que acontecieron entre los años 246 a.C. y 146 a.C., cuando Roma y Cartago eran las dos principales potencias del Mediterráneo. Además, los triunfos del Sola Busca son, en su mayoría, personajes masculinos y vestidos con armadura; esto es, son militares, guerreros y en muchas ocasiones son expresamente personajes fatídicos, cuyas gestas militares están repletas de destrucción, como es el caso de Nabucodonosor o Nembroto en Babilonia o el mismísimo Nerón en Roma. Adams apunta también un elemento relevante: el hecho de que los personajes de este tarot no son femeninos, excepto contadísimas excepciones, como las Reinas: Polisena (Reina de Copas), Olinpia (Reina de Espadas), Elena (Reina de Oros), Palas (Reina de Bastones) y el cuatro de Oros. Este hecho, considera Adams, nos habla de un elemento homoerótico. En el Renacimiento, la homosexualidad se pagaba con la muerte, así que esta baraja de cartas bien podría esconder la condición sexual de sus jugadores.

Esa mirada a la Roma antigua puede esconder también un culto secreto del que ya hemos hablado: el mitraísmo, relacionado de forma directa con las legiones romanas, que se practicó hasta el siglo v y que pudo ser redescubierto en el Renacimiento, probablemente a través de fuentes neoplatónicas, como *La cueva de las ninfas* de Porfirio, e incluso de textos cristianos primitivos, así como del hallazgo de relieves mitraicos como el monumento de Octaviano Zeno.

La teoría de Adams comienza identificando a dos personajes entre los triunfos del mazo: II Postumio y XI Tulio. Postumio tiene un gorro frigio de color rojo y una antorcha inclinada hacia abajo, mientras que Tulio tiene el gorro verde y la antorcha hacia arriba. Si los cotejamos con la iconografía mitraica, encontramos que los portadores de antorchas son dos personajes relevantes: Cautes y Cautópates, compañeros del dios Mitra.

Fijémonos ahora en la imagen icónica del mitraismo, la que identifica inequívocamente este culto. Estamos hablando de la tauroctonia. En ella aparece Mitra, el dios Sol, apuñalando a un toro con una daga en el cuello. En la parte inferior aparecen un perro y una serpiente, que beben de la sangre derramada, mientras un escorpión pellizca los testículos del toro. Esta imagen presidía los mitreos, esto es, los templos donde se reunían los adeptos a este culto mistérico, que, como vimos, se trata de un espacio subterráneo cubierto por una bóveda tachonada de estrellas como si fuera el firmamento. Por esta razón, se cree que la tauroctonia representa, en realidad, un momento astrológico del Zodiaco, en el que entran en juego las constelaciones de Tauro, Perses (Mitra lleva un gorro frigio como Perseo), Escorpio, Canis mayor o Canis menor (el perro) e Hidra (la serpiente). Ahora bien, si esto es así, ¿qué relación tiene con el Tarot Sola Busca? Pues Adams argumenta que esta clave astrológica se puede rastrear a lo largo de los arcanos mayores de esta baraja. Veamos.

El arcano VII Deo Tauro nos muestra un carro triunfal que transporta a un comandante laureado por la victoria. En un primer nivel de lectura, este naipe podría referirse a Deiotaro, un rey celta de Anatolia mencionado por Plutarco; pero, tal y como está escrito, Deo Tauro significaría «el dios Tauro» y estaría refiriéndose a la constelación de Tauro y, más allá, al toro de la tauroctonia mitraica. Aquí tenemos un primer elemento. La siguiente constelación que deberíamos encontrar es Perseo, que en el firmamento está justo encima de Tauro. La identificación que Adams propone para ella es la carta XIII Catone. En un primer estadio, este personaje sería Catón el Viejo, de nuevo citado por Plutarco, y habría servido a Roma en las guerras púnicas. Si nos fijamos en la carta, allí aparece un guerrero que ha vencido y decapitado a un monstruo y le ha clavado su lanza atravesándolo por un ojo. La propuesta es que esta carta haría referencia a Perseo y la decapitación de la gorgona Medusa. Así que tenemos ya implícitamente la constelación de Perseo que, como referíamos antes, aludiría al dios Mitra. Por tanto, tenemos identificados a Mitra y al toro en dos triunfos: VII Deo Tauro y XIII Catone.

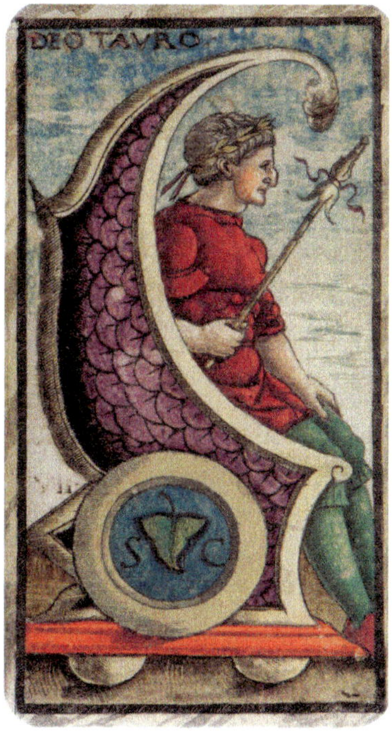

DeoTauro. Pinacoteca di Brera.

Desde luego, la propuesta de Adams es arriesgada, pero de alguna manera da carta de naturaleza a la hipótesis que ya vimos en los tarots anteriores, tanto los Viscontis como el Mantegna. Allí hablábamos de los septenarios como los siete grados de iniciación mitraica. Pues bien, Peter Mark Adams se atreve a proponer, con cierta verosimilitud, la presencia de los protagonistas del culto mitraico dentro del Tarot Sola Busca, eso sí, interpretando este mazo con una serie de niveles de lectura que nos hablan del alto conocimiento intelectual que debían de poseer los dueños de esta baraja.

Deidades planetarias

El Tarot Sola Busca podría esconder también, tanto entre los triunfos como en las cartas numerales, algunos dioses vinculados a los astros. Su identificación requiere una interpretación tanto iconográfica como nominal, así que veamos dónde se halla oculto este elenco de personajes mitológicos.

La primera parada la hacemos en el arcano número VI Sesto. Tiene una antorcha elevada como Cautes, uno de los personajes vinculados al mitraísmo, pero lo que de verdad delata su identificación serían sus pies alados. Este elemento nos hace pensar que este personaje no sería otro sino Hermes-Mercurio, el dios alado mensajero entre dioses y hombres. Además se trata de un ser psicopompo, esto es, que traslada a las ánimas de un mundo al otro. Por otro lado, estaría relacionado con un personaje que ya conocemos: Hermes Trismegisto, considerado en su momento como un hombre de carne y hueso que habría vivido en tiempos de Moisés, y que sería el depositario de toda la sabiduría universal que habría depositado en sus textos, como el *Corpus Hermeticum*, traducido por Marsilio Ficino unos años antes de que se concibiera este tarot. De hecho, la investigadora Laura Paola Gnaccolini propone que el personaje que aparece en el naipe del Diez de Copas sería ese Hermes Trismegisto. Peter Mark Adams identifica esa carta, sin embargo, con Georgios Gemistos Plethon, el sabio bizantino que había recalado en Florencia, en la Academia Platónica, y al que considera inspirador del Tarot Sola Busca.

Seguimos adelante en la búsqueda de dioses planetarios. El siguiente podría hallarse detrás del triunfo número IIII Mario, aunque el vínculo no es ni mucho menos tan directo como ocurría en el caso de Mercurio. Lo que nos dice Adams es que Mario sería el general romano Gaio Mario que venció en la guerra del norte de África. Se sabe que fue un hombre despiadado tanto en la guerra como en su vida familiar: de él se dice que asesinó a su hija Calpurnia, pues tuvo un sueño premonitorio en el que veía que, para obtener la victoria en la siguiente batalla, tenía que matar a su primogénita. Y así lo hizo. Tal crueldad, según Adams, esconde nada menos que a Marte, el dios de la guerra, y otro de los planetas conocidos en aquel tiempo.

El siguiente astro aparece no en un arcano mayor, sino en uno menor: el Cuatro de Oros (o Discos). La figura que allí vemos es una mujer rubia desnuda, rotunda, enseñando sus pechos y su pelo púbico (este último elemento es único en el arte occidental de la época y no aparecerá hasta el siglo XVIII). Esta mujer es la única de toda la baraja, si descontamos las cuatro reinas, y representa el elemento femenino en una baraja de hombres. Por su tiara en forma de *croissant* sabemos que no se trata sino de la Luna, otra de las estrellas errantes de la astrología renacentista. Pero la imagen de la Luna, lejos de ser una mujer bella, la presentan como un ser maléfico, una malvada hechicera que convoca los poderes del averno, hecho que la

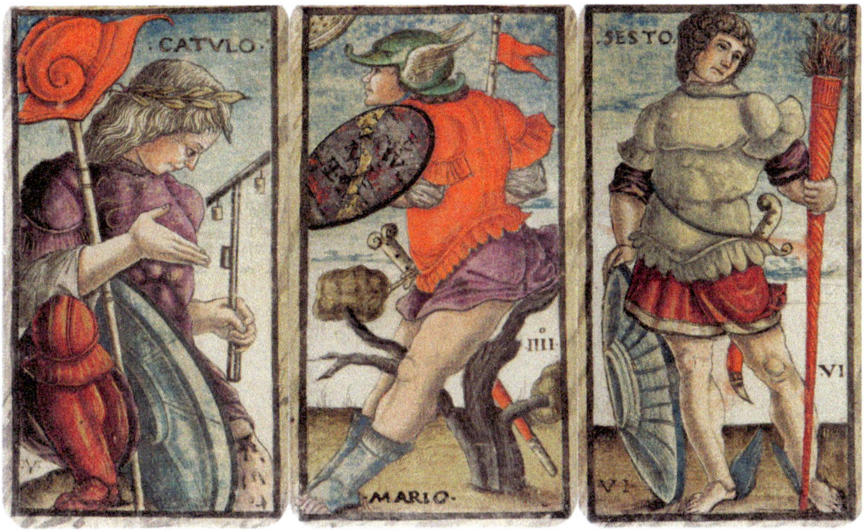

Catulo, Mario y Sesto. Pinacoteca di Brera.

vincula con la diosa Hekate, la diosa triple de las encrucijadas y de naturaleza salvaje y despiadada. El elemento triple está muy presente en el Renacimiento: la trinidad trifacial y la prudencia, de carácter positivo, o la trinidad satánica, negativa. Sea como fuere, esta carta invoca los poderes mágicos femeninos encarnados en estas deidades primigenias.

Avanzamos hasta encontrar otro de los dioses planetarios y que desvelaríamos en el naipe V Catulo. Si nos fijamos en la carta, el personaje sostiene un mecanismo de relojería. Aparte de la identificación primaria, que nos lleva al Gaio Lutatio Catulo, comandante en la primera guerra púnica, este triunfo podría hacer referencia al Kronos griego, dios del tiempo. Otro elemento es la pierna de Catulo que sangra. Esta podría ser una referencia al dios que camina lento, Saturno, el que tarda más en desplazarse en el firmamento. Por los elementos del dibujo del naipe, Adams propone el vínculo de este personaje con deidades como Aeos, Fanes o Mitra Leontocéfalo. El último símbolo que resta por analizar es el sombrero rojo con cuernos de carnero. Si nos fijamos en la carta de Saturno en el Tarot de Mantegna —recordemos que esta baraja se realizó también en Ferrara y quizá diseñada por el mismo autor— este tiene también un sombrero con cuernos de carnero. Este símbolo reafirma la posible vinculación del triunfo de Catulo con el dios Saturno. La última derivada de esta identificación es el vínculo de Kronos-Saturno con Ba'al-Hammon, un dios de origen cartaginés, y que en la Biblia podría ser Moloc, un terrible dios del sacrificio al que se inmolaban los niños para que obtuviera su poder. Recordemos que Saturno también devoró a sus hijos. Asimismo se correspondería con el dios egipcio Amón, que tenemos también en los naipes del Sola Busca, concretamente en la carta del Caballero de Espadas, y que veremos en los triunfos relacionados con Alejandro Magno. Desde luego, existe una compleja relación propuesta por Adams entre este arcano y el dios Saturno, que, a la postre, es para este investigador el dios central del Tarot Sola Busca.

Mercurio, Marte, Luna y Saturno son los dioses planetarios propuestos por Peter Mark Adams en su interpretación de esta baraja. Y todos ellos conducen al elemento malvado y cruel, a la magia y al poder, a la nigromancia y a los saberes ocultos, pues para este estudioso el Sola Busca encierra entre sus cartas una herramienta para invocar a los poderes del mal a través de la magia talismánica expuesta en tratados como el *Picatrix*, del que hablaremos más adelante.

El posible significado de los dos últimos triunfos

Sin duda alguna, los arcanos XX Nembroto y XXI Nabuchodenasor se corresponden con dos personajes del Antiguo Testamento. Aparecen en el Génesis, como dos crueles reyes de Babilonia. Pero si queremos profundizar un poco más, y, como ya hemos visto, las derivas de este tarot van más allá de lo que está a primera vista, debemos considerar fuentes apócrifas para comprender su significado dentro de esta compleja baraja.

Para ello nos vamos a remitir a un libro llamado *El Libro de los Jubileos*, atribuido erróneamente a Moisés y conocido también como «el pequeño Génesis», pues abarca el período desde la creación hasta el Éxodo. El autor toma elementos de estos dos libros bíblicos más algunas leyes de Levítico y Números. Para conocerlo, nos remitimos a lo que nos cuentan Gabriel Edgardo Llugdar y Antonio Piñero. Lo singular de este texto es que organiza la primitiva historia del mundo y de los antepasados de Israel siguiendo un patrón en torno al número siete: una semana, semana de semanas, semanas de años o «jubileos». Esto se debe a que se trata de una fuente judaica que hace referencia al descanso del sábado cada siete días, y se refiere al siete como número sagrado. ¿No nos suena el número siete? Ya lo hemos analizado. Ahora, el judaísmo vuelve a hacer referencia a este número que está por todos lados en los septenarios de los tarots.

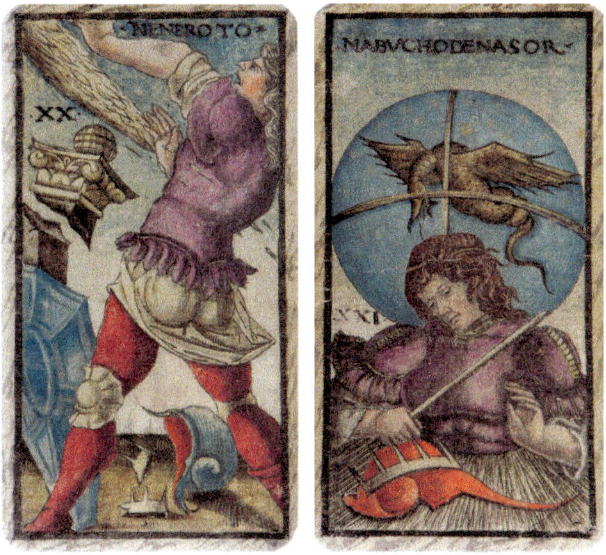

Nembroto y Nabuchodenasor. Pinacoteca di Brera.

Sigamos adelante con este extraño texto. Se ha conservado gracias a la Iglesia etíope. Recordemos, por ejemplo, que esta Iglesia afirma tener bajo su custodia el Arca de la Alianza, una de las reliquias más intrigantes de la cristiandad. Pero lo que aquí más nos importa es un pasaje relativo a los «gigantes» y su descendencia en la Tierra, pues arroja luz a la genealogía de los personajes de nuestros naipes.

En *Jubileos* se afirma que los ángeles del Señor o «custodios» bajaron a la Tierra a enseñar a los hombres cómo hacer leyes e impartir justicia. Pero estos custodios se relacionaron con las mujeres humanas «cometiendo abominación». Los hijos de estas mujeres son los «gigantes». Así, Dios castigó a los custodios condenándolos a ser atados en los abismos de la Tierra, donde permanecerán presos y abandonados. Los gigantes, hijos de los custodios, son los conocidos como los Nefilim, cuya estirpe malvada se propagó por la Tierra.

Peter Mark Adams afirma que Nimrod (otro nombre para Nembroto) sería un rey de la estirpe de esos gigantes, de los Nefilim. Es un arquetipo del ser poderoso que está contra Dios, opresor y destructor de las criaturas de la Tierra. Su nombre, si lo traducimos, quiere decir «rebelde». A él se le nombra como el primer adorador de ídolos y como el constructor de la Torre de Babel, la cual el Señor destruyó y, por ello, condenó a los pueblos a no entenderse y a hablar distintas lenguas.

Lo curioso de esta historia es que si volvemos a la literatura humanista italiana, en la *Divina Comedia* de Dante, en el *Infierno*, en el Canto 31, se menciona a este personaje con el nombre de Nemrod: hablando con Dante, Virgilio explica que este rey es un gigante bíblico, que se revela por lo que es, ligado a la leyenda de la Torre de Babel y que utiliza una lengua que solo él comprende. Así que esta pudo ser, casi con toda seguridad, la fuente que explica la presencia de Nembroto en el Sola Busca.

Volvamos un momento a Dante. Un poco más adelante, en el *Infierno*, en el Canto 31, llegamos a la descripción de Lucifer. Allí se relata que el Maligno es un ser cuya cabeza tiene tres bocas, como ya vimos, y que se corresponden a tres traidores: Judas Iscariote en el medio, que traicionó a Cristo, y, en las bocas laterales, Marco Junio Bruto y Cayo Casio Longino, que conspiraron contra Julio César y, por ello, fueron considerados traidores del Imperio. Esta representación trifacial existe también a la inversa, que sería la trinidad trifacial. Esta iconografía, sin embargo, fue condenada por el Concilio de Trento y algunas bulas posteriores y las imágenes de este tipo fueron, en su mayoría, destruidas. En Florencia, por ejemplo, sobreviven varios ejemplos de esta extraña representación de la mano de Donatello en la iglesia de Orsanmichele, de Andrea del Sarto en la iglesia de San Salvi y Agnolo Bronzino en el Palazzo Vecchio.

Pero hay otra deriva de esta iconografía: también representa la virtud de la Prudencia. Esta virtud se suele representar con un joven trifacial. A este respecto, podemos mencionar la moneda conmemorativa de Leonello d'Este, en cuyo reverso hay un joven rostro trifacial que aludiría a la prudencia de este gobernante. Pero encriptada, la vemos también en la carta de la Prudencia en el Tarot de Mantegna. Aparece con una cabeza forma Janiforme (un rostro femenino joven que mira al futuro y otro anciano que mira al pasado). El tercer rostro lo vemos en el espejo reflejado y simbolizaría el presente.

Pero volvamos al segundo personaje de corte bíblico. En este caso sería Nabucodonosor, bisnieto de Nemrod y también rey de Babilonia. El *Libro de Daniel* relata la caída de este personaje por su orgullo. De nuevo tenemos otro gobernante de Babilonia tirano y cruel. Si nos fijamos en esta carta, detrás de la figura de Nabucodonosor vemos un orbe dividido en cuatro partes, dentro del cual hay un dragón y un total de dieciocho estrellas, que se corresponden con un elemento astrológico: precisamente la constelación del Dragón. Así que aquí tenemos de nuevo una conexión con el macrocosmos. No sabemos exactamente la importancia de esta constelación, pero desde luego debía tener mucha relevancia para el creador del Sola Busca. De hecho, esta carta se corresponde con el mundo, la más alta de la baraja, el arcano XXI. Y de nuevo otra carta críptica de la cual es difícil saber su sentido final, pero que sigue el parámetro de los triunfos de este tarot, en su mayoría figuras que encarnan el mal.

Las cartas de corte y el tema de Alejandro Magno

El Sola Busca tiene también sus cartas de corte, establecidas de la misma manera que los tarots visconteos. En cada palo hay un Rey, una Reina, un Caballero y un Paje. Si bien los pajes no tienen nombre, reyes, reinas y caballeros sí que lo tienen.

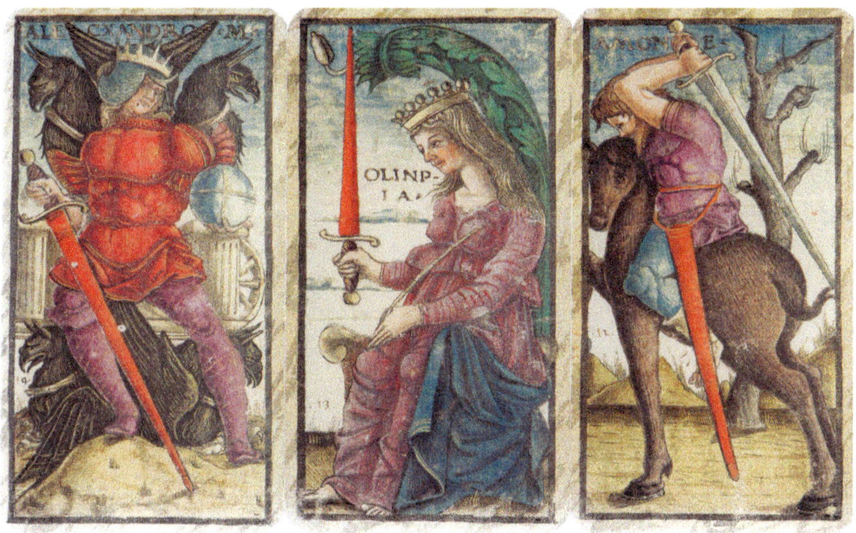

Alecxandro, Olinpia y Amone. Pinacoteca di Brera.

Quizá la carta más importante de todas ellas es la del Rey de Espadas, con el nombre de Alecxandro M., esto es, Alejandro Magno, rey de Macedonia desde 336 a.C., hegemón de Grecia, faraón de Egipto y Gran rey de Media y Persia. Sus tropas llegaron incluso hasta las estribaciones de la India. Lo más lógico sería pensar que su presencia en la baraja fuera la de la figura histórica, pero, si nos fijamos en otros personajes de las cartas de corte, veremos que quien ideó este tarot estaba basándose en el *Romance de*

Alejandro, un género literario que se desarrolló en la Edad Media y en diversos idiomas, que planteaba un origen mítico de este gran conquistador. Si nos fijamos en las cartas de corte, veremos que nueve de ellas están relacionadas con estas leyendas sobre Alejando. Veamos.

El Rey de Espadas es el propio Alejando Magno, como ya hemos referido. Está de pie en un carro con dos animales mitológicos, los grifos. Las cartas que se relacionan con él son las siguientes: la Reina de Espadas (Olinpia) que sería su madre Olimpia, la adoradora de serpientes. Le sigue el Caballero de Espadas (Amone), el dios Amón, que sería, en realidad, el padre verdadero de Alejandro. Y su padre desde el punto de vista histórico sería Filipo II, Rey de Macedionia (R. Filipo, rey de Oros), marido de Olimpia. El Caballero de Oros (Sarafino) se correspondería con el poeta Serafino dell'Aquila, aunque bien podría identificarse con el dios-serpiente Serapis, que predijo la llegada de Alejandro a Egipto. Acto seguido, como Reina de Copas (Polisena), tenemos a Polyxena, el nombre original de Olimpia. El Caballero de Copas (Natanabo) podría identificarse con Nectanebo, Rey de Egipto y mago que sedujo a Olimpia bajo la forma del dios Amón. Otra deidad se esconde en la Reina de Bastones (Palas) que sería la diosa Palas Atenea, honrada con una estatua a la muerte de Alejandro. Y para terminar con los personajes relacionados con el héroe macedonio, tenemos al Rey de Bastos (Apolino), que sería el dios Apolo, cuyo Oráculo de Delfos predijo el destino de Alejandro.

Las tres cartas de corte restantes tienen también una posible identificación, pero no ya vinculadas con Alejandro. Tenemos el Rey de Bastos (Levio Plauto R.), que sería el escritor romano Plauto, el Rey de Copas (Lucio Cecilio R.), un miembro distinguido de la familia romana Caecilia, y, por último, la Reina de Oros (Elena), que sería Helena de Troya.

Estos son los vínculos que propone Peter Mark Adams para las cartas de corte. Ana Paula Gnaccolini establece también esta relación con el tema de la leyenda de Alejandro, pero se ciñe a la obra *El secreto de los secretos*, un tratado atribuido a Aristóteles (falso en realidad) en el que este filósofo instruye a su alumno Alejandro Magno en una una serie de temas que serán clave para su éxito posterior. Esta enseñanzas incluyen el arte de gobernar, la ética, la astrología, la alquimia, la magia y la medicina. Al ceñirse a este texto, la investigadora solo puede plantear una relación más corta entre los naipes del Sola Busca y Alejandro Magno.

La práctica alquímica

Todo lo que hemos venido narrando sobre el Tarot Sola Busca no hace más que constatar el hecho de que lo mágico, lo hermético y lo secreto planean en la sombra del objetivo de quienes lo diseñaron. Pues aún hay más: parece verosímil considerar que el palo de Oros o Discos esconde nada menos que otra disciplina oscura: la alquimia.

Hagamos un poco de historia. La alquimia y su legado a Occidente proviene de la cultura árabe. La expansión del islam llegó a Egipto en el siglo VII y los sabios árabes adoptaron los saberes alquímicos que se habían desarrollado desde la más remota antigüedad en el país del Nilo. Así que este fue el vehículo transmisor de este antiguo saber a Occidente.

Pero el mundo árabe no solo fue el responsable de la pervivencia del conocimiento alquímico en la Edad Media, sino que sus científicos ayudaron a la supervivencia y desarrollo de disciplinas como las matemáticas, la medicina, la filosofía o la arquitectura. De hecho, gracias al mundo árabe sobrevivieron muchos de los textos griegos y latinos que fueron traducidos en la Baja Edad Media y en el Renacimiento. Por tanto, la influencia árabe en el desarrollo de la cultura occidental es fundamental.

La práctica de la alquimia se ha considerado hasta cierto punto marginal, sobre todo porque se trataba de una disciplina que requería de una serie de aparatos y de un lugar, un laboratorio, donde llevar a cabo los experimentos para lograr hallar la piedra filosofal. Se sabe que algunos gobernantes europeos, desde finales de la Edad Media, habrían propiciado el trabajo de alquimistas a sus órdenes que trabajarían en las dependencias palaciegas.

Veamos el caso de Ferrara, lugar donde se gestó el Tarot Sola Busca. Allí, según cuentan las crónicas, desarrolló su trabajo de alquimista Petrus Bonus a finales de la Edad Media. Se le identifica sobre todo por la principal obra que escribió, conocida como la *Perla preciosa* o *Perla nueva preciosa*, un influyente texto alquímico fechado entre 1330 y 1339. Sabemos de él que fue médico en Ferrara y que allí pudo desarrollar su trabajo como alquimista.

Su influencia alcanzó a otro personaje, ya contemporáneo a la creación del Sola Busca, que estuvo en Ferrara y que era docto en la alquimia. Ya lo conocemos: Ludovico Lazzarelli. Sabemos de él que seguía dos vías de esta disciplina: la primera fue la *Perla preciosa* y la segunda, un corpus alquímico conocido como *Vademecum*, supuestamente obra del médico y filósofo mallorquín Ramón Llull, que vivió en el siglo XIII. Y digo supuestamente porque no es cierto: Llull en realidad no practicó la alquimia. Lo que sucedió es que los alquimistas de la época, para que sus obras ganaran notoriedad, las atribuyeron a este hombre de gran reputación.

Así que, con buena parte del saber alquímico en su haber, si Ludovico Lazzarelli fue el autor del Sola Busca, pudo querer dejar grabada la obra alquímica en esta baraja. Veamos, según expone Laura Paola Gnaccolini, una primera referencia a través de la transformación de las monedas en el palo de Oros como metáfora del *Opus alquimicum*.

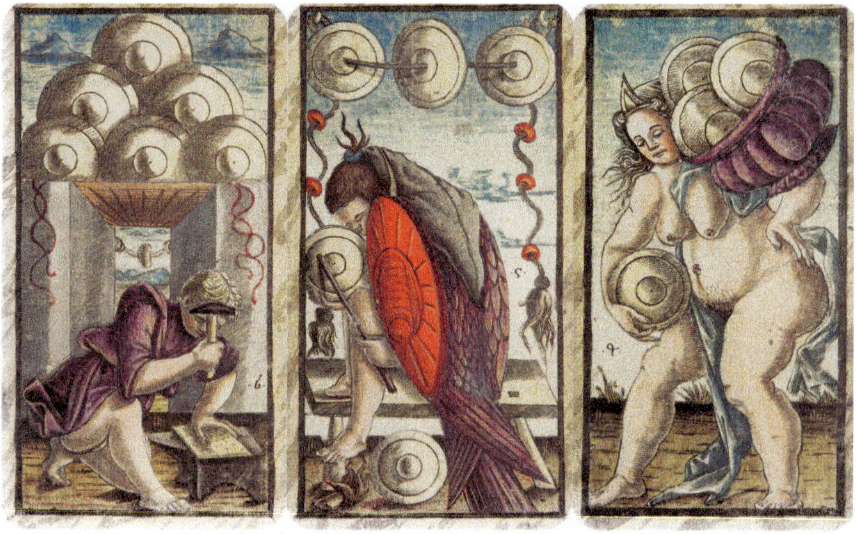

Cartas alquímicas del palo de Discos. Pinacoteca di Brera.

El proceso comenzaría con algunos florines antiguos (3 de Discos), que son transportados como monedas antiguas (4 de Discos) y son ensartados (5 de Discos) y después cincelados (6 de Discos). Acto seguido se comprueba su tamaño (7 de Discos), se los deja sedimentar (8 de Discos) para proceder a calentarlos (9 de Discos) y obtener así las nuevas monedas (10 de Discos). Pero si nos fijamos en las cartas, encontramos de nuevo elementos extraños, sin duda codificando un mensaje que no se advierte de primeras: una mujer desnuda en el 4 de Discos, una alusión sexual a la creación alquímica, un hombre con plumas de pájaro en el 5 de Discos, que podría ser la mutación de la materia, y el alquimista manipulando la materia usando el martillo contra el metal en el 6 de Discos. El 7 de Discos podría también simbolizar los siete metales y los siete grados del *Opus alquimicum*.

También se ha sugerido que el 3 de Espadas fuese una carta alquímica, aunque hay dos teorías muy dispares. Este naipe es un corazón atravesado por tres espadas. La primera hipótesis nos dice que el corazón es el símbolo del fuego, alma vital del proceso alquímico en el que las espadas son de oro, plata y mercurio, los tres metales alquímicos que representarían el albedo, rubedo y nigredo, las tres fases para lograr la piedra filosofal.

La segunda interpretación, sostenida por Andrea Vitali, aboga por la hipótesis cristiana: el Corazón de Jesús y la Santísima Trinidad, pues no hay fuego en el naipe, con lo que descarta la teoría alquímica. Argumenta que en las *Confesiones* de san Agustín se menciona: «Tú habías asaeteado nuestro corazón con tu caridad». A esto se le suma que el corazón atravesado por espadas es típico del arte religioso del siglo XIV.

Sea como fuere, por la formación de la persona que lo ideara, o por la filiación de sus comitentes, a la vista de lo críptico de esta baraja, la sombra de la alquimia planea por encima del Tarot Sola Busca.

Para cerrar este capítulo señalaremos que el creador del Sola Busca pobló sus naipes de personajes malvados, crueles e incluso malditos. Ya lo hemos visto anteriormente: la religión de los guerreros (el mitraísmo), los planetas encarnados por los dioses malignos y los reyes del Antiguo Testamento castigados por Dios. Esta elección haría referencia a que el Tarot Sola Busca es una herramienta de magia demoníaca, derivada de la magia talismánica que tendría su origen en el *Picatrix*, el libro medieval de origen árabe y que se extendió por Europa en su versión latina. Su función era la de la práctica de la magia talismánica para revocar las fuerzas del universo y ponerlas al servicio del mago, o para contrarrestar los designios de la astrología y ponerlos a su favor.

6

El juego más longevo: el Minchiate florentino

Una tarde del caluroso verano de 1470 en la mansión de la familia Médici, los banqueros de Florencia. Los cuatro hermanos, hijos de Cosme el Viejo, juegan a los naipes para desterrar el aburrimiento. Blanca, Nannina, Juliano y Cosme se disponen en dos equipos: hermanas contra hermanos. La gentileza de Lorenzo y Juliano permite a las damas comenzar el juego. Mano tras mano, pasan las horas, y la inteligencia de los varones, acostumbrados a los cálculos por sus tareas financieras, no puede con la habilidad de las damas. Si nos fijamos, la baraja que tienen es algo extraña: posee 97 naipes, entre los cuales vemos las cartas numerales y los triunfos, como el juego del Tarot, pero hay unos naipes extra: signos zodiacales, los cuatro elementos y las virtudes que no aparecían completas en las barajas milanesas. En Florencia quisieron tener un juego propio, primero para el deleite de los aristócratas, pero después también para el disfrute del pueblo llano. Además, el arte de la imprenta hace que la creación de este mazo de cartas se realice en serie y así todos los florentinos, sea cual fuere su condición social, puedan jugar a este entretenimiento conocido como Minchiate.

La primera mención con la que contamos sobre el Minchiate es una correspondencia enviada por el poeta florentino Luigi Pulci a Lorenzo de Médici el 23 de agosto del año 1466, en donde menciona expresamente «que desea volver a jugar Minchiate con él». Si bien el nombre original es Minchiate, a partir de 1500 al juego se lo conocerá también como Germini. En 1506, un fabricante de naipes llamado Giovanbattista Monaldi di Francesco lo cita con este nombre. Desde entonces, el juego se denomina como Minchiate o Germini indistintamente, hasta que a finales del siglo XVII el término «Germini» caiga en desuso.

Aquí tenemos, pues, un nuevo juego originario de la Italia renacentista, pero cuyo uso se va a extender a lo largo de Europa y se mantendrá en vigor durante muchos siglos. De hecho, llegará casi intacto hasta comienzos del siglo XX. En ese momento pasará de moda y caerá en el desuso, pero gracias a investigadoras como Amparo Aguirre Cortés, el Minchiate ha vuelto a la vida. Es más, seguiremos a esta autora para referirnos a algunas de las características de esta compleja baraja y así desentrañar alguno de sus secretos. Esta estudiosa del Minchiate ha escrito el libro *Tarot Minchiate. El más noble y bello de los juegos de cartas*, disponible solo a través de un *crowdfunding* y que tuvo la gentileza de compartirlo conmigo para servir de fuente a este capítulo. Amparo heredó de su familia un Tarot Minchiate y quiso hacer honor a este regalo buscando sus orígenes, descifrando sus normas para, al final, volver a jugar a este juego milenario. Aunque nos referiremos a la complejidad de este juego al final del capítulo, en este momento ahondaremos en el significado simbólico de sus cartas, sobre todo de aquellas que no son comunes a otros tarots.

Hemos mencionado de pasada algunos naipes propios del Minchiate, pero nos vamos a detener en ellos, pues completan, de alguna manera, la visión cosmológica de las barajas de los tarots del siglo XV que ya hemos visto. Así, estas cartas se conforman a partir de las cartas del tarot, muy similares a los Visconti o a los tarots de Ferrara, pero a los que se le añaden los doce signos del Zodiaco, los cuatro elementos que componen la materia, así como las virtudes cardinales y teologales, algunas sí presentes en los tarots italianos del siglo XV. Astrología, física, religión son tres elementos importantes en el mundo aristocrático del Renacimiento y que se ponen de relieve en este juego.

Pero no solo los naipes añadidos hacen singular este tarot, sino que suceden cosas tan singulares como la ordenación diferente de los arcanos mayores dentro de la baraja. Así que estas cartas, pese a inspirarse en los juegos visconteos, se plantean como un mazo diferente. De hecho, el promotor de esta baraja, probablemente comisionado por los Médici, trató de elaborar el juego más edificante, complejo y erudito, digno de su corte, la más importante de la Italia del Renacimiento.

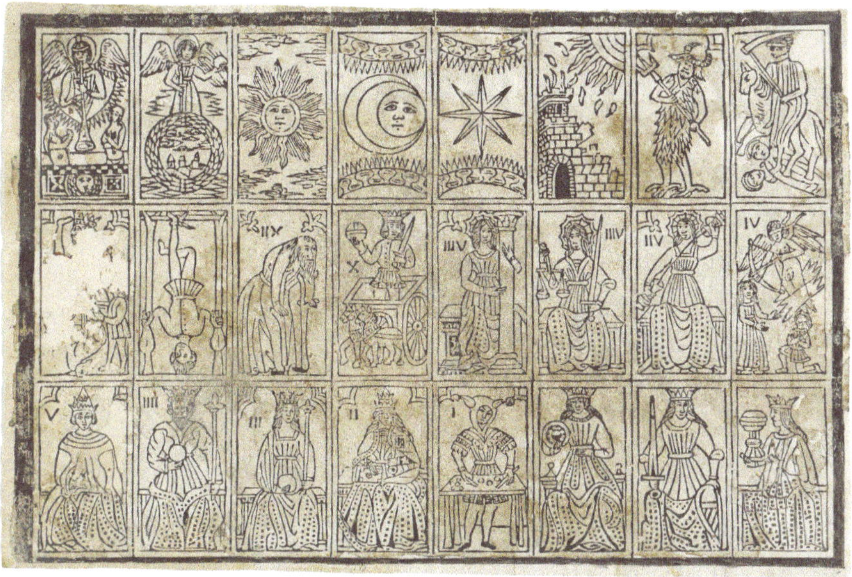

Una de las hojas Rosenwald que se conservan en la National Gallery of Art de Washington.

A lo largo de este capítulo vamos a ver los elementos que hacen singular al Minchiate y que le permitieron seguir en uso, hasta el siglo XX, como uno de los juegos más excelsos donde cultivar la astucia, y el ingenio era tan necesario como conocer todos los elementos que regían la vida del hombre desde el macrocosmos al microcosmos.

«Quien se haya vuelto adicto al ingenio en las fantasías poéticas, en las sutiles meditaciones filosóficas y en las explicaciones de las verdades matemáticas, le resultará fácil comprender las sutilezas del juego», así lo advertía el dramaturgo italiano Audalgo Toledermio en 1762.

Presentado así el Minchiate o Germini, cuyo origen parece claro en la Florencia de los Médici, nos disponemos a descubrir los elementos que lo hacen singular. Eso sí, las barajas que tomaremos como referencia para el análisis son dos tarots Minchiate del siglo XVIII: el que se halla en la colección del Museo Fournier de Vitoria, y el que posee la investigadora Amparo Aguirre Cortés, que, por cierto, proceden ambos del mismo origen.

Algunos conceptos sobre el Tarot Minchiate

Entre las Carnes me hicieron Luna;
la torta Ricciolina soy y sin embargo bella.
Y por cierto que me aparto de la Fortuna,
pues no me agarro de más arriba que la Estrella.
Merecía yo ser de ellas una
que tuve de las Trompetas huella.
Ah, ciertamente se me ha hecho injusticia; perdono
a pesar de ello y de buena gana lo condono

LA LUNA
La Ricciolina

El Minchiate es un juego de cartas que, como hemos mencionado, se originó, con gran probabilidad, en la República de Florencia durante el Renacimiento. Desde mediados del siglo XV existen referencias escritas que hacen alusión al Minchiate, un juego compuesto por 97 cartas. Se cree que fue ideado por sabios eruditos de las cortes italianas del Renacimiento, y jugado inicialmente por nobles y aristócratas.

Una de las peculiaridades literarias de esta baraja es que, al convertirse en un juego popular, los juglares escribieron poemas asociando cada uno de los triunfos con una ramera florentina. De hecho, tenemos constancia de estos poemas y pueden verse reproducidos en el texto sobre el Tarot Minchiate de Amparo Aguirre Cortés. Aquí hemos reproducido uno: el de la Ricciolina, la meretriz vinculada la carta de la Luna.

Así, la calle, las apuestas, las tabernas y la bohemia se nutren y conviven con alegorías que presentan una visión profunda del ser humano y su existencia, mostrando en forma panorámica un camino que se recorre desde lo más elevado, abstracto, virtuoso y celestial, hasta lo más terrenal, mundano y carnal, en ambas direcciones. Podemos afirmar de este modo que el juego del Minchiate fue, al menos, un juego de azar, aunque cabe la duda razonable de que, por su estructura compleja, se tratase en origen de una herramienta intelectual.

Aparte de tener un número de cartas superior, el Minchiate se diferencia del tarot tradicional en que tiene cuarenta cartas de triunfos en lugar de veintidós. Las cartas de triunfo del Minchiate incluyen cartas añadidas, como las cuatro virtudes cardinales, las tres virtudes teologales, los doce signos zodiacales y los cuatro elementos de la alquimia. Las cartas de palos del Minchiate también tienen algunas diferencias con respecto a los tarots tradicionales, como la presencia de alegorías de la mitología y las fábulas paganas grecorromanas en los palos de Espadas y Bastos.

Los cuatro palos del Minchiate son los habituales: Copas, que representan el elemento Agua y están asociadas con las emociones, los sentimientos y la intuición. Espadas, vinculadas al elemento Aire y están asociadas con la inteligencia, la razón y la comunicación. Los Bastos por su parte simbolizan el elemento Fuego y están asociados con la acción, la pasión y la creatividad. Y los Oros son el elemento Tierra y están asociados con la materialidad, la estabilidad y la seguridad.

Las fábulas paganas representan una variedad de temas, como el amor, la muerte, la naturaleza y el mundo espiritual. Una de las más conocidas del Tarot Minchiate es la de Orfeo y Eurídice. En esta historia, Orfeo es un músico que desciende al inframundo para rescatar a su amada Eurídice. Orfeo toca su lira tan hermosamente que el dios Hades se conmueve y permite que Eurídice regrese con él al mundo de los vivos pero con una condición: Orfeo no debe mirar atrás a Eurídice hasta que hayan llegado a la superficie. Orfeo está tan preocupado por perder a Eurídice que no puede resistirse a mirar atrás, y ella se desvanece en el inframundo para siempre.

Otra fábula pagana que podemos encontrar en el Tarot Minchiate es la de Cupido y Psique. En esta narración, Psique es una hermosa joven que es la esposa del dios Cupido; sin embargo, a Psique le está prohibido mirar a Cupido, pues no sabe si es un joven apuesto o de aspecto monstruoso, y cuando ella lo hace, él la abandona por traicionar su confianza. Psique debe entonces viajar por el mundo para encontrar a Cupido, y en el camino debe superar muchos obstáculos. Finalmente, Psique encuentra a Cupido, este la perdona y viven felices para siempre.

La principal diferencia entre los tarots tradicionales y el Minchiate es que, al tener un mayor número de triunfos, este último incorpora el neoplatonismo a través de las cuatro virtudes cardinales, de las que ya habían escrito Platón y Aristóteles; el cristianismo, a través de las tres virtudes teologales; la astrología, con la presencia de los doce signos zodiacales; y la alquimia, con los cuatro elementos imprescindibles para la Gran Obra.

A lo largo de los siglos, el Minchiate ha evolucionado y se ha adaptado a diferentes contextos históricos y culturales. En el siglo XVII, el Minchiate se popularizó en toda Italia, y se crearon diferentes variantes regionales. En el siglo XVIII, el Minchiate se exportó a Francia, donde se adaptó y se convirtió en el Tarot de Lyon. En el siglo XIX, el Minchiate se volvió a popularizar en Italia, con las variantes florentina y napolitana con diversas variaciones en sus reglas y en su número de cartas. En el siglo XX, el Minchiate comenzó a caer en desuso y es ahora, en el siglo XXI, cuando se está volviendo a dar valor a este juego tan longevo.

La teoría de los cuatro elementos y el Minchiate

Echemos una mirada a la Antigüedad. En la filosofía griega, concretamente en la obra de los filósofos presocráticos (que vivieron antes de Sócrates), el elemento fundamental es la afirmación de que todas las sustancias que existen en el universo están formadas a partir del arjé (ἀρχή), que es el principio o el origen de todas las cosas. Es la sustancia, es el elemento fundamental del universo, a partir del cual se generan todas las demás cosas.

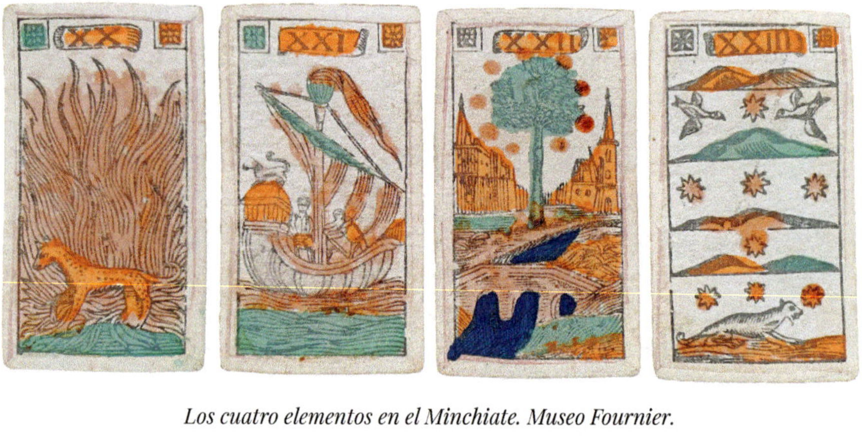

Los cuatro elementos en el Minchiate. Museo Fournier.

De acuerdo con este principio, varios filósofos presocráticos desarrollaron diferentes teorías sobre el arjé. Para Tales de Mileto, el agua era la sustancia fundamental de la que todas las cosas se originaban y a la que finalmente regresaban. Anaximandro decía que era el «ápeiron», un concepto que se traduce a menudo como lo «infinito» o lo «ilimitado». Anaxímenes habló del «aire». Sin embargo, Heráclito creía que el arjé era el «fuego». Otra teoría la propuso Parménides, que afirmaba que el arjé no podía ser el cambio o la multiplicidad, sino que debía ser una realidad inmutable y eterna. Para él, el arjé era el «ser», y el cambio y la multiplicidad eran meras ilusiones. Pero, sin lugar a dudas, el filósofo que dio con la clave, allá en el siglo v a.C. fue Demócrito, que propuso que el arjé estaba compuesto por partículas indivisibles llamadas «átomos».

No obstante, la teoría del átomo de Demócrito no fue la que prevaleció, sino la de que el arjé estaba compuesto por los cuatro elementos: todas las cosas están compuestas por tierra, agua, aire y fuego como elementos básicos. Esta teoría fue promovida principalmente por Empédocles y luego fue desarrollada por el filósofo Platón y otros pensadores posteriores. Para Empédocles, estos elementos sustentaban las diferentes sustancias del universo, cada una de las cuales estaba formada por los cuatro elementos en diferentes proporciones. Para ellos, la tierra representaba la solidez y la estabilidad. Empédocles creía que la tierra era el elemento que daba forma a las cosas y les proporcionaba su solidez. El agua era la fluidez y la cohesión, por ello consideraba que el agua era responsable de unir los elementos y mantenerlos juntos. Por su parte, el aire representaba la ligereza y la expansión. El aire era visto como el elemento que llenaba el espacio entre los otros elementos. Y, por último, el fuego, que encarnaba la energía y la transformación. Para él, el fuego era el principio activo que permitía los cambios y las transformaciones en la realidad.

Platón también adoptó la idea de los cuatro elementos en su filosofía, aunque agregó una dimensión espiritual a esta teoría. Platón asociaba cada elemento con una forma geométrica: el tetraedro para el fuego, el octaedro para el aire, el icosaedro para el agua y el hexaedro para la tierra. Además, creía que cada elemento estaba relacionado con un tipo de alma y virtud.

Unos siglos después, durante el desarrollo de la filosofía helenística y en época romana, la teoría de los cuatro elementos continuó siendo influyente en el pensamiento, especialmente en el contexto de la alquimia y la medicina. Pero fue durante el Renacimiento cuando hubo un resurgimiento del interés por la filosofía y la ciencia antiguas. Muchos textos clásicos, incluidos los de Platón y Aristóteles, fueron redescubiertos y estudiados en las academias italianas, como ya hemos visto, por ejemplo, en Florencia con la Academia Platónica florentina.

Aunque en ese momento la teoría de los cuatro elementos no se mantuvo en su forma original, influyó en las ideas de los alquimistas y médicos renacentistas. La alquimia se basó en la transmutación de sustancias, y la teoría de los elementos proporcionaba un marco para comprender estos cambios. Así, los cuatro elementos se asociaron con diferentes aspectos de la naturaleza y la vida humana; por ejemplo, el aire se asociaba con el cielo, el fuego con el sol, el agua con el mar y la tierra con el suelo. También se vincularon con diferentes cualidades, como el aire con la ligereza, el fuego con la pasión, el agua con la fluidez y la tierra con la solidez.

Los cuatro elementos se utilizaban en el arte, la arquitectura y la literatura renacentistas para representar diferentes ideas y conceptos. Por ejemplo, el aire se utilizaba para representar la libertad, el fuego para representar la pasión, el agua para representar la emoción y la tierra para representar la estabilidad.

Los cuatro elementos también se utilizaban en la medicina y la alquimia renacentistas. Los médicos creían que los cuatro elementos estaban en equilibrio en el cuerpo humano y que la enfermedad era causada por un desequilibrio de los elementos. Los alquimistas creían que podían transmutar los elementos de la naturaleza para crear oro y otros objetos preciosos.

Como hemos podido comprobar, en el Renacimiento, los cuatro elementos eran una parte integral de la visión del mundo y se utilizaban para explicar la naturaleza, la vida humana y el universo. Así, en el Minchiate, tenemos los cuatro elementos representados cada uno en una carta.

El naipe del Aire presenta un Ángel. Esta carta simboliza la inteligencia, la razón y la comunicación y tiene un valor de 20 puntos. El Agua es uno de los cuatro elementos de la alquimia y está representado por la carta del Delfín. Esta carta tiene un valor de 14 puntos en el juego. Además de su valor numérico, la carta del Delfín también tiene un significado simbólico importante, ya que representa las emociones, los sentimientos y la intuición.

La Tierra está representada por la carta del Mundo. Este naipe tiene un valor de 21 puntos en el juego, lo que la convierte en una de las cartas más valiosas de la baraja. Además de su valor numérico, la carta del Mundo también tiene un significado simbólico importante, ya que representa la realización, la plenitud y la integración. Por último, en la carta del Fuego vemos una figura femenina que sostiene una antorcha encendida y se encuentra rodeada de llamas. Esta carta se asocia con la energía, la fuerza y la creatividad, y se considera una de las cartas más poderosas de la baraja; en el juego tiene un valor de 20 puntos.

Como vemos, los cuatro elementos están presentes en el conjunto de las cartas de triunfo y son algunos de los que son exclusivos del Minchiate. Por ello debemos pensar en un sentido trascendente a la hora de la creación de esta baraja. Aunque lo que conocemos en profundidad es el uso de esta baraja como pasatiempo, todo parece indicar que en su origen tuvo que haber un ideal filosófico a la hora de establecer todas y cada una de las cartas de esta intrincada baraja.

Las virtudes cardinales y teologales

Volvemos de nuevo a la Antigüedad para conocer el origen de algunos naipes especiales del Minchiate: las virtudes cardinales y teologales. Es verdad que aparecieron ya en algunos mazos visconteos, así como en el Tarot de Mantegna, pero aquí vamos a revisar su posible significado. Para ello, observamos algunos detalles sobre la iconografía de las virtudes en el Minchiate.

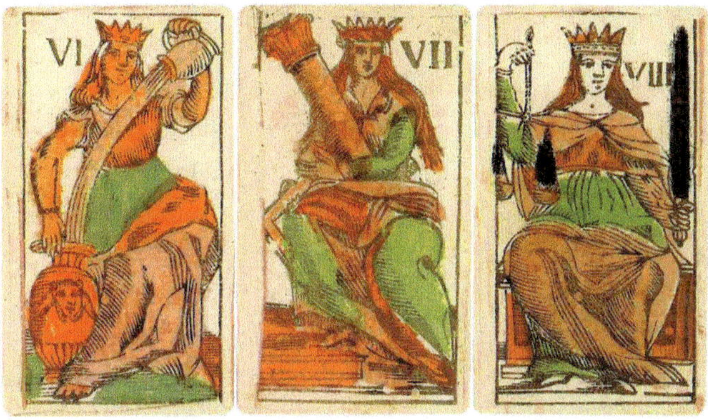

Templanza, Fortaleza y Justicia. Museo Fournier.

La fe está representada por una paloma, que es un símbolo de paz y gracia divina. La paloma está sosteniendo un ramo de olivo, que representa el fin del Diluvio, como mensajera de que había tierra donde amarrar el arca de Noé. La esperanza se simboliza con una antorcha, que es un símbolo de luz y guía. La antorcha está sostenida por una mano, lo que implica acción y voluntad. La carta de la caridad nos muestra un corazón, que es un símbolo del amor y la compasión; se relaciona con el amor sin límites y la entrega generosa y desinteresada.

La templanza se figura como una serpiente y un cáliz. La serpiente es un símbolo de la sabiduría y la renovación. El cáliz significa la unión y la comunión y es la copa con la que Cristo comparte su sangre con los apóstoles y, por ende, con todos los cristianos. El naipe de la justicia tiene una espada y una balanza. La espada es un símbolo del poder y el juicio. La balanza es un símbolo del equilibrio y la equidad. De algún modo, tenemos aquí el Juicio Final, la balanza, que proviene del pesaje de las almas en el antiguo Egipto y la espada que vencerá a los enemigos de la fe. En lo que respecta a la prudencia, está representada por un espejo y un libro. El espejo es un símbolo de la reflexión y la introspección, también simboliza el presente. El libro, por su parte, es un símbolo del conocimiento y la sabiduría. En este caso, el libro sería la Biblia. Por último, la fortaleza está simbolizada por un león, que es el símbolo del poder y la soberanía. En los diferentes mazos de tarot, esta virtud aparece referenciada con este símbolo pagano que nos remite a Hércules y a su victoria sobre el león de Nemea.

El juego del Minchiate

Como hemos mencionado ya, el uso original del Minchiate se desconoce. De hecho, el uso del que tenemos constancia y documentación es el de juego de entretenimiento y de apuesta. Sabemos que su origen era noble, pero su uso se popularizó y pasó a ser un divertimento para todas las clases sociales. Es esta, probablemente, la razón por la cual el Minchiate ha sobrevivido a lo largo de los siglos. En este último apartado del capítulo vamos a ver cómo se juega al Minchiate en la actualidad, hecho que nos puede dar una idea de cuáles fueron sus normas de uso allá en la Florencia de los Médici.

El Minchiate se juega entre cuatro personas, dos parejas que se enfrentan; se trata de un juego de apuestas. La mesa de juego debe permitir colocar a los jugadores en el sentido de los cuatro puntos cardinales. Las parejas se sientan frente a frente. Una es la pareja Norte-Sur, o NS, mientras que la otra es la pareja Este-Oeste, o EO. Los participantes determinarán el valor de un resto, que es la unidad de apuesta: puede ser dinero, prendas de vestir, secretos, canciones u objetos personales. Cada partida tiene veintiuna manos. Cuatro partidas son un giro. Y tres giros completan un juego. Durante el juego, el objetivo es que cada pareja gane el mayor número de cartas posible y de la mayor puntuación, ya se hayan obtenido en el reparto, o ganadas durante las manos de cada partida. La pareja que obtiene el mayor puntaje es la ganadora de cada partida. La diferencia de puntos entre una pareja y la otra determina los restos que pagar a la pareja ganadora.

Pero el juego es más complejo de lo que parece. Veamos la puntuación de los naipes. Las cartas se dividen en cuatro palos: Copas, Oros, Bastos y Espadas. La jerarquía de las cartas numerales de Copas y Oros va del 10 al As, donde el 10 es la carta más baja y el As la carta más alta. Sin embargo, la jerarquía de las cartas numerales de Bastos y Espadas va al revés, del As al 10, donde el As es la carta más baja y el 10 la carta más alta. Además, tenemos los cuarenta triunfos, que tienen mayor valor jerárquico que cualquier carta de los palos. Algunos de los triunfos tienen valor numérico pero otros no. Los que tienen puntaje pueden formar una o más vesículas (grupos de tres o más cartas que suman puntaje adicional). Así, los primeros treinta y cinco triunfos son numerados del I al XXXV en números romanos, donde El Mago es el más bajo y Géminis o La Carne es el más alto. La carta Loco es la más singular de la baraja: no tiene número y no forma parte de la jerarquía del mazo, y, además, es la única carta que ni el más alto triunfo puede capturar. Podría ser la figura que con el tiempo se popularizó en la baraja francesa y que conocemos como el *joker*.

Por azar se selecciona quién tiene la mano al comienzo de la partida. El juego comienza con el jugador sentado a la derecha de quien reparte (la mano), quien lanza una carta que coloca en el centro de la mesa. Este jugador puede elegir si echar una carta de un palo o un triunfo a su elección. Si pone una carta de palo, los demás jugadores estarán obligados a poner una carta del mismo palo en esta mano, y si no la tienen, pueden echar cualquiera. Luego, el juego continúa en sentido horario, con cada jugador echando una carta y colocándola en el centro. El jugador que gana cada mano es aquel que coloca la carta más alta del palo que se está jugando, o el triunfo más alto si se está jugando con triunfos. El ganador de la mano recoge las cartas del centro de la mesa y las coloca en su pila de cartas ganadas. El juego continúa hasta que se han jugado todas las cartas del mazo. Al final del juego, se cuentan los puntos de cada jugador según los naipes que ha ganado.

Como vemos, el juego tiene ciertas similitudes con juegos de naipes actuales como el Tute o la Brisca, y las cartas de triunfo se juegan con cierta indiferencia, sin importar verdaderamente el significado último que representan. Así que el Minchate, o lo que conservamos de él, es su valor como juego de azar que ha llegado hasta nuestros días.

7
El canon: el Tarot de Marsella

El camino hacia el Tarot de Marsella

Paseando por las calles del casco viejo de Vitoria-Gasteiz nos encontramos con el palacio de Bendaña, un edificio que data del siglo XVI ubicado en la calle Cuchillería, que alberga el museo Fournier del Naipe, la casa de la baraja española por excelencia, y un lugar que atesora juegos de cartas de los más remotos rincones del planeta. Ya hemos mencionado que este museo conserva un fragmento de uno de los tarots Visconti, la familia más antigua de tarots de la que tenemos noticia, pero en esta ocasión nos acercamos a ver los diez Tarots de Marsella originales que atesora la colección alavesa. Algunos de los más conocidos son el de Jean Payen, de 1743, el de Claude Rochias, de 1754, o el de Besançon, de 1750. Estos mazos nos servirán en este libro para ilustrar los textos que hacen referencia a esta baraja canónica que dará pie a lo que conocemos como tarot contemporáneo, modelo de la mayoría de los tarots que conocemos hoy en día.

Iniciemos esta senda en busca de las primeras cartas de tarot que aparecen en Francia. Las barajas de tarot más antiguas que se conocen en este país provienen de Lyon: se trata de un anónimo del que han sobrevivido solo dos naipes, grabados entre 1475 y 1500. Pero el punto donde se suele iniciar el camino hacia el Tarot de Marsella comienza con el Tarot de Catelin Geofroy de 1557. De él nos han llegado doce triunfos y tres cartas de corte. Catelin

Geofroy fue un fabricante de tarots que ejerció su trabajo de grabador en Lyon entre 1582 y 1603. El Tarot de Catelin Geofroy es un modelo de tarot que presenta una mezcla de influencias italianas y alemanas, con personajes clásicos y cartas numéricas de fantasía. Las cartas numéricas presentan enseñas de animales, como leones, loros y pavos, que fueron copiadas de un juego de cartas alemán producido por Virgil Solis en Núremberg alrededor de 1540. Otro detalle de este tarot es que tiene los triunfos numerados tal y como encontraremos después ordenado el Tarot de Marsella.

Esta ordenación nos pone también detrás de otra pista que viene, esta vez, de Italia. Se trata de un documento muy valioso descubierto por una de las eminencias del estudio del tarot, Michael Dummet, en 1980. Estamos hablando de la «hoja Cary», custodiada en la Biblioteca Beinecke. Se trata de una hoja impresa con cartas del tarot sin cortar y cuya ordenación coincide con los arcanos mayores del Tarot de Catelin Geoffroy. Proviene, de nuevo, de Milán, por lo que otra vez el sendero nos conduce a un origen noritaliano del Tarot de Marsella y, con él, de la mayoría de los tarots posteriores.

Volvamos a Lyon. En aquel momento era un cruce de caminos y era el paso natural desde Italia hacia Francia. Así que un camino probable de las cartas de tarot desde el norte de Italia hacia Francia tuvo que pasar por esta ciudad. De ahí pasó a París y Rouen, donde se hallaban las principales fábricas de naipes del país galo. Así, Rouen pudo distribuir estos juegos hacia la costa atlántica, mientras que Lyon los difundió hacia Suiza, Lorena y Alemania.

Lo más curioso de esta historia es que en Marsella, en esta época, no había ni un solo taller que fabricara barajas de cartas, por lo que el gentilicio marsellés fue tardío y no hace justicia al verdadero origen del tarot en Francia. De hecho, la primera reseña que tenemos sobre un maestro naipero en Marsella data de 1634 y nos habla de un tal Jean Pradines. Además, sabemos de los marselleses que fueron increpados por los maestros de Lyon por «falsificar sus productos». Así que podemos decir claramente que el Tarot de Marsella no fue creado en Marsella.

Veamos otro ejemplo de tarot posible fuente para el Tarot de Marsella. Esta vez nos vamos a París donde Jean Noblet, un maestro naipero, allá en 1650 aproximadamente, publicó el tarot más antiguo conocido con el modelo que luego seguirá el Tarot de Marsella. Del Tarot Noblet se han conservado 73 de las 78 cartas, con enseñas italianas y grabados en madera coloreados con plantillas. El nombre de Jean Noblet aparece en la banderola del 2 de Oros y en el cartucho del 2 de Copas. Sabemos de él que era maestro joyero y vivía en el Faubourg Saint-Germain en París. Se le menciona en dos actas notariales del año 1659.

Algunos años después, ya en el siglo XVIII, nos topamos con el conocido como «tarot parisino anónimo», del que solo sabemos su origen, pero que se caracteriza por ser el tarot conservado más antiguo con los triunfos numerados y los nombres escritos en francés. Pero lo curioso es que las cartas de corte mantienen las iniciales en italiano: S de *spade* (Espadas) y F de *fante* (Sota). De nuevo otra pista que nos lleva hacia Italia. La heráldica arroja signos franceses e italianos, de nuevo. Pero es que las escenas que aparecen en los naipes recuerdan a juegos alemanes por las fantasías que relatan, como es el caso de la carta del Carro, donde un personaje vestido de emperador romano se sienta en un carro tirado por dos extrañas aves que parecen cisnes.

Como vemos, estas pruebas no son concluyentes. No sabemos si las barajas que se han conservado son excepcionales o son la norma, no sabemos si otras se perdieron y en donde habrían estado los vestigios del origen del verdadero Tarot de Marsella. El halo de misterio se cierne sobre el Tarot de Marsella porque efectivamente, hoy en día, no podemos trazar un camino claro que nos lleve a un origen concreto de este tarot que se convertirá en el canon que los mazos contemporáneos seguirán como si este fuera el verdadero y primigenio tarot.

La consolidación del Tarot de Marsella

El siglo XVII y fundamentalmente el siglo XVIII constituyen el período de florecimiento de los tarots fabricados en Marsella. El primer tarot hecho en Marsella del que tenemos noticia es de 1672. En realidad, esta es una historia oscura, pues lo cierto es que la baraja que tiene esta fecha y que conservamos data de 1736 y fue producida por François Chosson, maestro naipero marsellés. La fecha de 1672 aparece borrada en el 2 de Oros, lo que nos habla de que este fabricante de cartas habría comprado una plancha antigua y habría tratado de reutilizarla para producir su tarot. Así que, por casualidad, tenemos la referencia de una plancha con el primer Tarot de Marsella fabricado en esta ciudad en 1672.

También conocemos los nombres de maestros naiperos activos en Marsella en el siglo XVII: Jean Pradines y Louis Ganet, aunque no conservamos tarots de su mano. Entre 1706 y 1771 tenemos veintidós naiperos censados en Marsella y sabemos que había más, de los que solo tenemos noticias sesgadas. De sus manos salieron barajas como el Tarot de Jean-François Tourcaty (1734) o el Tarot de François Bourlion (1760). Pero el naipero de Marsella que contribuiría a fijar el Tarot de Marsella es Mathieu Conver, quien compró unos moldes fechados en 1760 (de los que borró el nombre de su artífice), pero que produjo ya en fechas tan tardías como el primer tercio del siglo XIX.

Si miramos la producción anual de naipes en Marsella en este período, vemos que la cifra asciende, nada menos que 900.000 juegos (no solo de tarot) según indica un informe del Fiscal General del Parlamento de Provenza. Esta abundancia de maestros naiperos en Marsella a finales del siglo XVIII y su abundante producción puede ser la razón de la pervivencia del Tarot de Marsella en nuestros días. Así, consiguió su fama y se instauró como el canon oficial, modelo, para la mayoría de los tarots contemporáneos como veremos en los siguientes capítulos.

Pero los Tarots de Marsella no se fabricaron solo en esta ciudad, sino que se dispersaron por Francia y Suiza. Así, podemos señalar las principales barajas históricas que se han conservado de este tarot en nuestros días. Aquí enumeramos algunos ejemplos:

- Pierre Madenié, Dijon 1709.
- Jean-Baptiste Madenié, Dijon 1739.
- François HériI, Solothurn (Suiza) 1718.
- François Chosson, Marsella 1736.
- François Tourcaty Fils, Marsella 1727.
- Pierre Cheminade, Marsella 1747.
- Arnoult, París 1748.
- Rochus Schar, Mümliswil (Suiza) 1750.
- Claude Burdel, Friburgo (Suiza) 1751.
- Claude Rochias, Neuchâtel (Suiza) 1754.
- François Bourlion, Marsella 1760.
- Jean-Pierre Laurent, Belfort *circa* 1760.
- Fautrier, Marsella *circa* 1760.
- Nicolas Conver, Marsella 1760.
- Antoine Bourlion, Marsella 1768.
- Arnoux Amphoux, Marsella 1801.
- François Carrajat, Chambéry 1794.

- André Arnoux, Marsella *circa* 1800.
- Bernardin Suzanne, Marsella 1839.

Pero la recepción del Tarot de Marsella en nuestros días tiene una vía clara: nos tenemos que ir a París, donde la casa Grimaud, fundada a comienzos del siglo XX, reeditó en 1930 el «Antiguo Tarot de Marsella», el cual se sigue comercializando hoy día.

De las casas fijadas en Marsella que pervivieron en el siglo XX, solo tenemos la casa Camoin, heredera de la casa Conver, de la que uno de sus descendientes será el responsable de acuñar la «verdadera baraja del Tarot de Marsella» en colaboración con Alejandro Jodorowsky. A ello nos referiremos más adelante.

Por último, cabe señalar que hubo otras versiones del tarot que no fructificaron y que han quedado como las *rara avis* en lo que a la historia del tarot se refiere. Podemos mencionar una de ellas, el Tarot de Besançon, que tiene la particularidad de que en vez del Papa y la Papisa tiene a los dioses clásicos Júpiter y Juno, debido probablemente a su difusión en países protestantes donde el Vicario de Cristo y su alter ego femenino no eran bien vistos. Aunque el nombre sugiere que el tarot se originó en la localidad francesa de Besançon, en realidad se cree que se originó en el este de Francia o en Alemania. Los primeros ejemplos conocidos del Tarot de Besançon provienen del este de Francia (Estrasburgo, Belfort, Colmar) o de Alemania (Constanza, Mannheim). En París conservamos un juego de F. Laudier de Estrasburgo, fechado en 1746, y otro de G. Mann de Colmar, fechado en 1752.

Trazada ya la historia de la evolución y consolidación del Tarot de Marsella como el tarot clásico y establecida la influencia directa en la mayoría de los mazos producidos en los últimos siglos, procedemos a analizar, uno a uno, los arcanos mayores del tarot marsellés.

Los arcanos mayores del Tarot de Marsella

Hemos visto que el origen del Tarot de Marsella bien pudo estar en las barajas Visconti que surgieron en Milán en el siglo XV. Así lo sugiere la hoja Cary que ya comentamos al principio de este capítulo. Siguiendo esa teoría, y a la vista del examen de la evolución de los distintos mazos y los elementos que han influido en su devenir, mantenemos la teoría ya esbozada

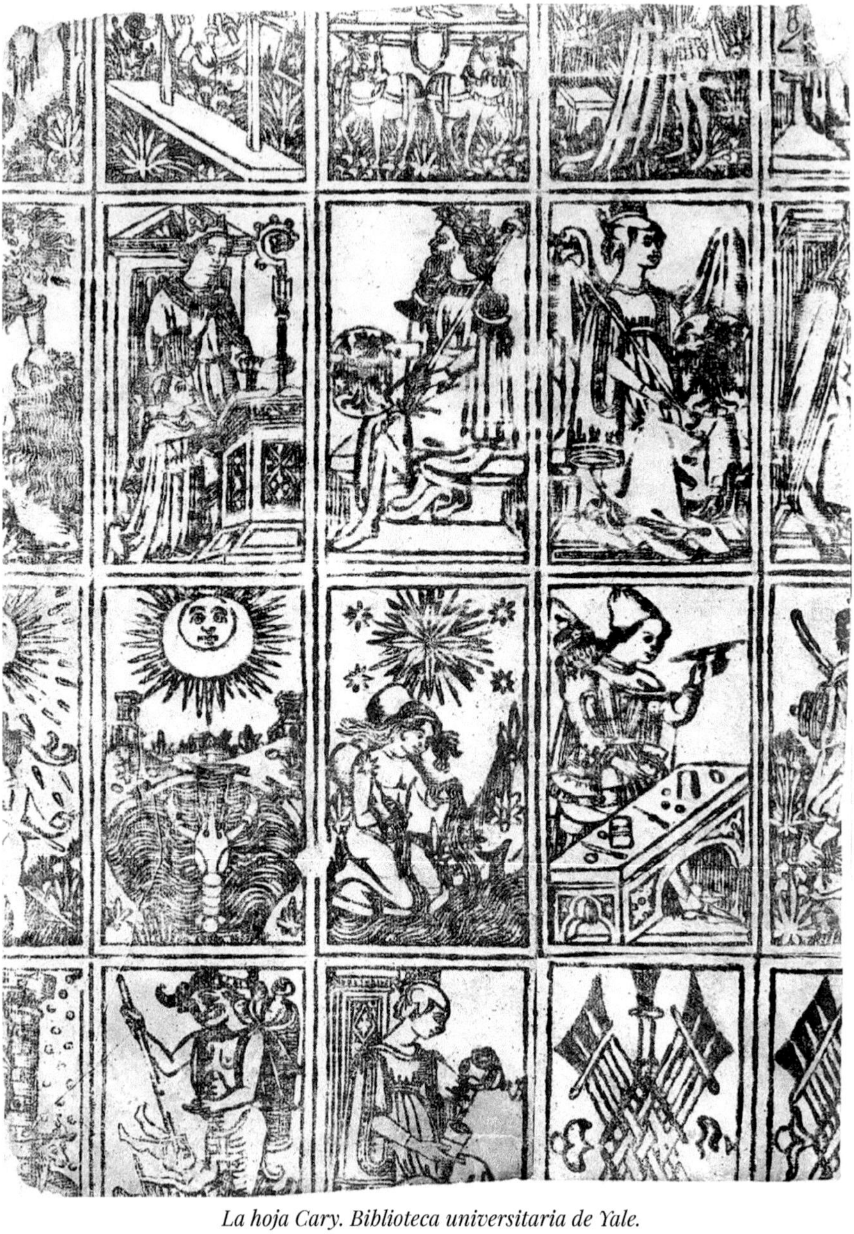

La hoja Cary. Biblioteca universitaria de Yale.

en el tercer capítulo de este libro. Allí proponíamos una ordenación de los arcanos de los tarots Visconti siguiendo un esquema en el que los triunfos se organizaban en tres septenarios más la carta del loco. Estas agrupaciones se correspondían, la primera, con el microcosmos o escala mundana con personajes terrestres; la tercera, con el macrocosmos vinculado con el mundo celestial, con los astros y los entes superiores; y la segunda serían las fuerzas que establecerían las correspondencias entre esos dos niveles.

En el caso del Tarot de Marsella, esta propuesta parece que cobra todo el sentido, pues si dividimos las cartas en tres bloques de siete más El Loco, los naipes del microcosmos y el macrocosmos parecen encajar, así como las fuerzas que los interrelacionan. No obstante, las cartas están colocadas en un orden diferente y deberemos interpretar su significado. Veamos la estructura de estos septenarios en el Tarot de Marsella de Jean Payen, del Museo Fournier, que es el que vamos a analizar en profundidad.

El primer septenario estaría relacionado con el microcosmos y recogería las condiciones del hombre, ordenadas de menor a mayor rango social. Son los siguientes triunfos, según el Tarot de Marsella:

- I Le Bateleur
- II La Papesse
- III L'Imperatrice
- IIII L'Empereur
- V Le Pape
- VI Les Amoreux
- VII Le Charior

El segundo septenario serían las fuerzas que ayudan al hombre a ascender o descender en el escalafón terrenal. Son las siguientes:

- VIII La Iustice
- VIIII L'Hermite
- X La Rove de Fortune
- XI La Force
- XII Le Pendu
- XIII La Mort
- XIIII La Temperance

Y el tercer septenario serían las entidades del macrocosmos, espejo del microcosmos. Los naipes son:

- XV Le Diable
- XVI La Maison Dieu

- XVII Le Estoille
- XVIII La Lune
- XVIIII Le Soleil
- XX Le Judgement
- XXI Le Monde

A los que se añadiría el arcano sin número Le Fou.

A la vista de esta ordenación, vamos a proponer la variación solo de dos arcanos: el Hermitaño, que es el noveno, se intercambiaría con El Carro que es el séptimo. Así logramos el encaje del microcosmos y macrocosmos con sus interrelaciones, cada uno en un septenario.

Antes de abordar el estudio de los arcanos mayores del Tarot de Marsella, cabe señalar que las fuentes que se han utilizado para su descripción siguen las propuestas de algunos estudiosos de estas barajas, como son Giordano Berti, Helen Farley, Isabelle Nadolny y Antoni Amaro, que se complementan con nuestras propias interpretaciones.

I Le Bateleur (El Mago)

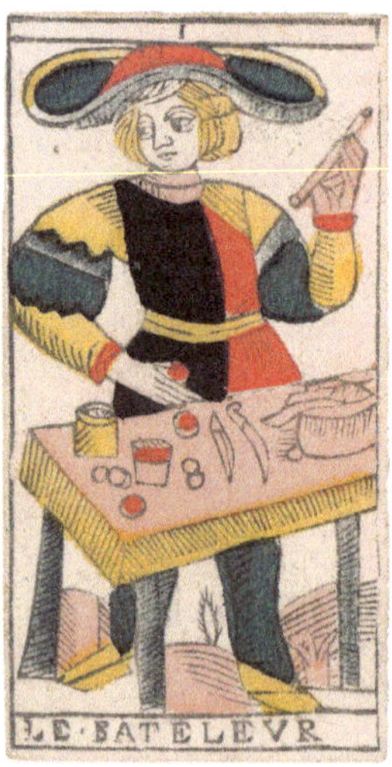

El nombre de este primer arcano (El Mago o Le Bateleur) se presta a confusión. No se trata de una persona que utilice los conocimientos mágicos, como podría ser el caso de un alquimista, sino que estamos hablando de un prestidigitador, un ilusionista. De hecho, en los primeros escritos que hacen referencia a este naipe en los tarots Visconti lo llaman «bagatella» que podría traducirse como «algo que carece de importancia». En francés se traduce como «equilibrista o saltimbanqui». Por esta razón, al estar en el más bajo escalafón social se ha colocado esta carta en el primer lugar de la baraja.

El nombre de Bateleur se puede referir también al juego de cubiletes en el que un rufián engaña a sus clientes con este truco para estafarlos. Sabemos que este juego fue prohibido por la Iglesia.

Este carácter de «trilero» lo podemos ver reflejado en su iconografía: se trata de un hombre joven (a diferencia del anciano que aparecía en los tarots italianos) frente a una mesa en la que vemos dos cuchillos, cuatro monedas, dos cubiletes y una especie de recipiente, atributos de un embaucador que engaña a sus clientes con el juego. Está vestido con un traje de vistosos colores: rojo, negro, verde y amarillo. El atuendo hace juego con su sombrero, rojo y verde. Además, en su mano izquierda porta una varita.

La imagen de este personaje la podemos observar en las representaciones de los hijos de los planetas. En concreto, este personaje aparece representado como uno de los hijos de la Luna. Así lo podemos ver, por ejemplo, en dos grabados del siglo XV procedentes de los Países Bajos y Alemania, respectivamente. Allí se representan los hijos de la Luna, y podemos ver en ellos representado a un prestidigitador con los mismos atributos que nuestro *bateleur*. Así que tenemos que este personaje que se dedicaba a engañar a los inocentes que caían en su trampa es una figura implantada en buena parte de la Europa de la época, y además significa un vínculo del tarot con referentes astrológicos, en este caso con los hijos de la Luna.

Pero existe otra fuente simbólica que nos hablaría de una vinculación del mago con Júpiter. Contamos con una representación de mano de Achille Bocchi, que lleva por título *Speme voluntades. Note emita dolore voluptas (Esperanza de placeres. El placer comprado con dolor es perjudicial.)*, del siglo XVI. Allí hay un grabado donde está Júpiter sentado a una mesa jugando a las cartas con un naipe parecido al Mago, como son la varita y el plato. En caso de ser esta la fuente para nuestro naipe, volveríamos a tener una relación entre un ser del macrocosmos (Júpiter) vinculado con el microcosmos (El Mago).

II La Papesse (La Papisa)

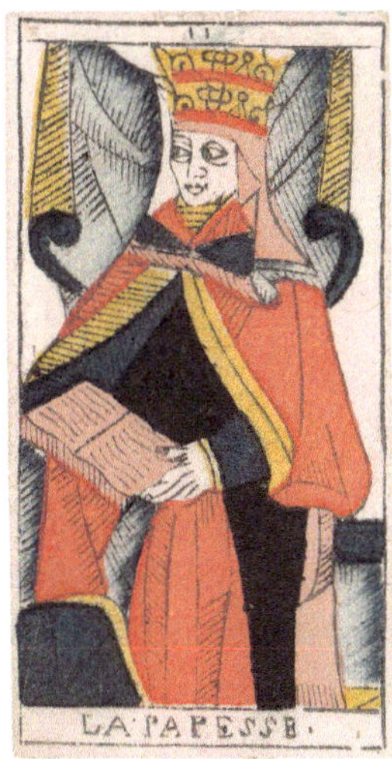

Esta carta es, sin lugar a dudas, una de las más intrigantes dentro de los arcanos mayores del Tarot de Marsella. Viene heredada de algunos tarots visconteos. De hecho, esta carta, con el tiempo, se convertirá en la Suma Sacerdotisa. Esta cuestión no es baladí, pues la Papisa sería una figura hasta cierto punto herética. Esta carta sería el *alter ego* femenino del Papa, hecho que atentaría contra el poder religioso de la Iglesia católica. Por cierto, en versiones del tarot que se expandieron por Alemania y otros países protestantes (como es el caso del Tarot de Besançon), La Papisa y El Papa se convierten en Júpiter y Juno para no ofender a las autoridades eclesiásticas, como ya hemos mencionado. Dicho esto, se han apuntado algunas referencias para explicar su presencia en la baraja.

Por una parte, conocemos una historia bastante singular que, pese a su antigüedad, era bastante conocida en la Edad Moderna. Nos referimos a la papisa Juana, quien vivió en el siglo IX y que, ocultando su sexo, fue ascendiendo en el escalafón eclesiástico para finalmente ser nombrada cabeza de la Iglesia en el año 854. Hoy en día, no se sabe a ciencia cierta si gobernó como Benedicto III o como Juan VIII. Sigamos con la historia. A los pocos meses, la papisa dio a luz, hecho que puso de manifiesto su sexo y destapó la verdad de toda esta historia. Desde entonces, se impuso en el papado la costumbre de verificar el sexo de los nuevos pontífices, no se les fuera a colar otra mujer en el trono de san Pedro.

Desde el punto de vista simbólico, en la carta vemos a una mujer entronizada con la triple tiara (aunque en esta versión solo se ven dos) con la que se coronaba a los papas, con la Bilblia sustentada en una mano. A la vista de este atributo, se propuso la teoría de que este naipe representa la virtud de la fe. No obstante, la tiara papal es determinante para señalar que esta figura es una papisa en toda regla.

Esto nos conduce a otra interpretación a la que se llega a través de la comparación de este naipe con uno de los personajes de los *Triunfos* de Petrarca. Si nos fijamos en un grabado del triunfo del Amor fechado en 1488, vemos que, entre los personajes que rodean la carroza, se distingue perfectamente a una mujer con largas sayas y la triple corona papal. Así que la vinculación con Petrarca nos ayuda a subrayar la veracidad y el significado de esta carta tan extraña dentro del tarot. A nuestro juicio, esta papisa conjuga en sí las tres virtudes teologales (fe, esperanza y caridad) que complementarían a las cuatro virtudes cardinales (fortaleza, templanza, prudencia y justicia), de las que ya hemos hablado.

Si miramos al futuro, esta carta se transformará en la Suma Sacerdotisa, una figura pagana que hará referencia a la Madre Tierra y a la mujer como nexo de unión entre las fuerzas de la naturaleza y el hombre. Pero además podría hacer alusión al nacimiento, desarrollo y evolución no solo de los humanos, sino de la naturaleza al completo. Sería un elemento que representa a la fuerza generadora de la tierra, a la diosa Gea o Cibeles, al atributo femenino como creador y generador de vida. Es la esencia de lo femíneo en su más alto grado.

De este modo, tenemos la conexión entre el microcosmos, que haría alusión al elemento femenino, y el macrocosmos, que sería, en este caso, el planeta Tierra, que está explícitamente presente en el tercer septenario, como veremos. Queda así patente la vinculación de lo femenino con la Tierra, con la esencia femenina, que se verá fecundada por el dios Sol a través de sus rayos.

La pregunta que debemos hacernos es por qué este arcano, presuntamente relacionado con lo divino, ocupa el segundo lugar del escalafón. La respuesta probable es el patriarcado, así como la visión inferior sobre la mujer. De hecho, el siguiente arcano en la jerarquía del Tarot de Marsella es la Emperatriz.

III L'Imperatrice (La Emperatriz)

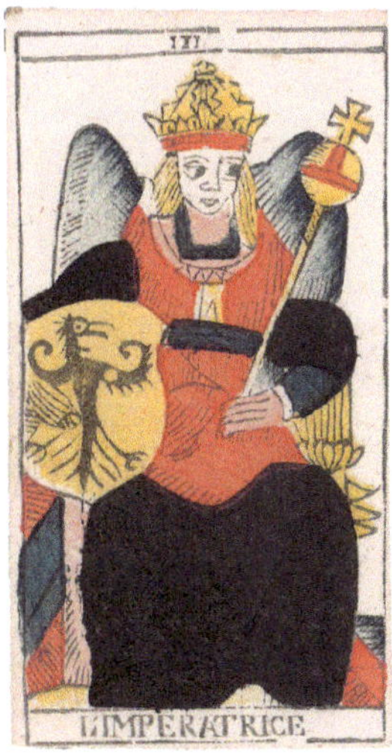

Después de la carta de La Papisa, en lugar del Papa, aparece La Emperatriz. Representaría el más alto grado del poder terrenal que podía alcanzar la mujer. Pero sorprende que la mujer terrenal esté por encima de la mujer celestial. Veamos si hay alguna razón para esta ordenación.

Fijémonos en el naipe: vemos una mujer joven y rubia, con diversos atributos. Está sentada en un trono, lleva una corona, en su mano derecha porta un báculo y en la izquierda sujeta el escudo con el águila, ambos símbolos del poder del Sacro Imperio Romano Germánico.

El significado de la carta haría referencia al poder femenino, frecuentemente asociado con la seducción y la belleza, lo que vincularía este triunfo con la carta de los enamorados.

Otras interpretaciones nos dicen que La Emperatriz podría representar la unidad psicofísica, y presidir los cuatro misterios femeninos: la formación, la preservación, la alimentación y la transformación. Además, se relaciona con el número tres, que es precisamente el lugar que ocupa en la baraja, y se dice que une lo masculino y lo femenino.

En el Tarot de Marsella, tanto La Emperatriz como La Papisa no representarían estrictamente esos cargos, religioso el primero y civil el segundo, sino que están vinculadas a una serie de cualidades. Serían, por una parte, las virtudes cardinales (templanza, prudencia, fortaleza y justicia), asociadas a la emperatriz, y las teologales (fe, esperanza y caridad), vinculadas con la papisa. Pero lo curioso es que solamente las virtudes cardinales figuran explícitamente en la baraja, no así las teologales.

Así que esta carta tiene una relación directa con otras dentro de la baraja: la tierra y las cuatro virtudes mencionadas. Se trata, por tanto, de una carta importante que vincula los tres septenarios de este tarot.

IIII L'Empereur (El Emperador)

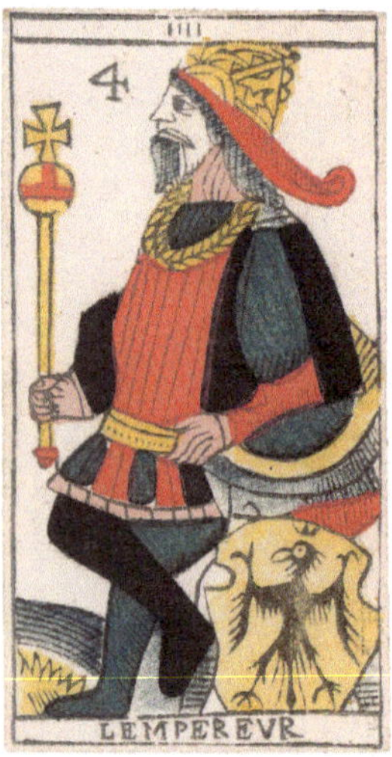

El Emperador representaría el puesto más alto en el escalafón de las condiciones del hombre, desde el punto de vista terrenal, pero en la ordenación del Tarot de Marsella ocupa la cuarta posición tras El Mago y las dos mujeres, Papisa y Emperatriz. Le vemos representado como un hombre maduro, con una larga barba, que es un atributo de la sabiduría. En su cabeza porta una corona y está sentado, aparentemente, sobre un escudo con el símbolo imperial: el águila, que ya vimos en el escudo de la Emperatriz, y que es el emblema del Sacro Imperio Romano Germánico. En su mano derecha lleva otros dos signos parlantes: la vara o bastón de mando, símbolo del poder (y también de la magia), y el orbe encima.

Fijémonos en la esfera, que está coronada con una cruz. Tradicionalmente, se trata de un símbolo que porta Jesucristo y tiene el significado de la totalidad. El globo representa el mundo terreno, los dominios bajo el poder del emperador. Además, está coronado por la cruz, que simboliza que está bajo el cuidado de Dios. Visto esto, lo que aquí debemos interpretar es que ha sido el propio Cristo quien ha entregado el mundo, en cuanto microcosmos, al gobierno del Emperador. Le delega el reinado sobre las cuestiones terrestres al máximo dignatario terreno.

Esta forma de representar al emperador, con estos particulares atributos, la podemos observar en algunas obras europeas. La más clara es una miniatura del siglo x del Museo Condé de Chantilly en Francia, donde el emperador Otón II recibe este orbe de manos de Jesucristo. La esfera aparece dividida en tres partes que se corresponden con otras tantas figuras alegóricas que representarían los territorios europeos bajo su dominio, al igual que sucede con la que aparece en este naipe del Tarot de Marsella.

Si la Emperatriz estaba emparentada con la Tierra, el Emperador estaría vinculado al Sol: el astro rey cuyo influjo germina en el mundo terreno, que simboliza el útero materno. Así que el emperador es el soberano que está situado en el centro del mundo creado, es la estrella que guía el destino de los hombres, a la vez que es símbolo de la potencia creadora vinculada con el elemento masculino.

El Emperador debe, por tanto, gobernar sobre sus iguales (*primus inter pares*) y, para ello, debe utilizar el conocimiento, la sabiduría, que ya nos revelaba su barba larga. Debe regir con mano firme los destinos de todos los hombres y, para ello, debe contar con las virtudes morales y políticas con el fin de poder emitir juicios y tomar decisiones. En este sentido, podría estar también relacionado con la carta del Juicio, aunque tiene un vínculo más directo con el Papa y, más allá, con Dios, en el día del Juicio Final.

V Le Pape (El Papa)

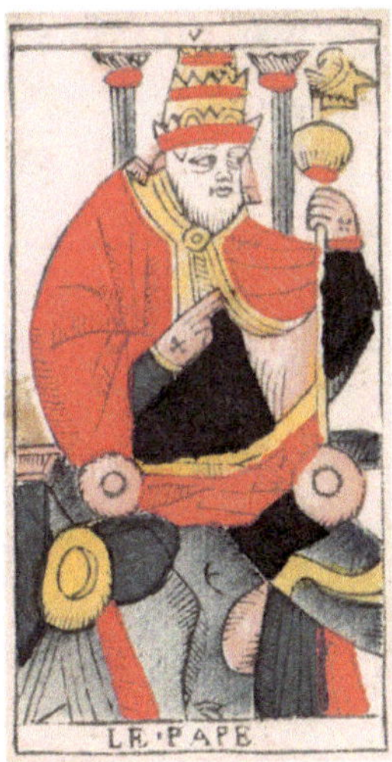

En este naipe tenemos al Papa, al representante de Dios en la Tierra. Le vemos entronizado, con un extraño báculo en la mano izquierda y bendiciendo con la derecha; y la cruz, que no aparece en el báculo, la tiene grabada en esta mano (de hecho, aparece en el envés de ambos guantes o manos). La bendición la oficia con tres dedos (aunque el pulgar no se ve), lo que significa el símbolo de la Santísima Trinidad. Está vestido de negro con capa roja. El Papa tiene barba blanca, atributo no solo de una avanzada edad, sino también de una gran sabiduría, como ya hemos mencionado. En su cabeza porta un símbolo que ya vimos en La Papisa, la triple tiara papal o *triregnum*, cuyo significado hace alusión al triple poder que ostenta: padre de los príncipes y reyes, rector del mundo y vicario de Cristo en la Tierra. Este símbolo triple podría hacer referencia también a los tres mundos: el físico, el anímico y el espiritual.

Suya es, además, la potestad de interpretar las Sagradas Escrituras y puede hablar ex cátedra dictando afirmaciones infalibles para todos los cristianos.

Esta carta debería culminar el primer septenario, pues es la más alta condición que el ser humano puede alcanzar en vida siendo el vehículo de la sabiduría divina ante los hombres. Pero no es así, pues hay dos cartas por encima en este septenario.

El papa en la Edad Moderna, además de ese poder espiritual, tenía poder político: gobernaba un territorio, los Estados Pontificios, que ocupaban la franja central de la península itálica. Los papas ejercían este doble poder. Y aunque la cristiandad respetaba el ejercicio del papa, no eran infrecuentes las guerras y las alianzas en su contra.

Algunas interpretaciones relacionan la figura del obispo de Roma con un personaje redescubierto en el Renacimiento: Hermes Trismegisto. Un personaje que se suponía que habría vivido en tiempos de Moisés y que atesoraría toda la sabiduría del mundo. Esta figura fue muy popular a partir del Renacimiento, como hemos visto, y está representado incluso en el Vaticano.

Como se observa, en el arcano del Papa se unen las virtudes propias de la religión pero también de la sabiduría. No obstante, y pese a su poder, el papa sigue siendo un hombre mortal, cuyos atributos divinos finalizan con la muerte.

VI Les Amoreux (Los Amantes)

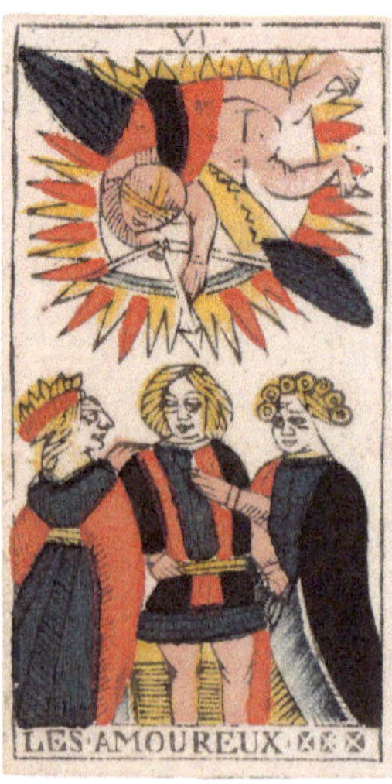

Si seguimos adelante en el ascenso por el primer septenario, el siguiente estadio sería el de los Amantes. En verdad, si nos quedamos literalmente con el término «Amoreux», evoca uno de los nombres de Cupido, que aparece en la parte superior del naipe.

La carta representa a tres jóvenes, un hombre y dos mujeres a izquierda y derecha. Sobre el joven, en el centro, se alza Cupido, dios del amor, que se dispone a lanzarle una flecha para sellar su vínculo amoroso con una u otra mujer. Además, lleva los ojos tapados, lo que simboliza que el amor es ciego: no importan los rangos sociales de los enamorados, ni la condición moral de la persona elegida, basta con que Cupido los atraviese con su saeta para que caigan ambos presa del amor.

En esta carta, que difiere de las barajas Visconti, vemos expresada la leyenda de Pródico, en la que Jenofonte da voz a Sócrates. Allí se cuenta que un joven llega a la edad en la que elegir la senda de su camino. En ese momento se le aparecen dos doncellas que personifican el Vicio y la Virtud. La Virtud, que lo quiere atraer con la vida recta, está coronada, mientras que el Vicio, de pelo rizado, se desvestirá para seducir al joven. Así que esta es una carta de disyuntiva, donde el joven ha de elegir el bien, a su derecha, o el mal, a la izquierda. Esta leyenda, extendida en la Edad Media, se propagó colocando como figura voluptuosa a María Magdalena, Helena de Troya o Cleopatra, mientras que la Virtud sería Afrodita.

Otras referencias que podemos atribuir a esta carta las tenemos, por una parte, en Los hijos de Venus y también en *La nave de los locos*, de Sebastian Brant, escrito en 1494. En ambas se plantea el camino de la Voluptuosidad de la mano de la diosa Venus.

Y volvemos de nuevo a la fuente más probable para el surgimiento del tarot: los *Triunfos* de Petrarca. Recordemos que el amor era uno de ellos. Estos triunfos desfilaban en carrozas, y tenemos a la diosa Diana representando a la castidad, que es la que daba la bienvenida a los novios antes de desposarse. Otros carros triunfales portaban las efigies de los dioses clásicos, así como de célebres personajes de la Antigüedad. Y cómo no, estaba, por supuesto, el triunfo del Amor, en el que Eros se alzaba sobre una fuente, junto a la cual había otros amorcillos representados. Aquí tenemos una referencia patente a la simbología de la carta del Enamorado.

El rito procesional de las bodas renacentistas, en las que los dioses paganos pasaron a formar parte de una ceremonia cristiana, lo debemos entender dentro de una filosofía que pretendía unificar los cultos antiguos, la filosofía griega y el cristianismo. Y qué mejor manera que hacerlo a través de las alegorías que planteó Petrarca en sus *Triunfos*.

VII Le Charior (El Carro)

Acabamos de hablar de las procesiones con los Triunfos de Petrarca. Pues bien, esta carta representa literalmente una carroza de esa comitiva. En el naipe podemos ver a un rey o príncipe, pues está coronado, con dos rostros sobre sus hombros, de los que ahora hablaremos. En la mano derecha por-

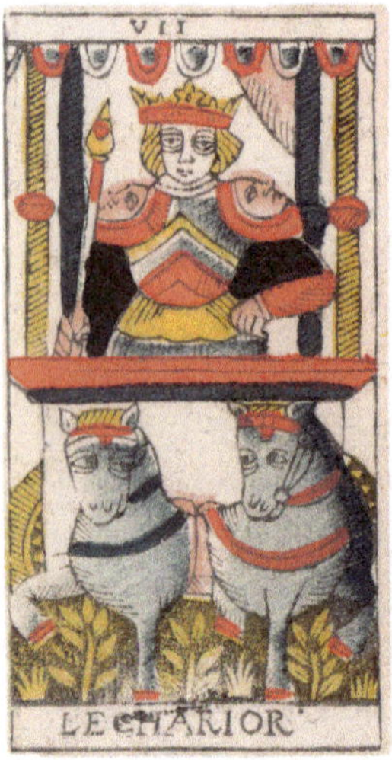

ta una lanza y está sentado en la carroza tirada por dos caballos blancos, símbolo de pureza.

La primera referencia que encontramos para tratar de interpretar esta carta es la alusión a la costumbre, proveniente desde tiempos del Imperio romano, de las procesiones de los vencedores en combate que entraban en Roma bajo un arco de triunfo montados en carrozas. Esto tiene todo el sentido, pues el joven lleva en la mano una lanza, símbolo del combate en la guerra.

Pero si pensamos que esta carta es la más alta de las condiciones del hombre o del microcosmos, claramente nos indica la transición del mundo terreno al mundo celestial gracias a la victoria. El hombre ha tenido poder terrenal y celestial, sabiduría y castidad, y por ello puede ascender a otro plano de la existencia. Así, carros tirados por caballos que sobrevuelan los cielos los tenemos en el Tarot de Mantegna simbolizando al Sol y la Luna, que recorren el firmamento. De la misma manera, esta carta podría simbolizar el viaje desde la Tierra hacia los Cielos.

Detengámonos por un momento en las caras que aparecen en los hombros del jinete de este Carro. Esos rostros podrían ser los de Jano bifronte: el que mira al pasado y el que mira al futuro; si esto es así, esta sería una carta que nos habla del presente, el aquí y el ahora.

El Carro podría ser también un vehículo celeste que recorre de lado a lado el firmamento. Sería una carta que nos guía a través de las estrellas para llegar al Cielo cristiano, y que nos conduce al tercer septenario o macrocosmos.

VIII La Iustice (La Justicia)

Entramos en el segundo septenario, dedicado a las fuerzas del bien y del mal que interrelacionan el mundo terrenal y el celestial. Se trata de la segunda virtud cardinal y se la representa como una alegoría femenina. Se observa la figura con una balanza en la mano izquierda y una espada en la derecha. La balanza significaría la imparcialidad y la espada, el poder.

El símbolo de la balanza proviene del Antiguo Egipto, concretamente del pasaje 125 del *Libro de los muertos*. En este episodio tiene lugar el juicio de Osiris al difunto, quien ha de pasar la prueba del pesaje de las almas.

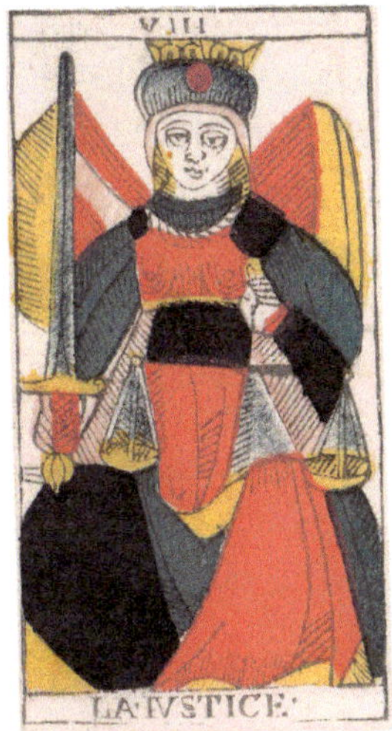

Allí, el difunto es guiado a la sala de las dos verdades, donde comparece ante el dios Osiris, sus dos hermanas, Isis y Neftis, y catorce asesores, mientras Anubis es el encargado de pesar el alma en la balanza. En el otro lado de la pesa se coloca la pluma que simboliza a la diosa Maat, que representa la verdad y la justicia. Si el corazón pesa más que la pluma, se concluye que el finado no ha pasado la prueba y será devorado por Ammyt, diosa con cabeza de cocodrilo y patas de león e hipopótamo. Si pasa la prueba, el difunto puede acceder al Aaru, o sea, el reino de Osiris.

Esta idea del pesaje de las almas pasará al Imperio romano y de ahí al cristianismo. La balanza, en este caso, es símbolo del juicio a todos los hombres que será oficiado por Dios en el fin de los tiempos y conducirá unas almas al Cielo y otras al Infierno. En este final de los tiempos, Dios estaría acompañado por el arcángel san Miguel, que sería el portador de la balanza y la espada (como suele ser representado), esto es, los mismos atributos que aparecen en esta carta. Este Juicio Final lo tenemos en el triunfo del Juicio que veremos en el tercer septenario. Por tanto, este arcano de la justicia, más terreno, símbolo de la ecuanimidad en la vida del hombre, está directamente relacionada con la carta del Juicio Final.

VIIII L'Hermite (El Ermitaño)

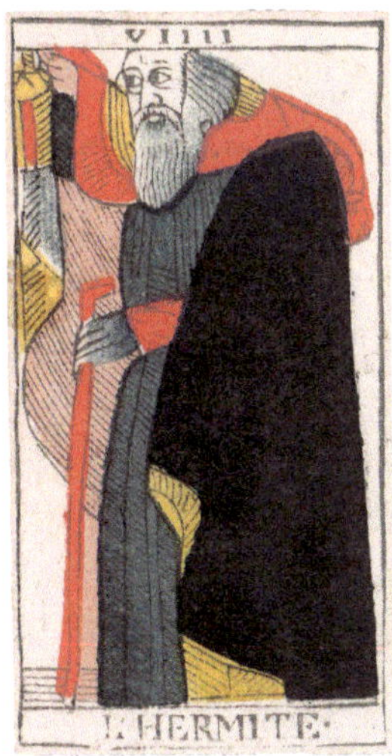

Esta carta, a nuestro juicio, podría ser la primera de la baraja del Tarot de Marsella, pues sería la más baja condición del hombre, como sucede en el Tarot de Mantegna. No obstante, veamos su posible significado en esta posición del mazo.

El naipe representa a un hombre anciano, con larga barba blanca, con un rico atuendo, y sus atributos son un bastón en una mano en la que apoya su peso y una linterna en la otra (en los tarots Visconti se trataba de un reloj de arena). Vemos a una persona que ha elegido desechar las riquezas del mundo y tomar la vía de la peregrinación, de la meditación y del pensamiento. Ha renunciado a sus posesiones terrenales y ha emprendido el camino de la humildad. Aunque en origen tenía riquezas, ha decidido renunciar a ellas y empezar de cero.

Aquí, en el septenario de las fuerzas que unen microcosmos y macrocosmos, podría figurar la elección del inicio de un camino hacia la sabiduría.

El anciano con una linterna podría hacer referencia a Diógenes de Sinope, filósofo griego del siglo IV a.C. que se distinguió por la elección de una vida en la miseria.

La vejez nos dice también que el tema de esta carta podría ser el tiempo. El hombre está sujeto a la temporalidad para desarrollar sus habilidades, su sabiduría y su fe a lo largo de la vida, y precisamente esas virtudes se alcanzan a una edad avanzada. En este símbolo del pasar de las horas se ha querido ver la figura del dios Saturno. Tendríamos así una vinculación entre el microcosmos y el macrocosmos, la correspondencia de lo terrenal con lo celeste.

Esta carta nos recuerda la idea de la *Vanitas* o el *Tempus fugit*: la fugacidad del tiempo y la idea de la muerte que a todos nos llega. También podemos vincularlo con las pandemias que azotaron Europa en esos siglos: aunque te hallases en la plenitud de la vida, la Parca podía aparecer en cualquier momento. Desde la Edad Media, como hemos visto, contamos con representaciones de las conocidas como «danzas de la muerte», en las que distintos esqueletos bailan con los vivos de todo tipo de clase o condición. El trasunto de esta carta lo veremos en el arcano de la muerte, un poco más adelante en esta baraja.

X La Rove de Fortune (La Rueda de la Fortuna)

El concepto de la rueda de la fortuna, o cornucopia, como elemento que influye en el destino de las personas proviene del mundo griego. El primero en formular esta idea fue Píndaro (518-438 a.C.), aunque este mérito se le ha reconocido erróneamente al latino Cicerón (106-43 a.C.). No obstante, sí que es plenamente romano el hecho de vincular la rueda con la diosa Fortuna. Este concepto quedó profundamente arraigado en el mundo occidental como elemento clave en el devenir de la vida del hombre y pervivió hasta el desarrollo empírico de la ciencia. No obstante, en el cristianismo hubo

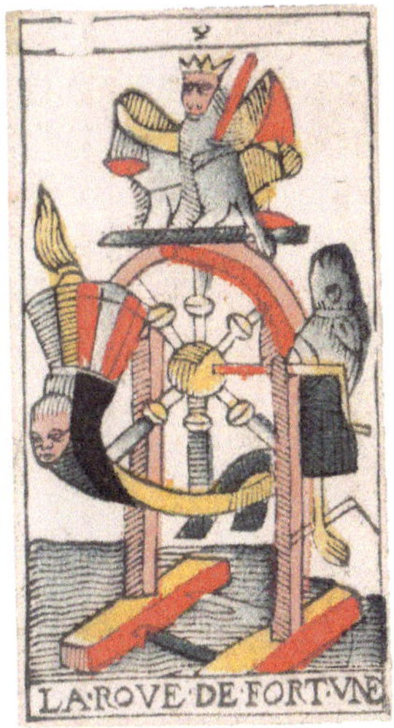

una corriente contraria: doctores de la Iglesia como san Agustín, san Jerónimo y santo Tomás de Aquino afirmaban que el destino del hombre no se regía por los caprichos de la fortuna, sino por un plan escondido de la mano de Dios. Sin embargo, los pensadores renacentistas como Maquialvelo siguieron la idea romana, así que este hecho es el que implica que una de las cartas del tarot sea, precisamente, la Rueda de la Fortuna.

La iconografía de esta carta se inspira en las imágenes que proceden de la Edad Media y eclosionan en el Renacimiento. Si bien en los tarots del siglo XV aparecía la diosa Fortuna y eran hombres los que aparecían girando en la noria, la primera desaparecerá y los segundos se transformarán en animales, símbolo de la estupidez humana. Aquí vemos un extraño animal con la corona de rey, lo que implica que los gobernantes tienen atributos que reflejan su incapacidad o ignorancia para gobernar. La desaparición de Fortuna se achaca también al pensamiento cristiano, pues sería la Divina Providencia la que proveyera a cada uno de la vida que se merece.

El significado de esta carta es, pues, que la vida te somete a cambios. No hay ninguna posición segura: puedes gobernar, pero ser depuesto, puedes ser un mendigo y hacer fortuna, puedes ser un triunfante caballero y caer en desgracia. En lo que al juego de Triunfos se refiere, esta carta es azarosa: te puede hacer subir o bajar en el escalafón de las condiciones del hombre.

XI La Force (La Fortaleza)

La Fortaleza es la primera de las virtudes cardinales. En este naipe vemos representada esta virtud con un personaje femenino. Se trataría de una alegoría de un concepto que tradicionalmente vemos representado en el arte en forma de mujer. No debemos olvidar que la fortaleza no es solo una cualidad física, sino también ética. Esta virtud nos habla de la lucha interior contra el pecado, siempre acechante en la vida del cristiano. La fortaleza nos hablaría, por tanto, del carácter de la persona que es capaz de vencer

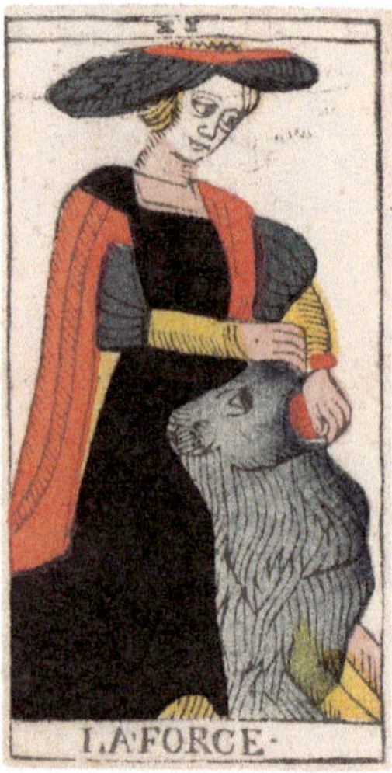

las tentaciones mundanas, sería símbolo, pues, de autocontrol, una fuerza de origen divino que permite al hombre dominarse frente a las circunstancias y seguir el recto camino de la fe.

A los pies de la Fortaleza yace un león, como si hubiera sido domado. Es el atributo de Hércules o de Sansón, pero representado a través de un símbolo femenino. Quizá trate de reflejar la virtud moral de la Fortaleza, que no la física, aunque lo haga a través de los mismos símbolos que representan la fuerza bruta. Sí tenemos una fuente textual que nos habla de la mujer que somete al león: se trata de la *Somme du roi Saint Louis* de 1295, donde se menciona que «aquí debe estar una dama de pie sosteniendo un león [...]. El nombre de la dama es Fuerza». Cabe señalar que, en la Edad Media, el león era considerado el animal más fuerte de la Creación, por ello, el hecho de someterlo denota estar por encima de las fuerzas de los seres vivos.

Como esta carta de la Fortaleza pertenece ya al segundo septenario, su papel es el de influir positivamente en la vida, esto es, en el juego, de cualquiera de las figuras de las condiciones del hombre. Aporta fortaleza a los distintos personajes del primer septenario, en la vía, ya sea física o moral, como ya hemos señalado.

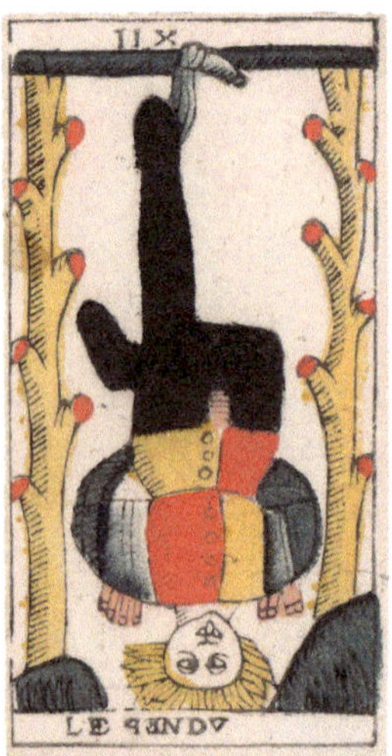

XII Le Pendu (El Colgado)

Este naipe es, sin lugar a dudas, el más extraño de los arcanos mayores. Para buscar su significado debemos fijarnos en el nombre con el que se conocía en su origen: el traidor. Aquí está la clave. Para ver en qué contexto situamos este naipe debemos mirar a una de las tradiciones del Renacimiento, la de la conocida como pintura infamante. Esta práctica trataba de poner en vergüenza a los criminales ante la sociedad. Por ejemplo, Andrea del Castagno representaba a rebeldes colgados por los pies en la fachada de la prisión de Florencia.

También Botticelli realizó prácticas de este tipo cuando representó a los Pazzi en las paredes exteriores del Bargello en Florencia. Los Pazzi habían perpetrado un crimen contra los Médici en el que murió Juliano y su hermano Lorenzo salvó la vida. Esto aconteció en 1478. Los asesinos fueron ajusticiados, pero ahí no quedó la cosa. Lorenzo de Médici hizo que fueran representados colgados en una pared a la vista de todos los florentinos con el fin de que su memoria vergonzante quedara plasmada para la eternidad.

Pero lo más inquietante de este naipe es que el personaje está colgado boca abajo, colgado solo de una pierna, y con la otra doblada por detrás. El significado de esta extraña postura podría hacer referencia a que el colgado habría renunciado a Dios.

Otra perspectiva refiere al mundo cristiano. Nos hablaría de la crucifixión de san Pedro, que, como dice el Nuevo Testamento, negó tres veces el nombre de Jesús (lo que le convertiría en un traidor a su maestro) antes de que el gallo cantara. Además, san Pedro fue crucificado boca abajo, al igual que el colgado. Esta fue una petición del apóstol para no ser martirizado en la misma postura que su señor. A partir del surgimiento del cristianismo, el colgar a una persona boca abajo con un pie atado era conocido como la «ejecución judía», reservada únicamente para los criminales de esta religión a los que se atribuía la culpa de la crucifixión de Jesús. Con el paso de los tiempos, este modo de ajusticiamiento se aplicó a las brujas condenadas por la Inquisición o a los cristianos culpados de perfidia.

Esta simbología quedó fijada en la tradición del tarot como una de las cartas más fatídicas y su iconografía, más allá de los tarots marselleses, perdura hasta la actualidad.

Podemos colegir, por tanto, que la carta del colgado es una carta obviamente negativa. Representa la traición. Su influjo sobre las cartas del primer septenario es perniciosa: el jugador se ve traicionado por alguien exterior, lo cual le hace descender en el microcosmos. Tiene, por tanto, sentido dentro del esquema planteado del segundo septenario.

XIII (El arcano sin nombre)

El arcano número XIII hace referencia a la Muerte. Esta carta adquiere todo su sentido si miramos la serie de epidemias que arrasaron Europa desde el

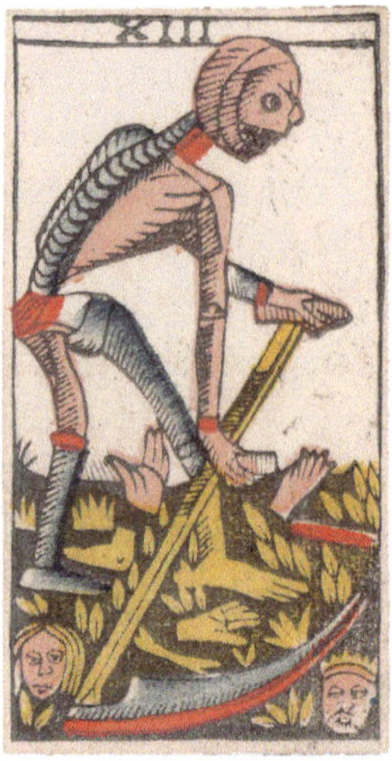

siglo XIV. La Peste Negra diezmó el continente e impuso una conciencia diferente al concepto de la muerte. Esta pandemia, cuya transmisión se desconocía, instauró un sentimiento de que la muerte podía llegar en cualquier momento y que no distinguía a las personas ni por sus riquezas ni por su rango social. La muerte era una igualadora. Desde el estamento eclesial se promulgaba el fin del mundo, causado por los pecados del hombre, cuya existencia tocaba a su fin. Los religiosos penitenciaban por las calles flagelándose y anunciando el fin de los tiempos. Así, la conciencia de que la muerte podía llegar en cualquier momento hizo que las gentes del final de la Edad Media y del Renacimiento se plantearan la vida de otra manera. Las calaveras, como *memento mori*, recordaban a todos que su vida podía llegar a su fin en cualquier momento.

La Iglesia veía en la Peste Negra un castigo divino: había que preparar a la gente para la muerte. Esto se plasmó en una obra muy importante: el *Ars moriendi*, un librito que explicaba a los fieles devotos algunas instrucciones precisas para llegar en buenas condiciones al momento de la muerte, y así poder llegar al Cielo. En este ámbito surgió una representación arquetípica que se extendería a lo largo del continente: las ya mencionadas danzas de la muerte. Se trataba de una representación de una serie de esqueletos que bailaban con personas todavía vivas, de todo rango y condición. Un esqueleto danza con cada una, sabiendo que la lleva hasta el destino final de la muerte.

Otra práctica que adquirió relevancia por la gran cantidad de muertes acaecidas fue la creación de osarios. Los osarios eran lugares donde se recogían los huesos de los fallecidos que ya no cabían en tumbas dentro del espacio sagrado. Recordemos que, en aquella época, se creía que, si tu tumba estaba en suelo sagrado, tenías casi el Cielo ganado, y cuanto más cerca del altar, mejor. Pero la llegada de tantos muertos y tan de golpe, a causa del azote de la peste, provocó que no se supiera qué hacer con los huesos de los muertos. De este modo, se pasó a decorar las criptas y algunos lugares conventuales con los distintos huesos del cuerpo humano repartidos en paredes, columnas, o formando elementos decorativos como lámparas o chapiteles. Se trata, por tanto, de manifestaciones artísticas realizadas ni más ni menos que con materia humana. Una de las órdenes religiosas que destacó en la creación de estos macabros recintos fueron los capuchinos. Por citar dos ejemplos en Italia, mencionaremos los presentes en los monasterios de esta orden en Roma y en Palermo.

Hechas estas disquisiciones, vemos la pertinencia de la carta de la muerte en el Tarot de Marsella. La muerte estaba tan presente en la vida que tenía que estarlo también en el juego. La representación de la muerte se hace a través de un esqueleto, muy parecido a los representados en las danzas de la muerte, y que prima más su aspecto grotesco que la realidad anatómica. Aquí La Muerte aparece con una guadaña que siega las vidas de los humanos, siguiendo la iconografía tradicional.

Dentro de la baraja, La Muerte forma parte del segundo septenario. En teoría, esta carta refleja el final de la vida mundana, pero todo no ha terminado todavía, pues hay vida después de la muerte. Como veremos, en el tercer septenario está el Juicio Final: allí todos los esqueletos se levantarán de su tumba para ser juzgados por Dios y se verá si su destino es el Cielo o el Infierno.

XIIII La Temperance (La Templanza)

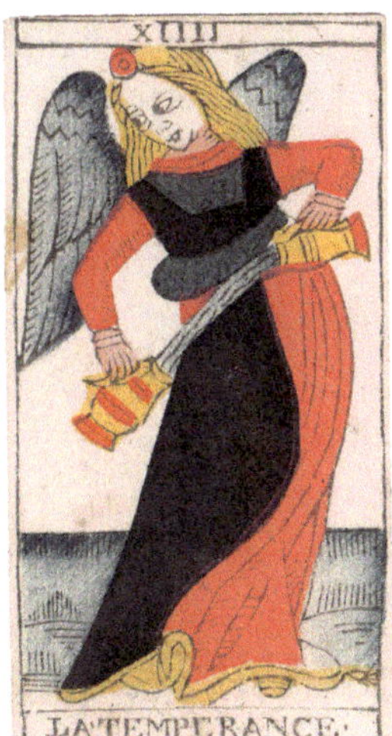

La segunda virtud cardinal es la Templanza. Esta virtud sería la contraria a la concupiscencia. Significaría la voluntad interior que frena los deseos carnales. De alguna manera, esta continencia permite la claridad de ideas frente al dejarse llevar por el frenesí sexual, que impide al individuo pensar.

La forma de representar esta carta es muy singular. Tenemos, por una parte, que la templanza se asimila a un personaje femenino. Esto es una alegoría tradicional que encarna un concepto en una mujer. Está vestida de negro y rojo. Pero lo más curioso de este naipe es su forma tan particular y que se repite en todos los tarots: la mujer tiene un jarro en cada mano, uno está elevado y de él deja caer el líquido que se recoge en el segundo.

Este hecho podría hacer referencia al pasaje bíblico de las bodas de Caná, en el que Cristo, en una operación parecida a esta en la que se pasa el agua de un vaso a otro, convertiría el agua en vino para que no faltara agasajo en un modesto banquete nupcial. Pero de nuevo tenemos también una interpretación pagana de este tema, la que nos lleva a Aristóteles. En su *Retórica*, el filósofo nos habla de esta virtud como propiamente femenina.

Pero quizá la explicación de por qué la templanza se representa con este atributo de las jarras nos lleva a pensar que la maniobra que lleva a cabo es la mezcla del agua con el vino, para mitigar el efecto embriagador del caldo de uva, señalando así que la templanza atempera las bajas pasiones (el vino) con el buen juicio (el agua), logrando así el equilibrio.

En el Medievo, esta virtud se vincula al arte de templar las pasiones que percibimos por los sentidos, es el arma en la lucha entre las pasiones y el espíritu. Por ejemplo, en santo Tomás simboliza la moderación, no solo para los deseos de la carne, sino para la toma de decisiones y la realización correcta de las acciones. Este carácter de virtud que atempera los deseos de distintos tipos se ha vinculado con la castidad, la humildad y la virginidad.

La Templanza se vincula también con el principio del amor en el que se mezcla el elemento femenino con el masculino, de forma equitativa. Es el amor que engendra a los hijos, pero considerado en su forma más espiritual. Así, esta carta estaría vinculada con la carta del Amor del primer septenario, que ya vimos. Le proporcionaría un equilibrio a las parejas del Emperador y La Emperatriz y de La Papisa y El Papa.

Pero esta carta refleja también el amor divino de la creación, la atracción entre unos y otros cuerpos celestes, y les imprime el impulso cósmico. Esto es, el amor que permite la armonía del universo (este concepto se expresa en la carta del Primo Mobile del Tarot de Mantegna). Así tenemos el vínculo de esta carta con la del Mundo en el tercer septenario.

XV Le Diable (El Diablo)

El tercer septenario se abre con la carta del Diablo. Se trata de una carta que no aparecía en los tarots originales y que fue apareciendo con el tiempo hasta quedar fijada en las distintas versiones del Tarot de Marsella. Sí, tenemos registro del Diablo en dos mazos realizados en Ferrara a finales del siglo xv

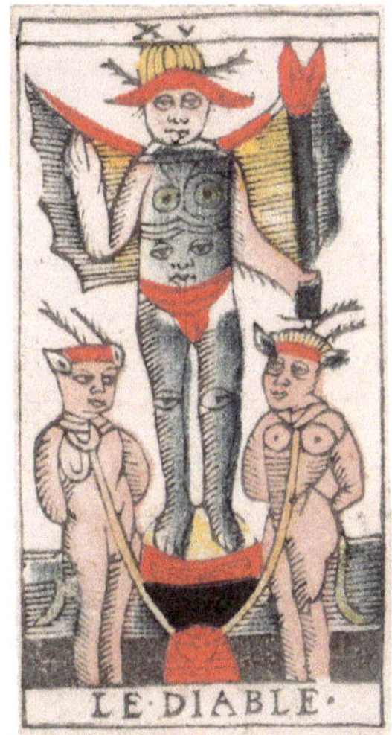

y en ellos podemos ver a un diablo cornudo y barbado con alas de murciélago, garras en lugar de pies y con su tridente en la mano. Pero al avanzar en la tradición marsellesa, el Diablo va a adquirir más rasgos remarcables.

Por una parte, El Diablo tiene cornamenta, que podría hacer referencia al macho cabrío, tradición cristiana que satanizó a dioses astados de las mitologías paganas, como es el caso de la deidad masculina céltica conocida como Cernunnos. También tiene alas de murciélago, otro de los signos del maligno. Si nos fijamos en su vientre, hay un segundo rostro a través del cual devoraría a los pecadores y los conduciría al Infierno. Pero aún hay más: este diablo está representado con pechos y pene, lo que nos habla del Hermafrodita. A partir del siglo XVI, este concepto se vincula con la alquimia, con lo que este arcano podría tener conexión con esa disciplina. ¿No habría, quizá, que sellar un pacto con el Demonio para conseguir la piedra filosofal?

Debajo del Diablo, dos pecadores, un hombre y una mujer, desnudos, de nuevo con cuernos, atados por una cuerda a un peso, lo que nos indica que están en el Infierno.

A la vista de estos atributos, este naipe sería el arcano más negativo dentro del tercer septenario. Se trata de un ser originariamente celestial, pero que ha caído en desgracia por traicionar a Dios. Estaría relacionado con el arcano del Juicio, ya que aquellos que no superaran la prueba de la balanza caerían en los Infiernos.

XVI La Maison Dieu (La Casa de Dios o La Torre)

La carta de la torre alcanza una historia singular con el devenir del tiempo, pues ha sido conocida como el Fuego, el Trueno, el Rayo, la Casa del Diablo o la Casa de los Malditos. En el Tarot de Marsella, este aspecto negativo cambiará por un aspecto positivo y aparecerá como La Casa de Dios.

Pero este nombre parece no reflejar exactamente lo que nos dice su simbología. Vemos una torre sobre la que cae un rayo y se rompe. De las alturas caen dos hombres por la catástrofe. Alrededor, del naipe, una serie de

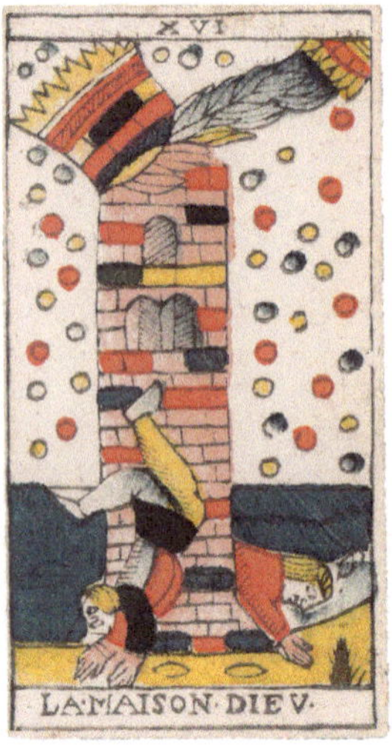

círculos aparecen en el cielo, aunque no parecen estrellas.

Hay diversas teorías acerca del significado de esta carta. Una primera hipótesis nos habla de una leyenda británica: la historia de Merlín y Vortigern, que se encuentra dentro del corpus de los textos artúricos. Se trata de un episodio en el que Merlín profetiza la muerte de Arturo en una torre en llamas. Estos datos se ven reflejados perfectamente en el naipe.

Otra narración que se podría vincular con este triunfo es la que nos habla de la Torre de Babel. Si bien en la Biblia se habla de esta torre como una ofensa del hombre que quiere llegar al Cielo revelándose ante Dios, ante la cual el castigo será la multiplicación de las lenguas, la versión del Talmud judío parece acercarse más a la simbología de la carta: durante la construcción de la torre un hombre cayó desde las alturas y murió. Los constructores no le dieron importancia a este hecho ante lo cual se suscitó la ira de Dios. Este hombre cayendo es el que podemos ver en la carta. Esta fuente judía podría relacionar esta carta del Tarot de Marsella con el Sola Busca donde vimos que uno de los triunfos está dedicado a Nembroto, presunto constructor de la Torre de Babel de acuerdo con el Antiguo Testamento.

Sea como fuere, esta carta se consolidó en el Tarot de Marsella y ha pasado a ser una de las que conforman los tarots actuales.

XVII Le Estoille (La Estrella)

La siguiente carta es la conocida como La Estrella. En ella podemos ver a una mujer desnuda que vacía dos jarrones en un río. Aparentemente son líquidos distintos, pues están pintados de diferentes colores. En el cielo, una gran estrella rodeada de otras menores. En el paisaje se observan árboles y un extraño pájaro posado en uno de ellos.

Esta carta ha sido interpretada de diversas maneras, aunque siempre vinculada al mundo celeste, al macrocosmos. Se ha pensado que esta mujer fuera una alegoría de la astrología, pues aparentemente estaría representando a todo el cosmos.

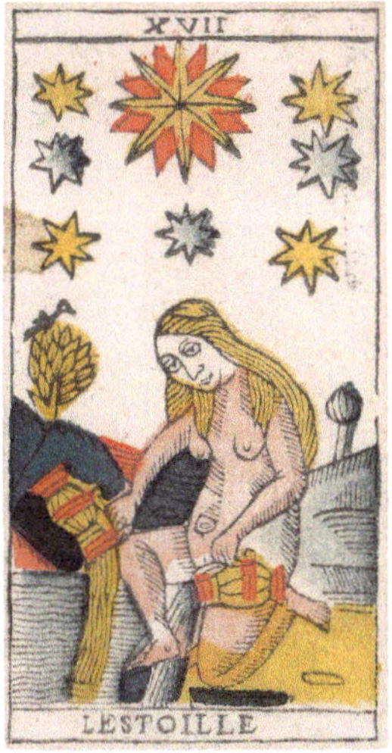

Sin embargo, la interpretación más usual nos hace pensar en que se trate de una personificación del planeta Venus, el astro conocido como el Lucero del alba, pues es el primero que vemos en la noche y el último que desaparece al amanecer.

Si pensamos en la representación artística de los astros, una referencia podría ser la capilla Scrovegni en Padua, donde vemos representados los distintos planetas, cada uno con una estrella de ocho puntas. Así que nuestra estrella podría ser, en principio, cualquiera de los planetas. Pero si nos fijamos en una ilustración de Venus en el libro *Liber Physiognomiae* de Pisanello, datado en el siglo xv, vemos a Venus representada desnuda y colocada delante de una gran estrella de ocho puntas, lo que haría verosímil esta atribución.

También tenemos el libro de *Las Grandes Horas de Rouen* en el que la estrella aparece desnuda y bañada por el mar. Este es el arquetipo que vemos en el Tarot de Marsella. Simboliza el planeta Venus y su representación concuerda con versiones del tema tan importantes como *El nacimiento de Venus* de Botticelli, obra datada a finales del siglo xv. También se correspondería con la carta de Venus en el Tarot de Mantegna.

Otro elemento importante es el hecho de que la mujer esté vertiendo los jarrones con líquidos. Podría hacer referencia a las representaciones de los ríos de época romana, aunque, en ese caso, a veces se representaban como hombres maduros. Pero los ríos también son representados por ninfas acuáticas o náyades. Este símbolo puede llevarnos de nuevo al tema astrológico, al Zodiaco: el signo de Acuario que, en origen, era representado por una mujer o un hombre que vertía un jarro de agua. En este sentido, esta carta, que precede a la Luna y al Sol, podría hacer referencia a las estrellas errantes, a los planetas del sistema solar, asociados también con la astrología y que son fundamentales en las cartas astrales.

Si miramos el posible valor de esta carta dentro del desarrollo del juego del tarot, podría ser una carta asociada con el Zodiaco, con lo que fijaría el destino de los hombres a través de la posición de los astros en su nacimiento en las cartas astrales.

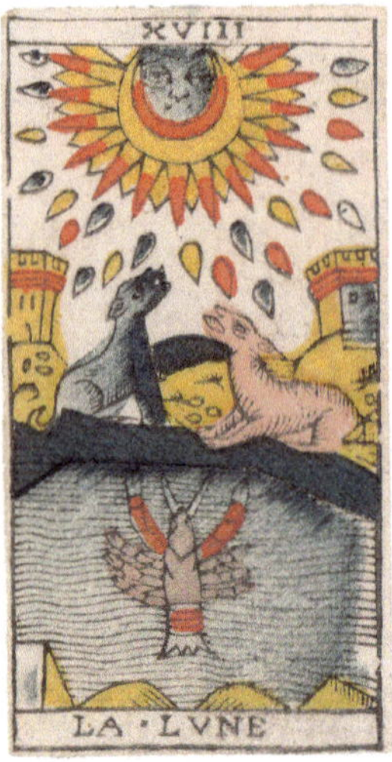

XVIII La Lune (La Luna)

Esta carta presenta una simbología que *a priori* podría resultar extraña, aunque como observaremos, tiene algunas explicaciones razonables.

Vemos en la parte superior a La Luna, de la que surgen unos rayos. Debajo hay dos lobos, que aúllan en la noche, y a los lados, dos torres. En la parte inferior vemos un cangrejo. Este cangrejo hace referencia al signo de Cáncer, que en astrología está relacionado desde antiguo con la Luna.

Si estos atributos (los perros y el cangrejo) hubieran aparecido en la carta del Sol, podríamos hablar de nuevo de una iconografía mitraica, pues el perro y el cangrejo son dos de los símbolos que aparecen en la tauroctonía, imagen icónica del mitraísmo en el que el dios Mitra apuñala a un toro, como ya mencionamos.

La Luna representa el astro más cercano a la Tierra y se la considera fría, húmeda y con influjo sobre los flemáticos. Esto nos lleva a la teoría de los humores, promulgada en el mundo clásico por Hipócrates, pero que permaneció en la Edad Media y pervivió hasta el desarrollo de la medicina moderna. En ella se establece que en el cuerpo humano existen cuatro fluidos: bilis negra, bilis amarilla, flema y sangre. Dependiendo de las proporciones en las que dichas sustancias se hallen en cada individuo, su temperamento será de una u otra naturaleza. Esto tiene también que ver con la astrología, pues estos humores dependen también del influjo de los astros sobre los seres humanos. En concreto, la Luna influye sobre la flema, una sustancia relacionada con el agua, cuyas propiedades son el frío y la humedad. Además de la Luna, también influye en esta sustancia el planeta Saturno. La prevalencia de la flema nos habla de individuos melancólicos y tristes, a los que se conoce como flemáticos o saturnianos.

También es muy importante el nexo entre la Luna y las mareas y, cómo no, el vínculo entre las fases de la luna y el ciclo menstrual. Por ello la Luna se relaciona directamente con el elemento femenino y, desde la más remota antigüedad, se ha vinculado con las deidades femeninas como Ishtar, Hator, Anaitis o Artemisa. Como ya comentamos anteriormente, en el desarrollo del tema de los hijos de los planetas, uno de los vástagos de La Luna es El Mago, la primera carta del Tarot de Marsella. Así que esta carta se podría relacionar con las cartas femeninas del primer septenario como son La Papisa y La Emperatriz.

XVIIII Le Soleil (El Sol)

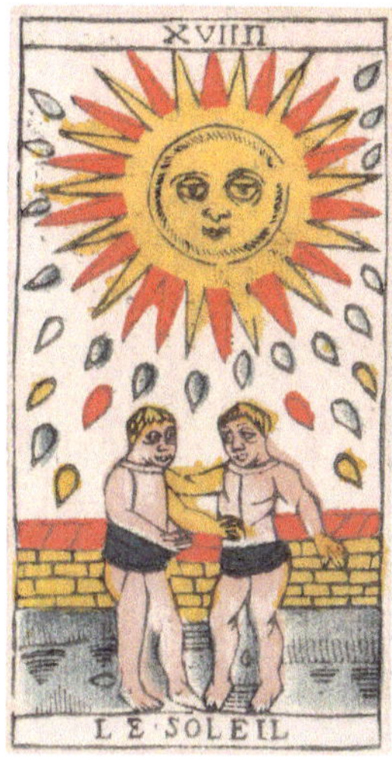

En el Tarot de Marsella, el Sol nos presenta de nuevo una compleja interpretación. En el naipe vemos el astro rey y debajo dos gemelos. Tradicionalmente, el Sol en astrología se relaciona con el signo de Leo, pero aquí estaría vinculado al signo de Géminis. Para encontrar este nexo nos tenemos que fijar en un texto de la Antigüedad titulado *Astronomiques* redescubierto en el Renacimiento. Allí se habla de «Apolo (dios solar) y los amables Géminis».

Está también la posible raigambre cristiana, en la que los dos niños serían ángeles, lo que nos estaría hablando de la Corte celestial. Según santo Tomás de Aquino, los ángeles de la segunda jerarquía, las virtudes, mueven los cielos y las estrellas por voluntad de Dios.

En este triunfo podemos observar, de nuevo, una doble interpretación, astrológica y cristiana. El Sol es el astro rey que calienta la Tierra y permite la vida en ella. Su movimiento en el firmamento y su posición dentro de las constelaciones determinan el ascendente en los sucesos astrológicos. En el caso de una carta astral, el signo zodiacal depende de la época del año en que nazca la persona, esto es, del lugar que ocupa la Tierra en su órbita alrededor del Sol, y, al mismo tiempo, de la posición del Sol en el Zodiaco a la hora en que tiene lugar el nacimiento.

Desde el punto de vista cristiano, el Sol encarnaría la figura de Jesucristo, el Hijo. En muchas de las representaciones medievales del Cristo en majestad podemos leer una cartela que dice: «Ego sum lux mundi», esto es, «yo soy la luz del mundo», de acuerdo con un pasaje del Evangelio de San Juan. Por otra parte, la luz que emana del sol podría considerarse como el Verbo, la Palabra que da la vida y es el principio de todo; también podría relacionarse con la palabra de los profetas que ha iluminado a los apóstoles, la verdad que nos revela el conocimiento de Dios.

La importancia de este naipe es, por tanto, muy alta dentro del Tarot de Marsella, y la podríamos poner en relación con la del Papa en el primer septenario, ya que esta figura encarna al más alto representante de Dios en la Tierra.

XX Le Judgement (El Juicio)

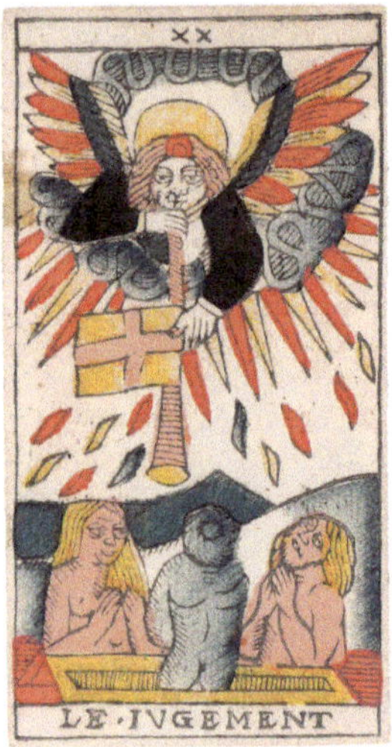

En el Tarot de Marsella, esta carta representa inequívocamente el juicio de Dios al final de los días. En la parte superior, un ángel toca la trompeta, lo que nos refiere a un episodio del Apocalipsis que sucede a la apertura de los siete sellos. Debajo, un hombre parece surgir de una tumba, pues solo se le ve medio cuerpo, y su apariencia nos indica que podría ser un hombre que se presenta al juicio divino. A ambos lados, un hombre y una mujer desnudos rezan por el alma del juzgado; tal vez sean Adán y Eva, los primeros pecadores de la existencia.

Si bien el significado cristiano de este triunfo parece notorio: la llegada del Apocalipsis, tiene también otro significado profano. Nos estaría hablando de una regeneración, del paso a una nueva vida, quizá de un rito iniciático como los que tenían lugar en los cultos mistéricos. Esta carta se vincularía con la de la justicia, donde vimos la balanza del juicio de Osiris, así que este es su nexo con el segundo septenario.

Esta carta, además, precede a la del Mundo, que representa el más alto grado dentro de la baraja. Para conseguir acceder a comprender la complejidad del mundo, la obra de la creación de Dios, es preciso haber pasado antes por el juicio final para, ya sí purificados, acceder al conocimiento divino.

XXI Le Monde (El Mundo)

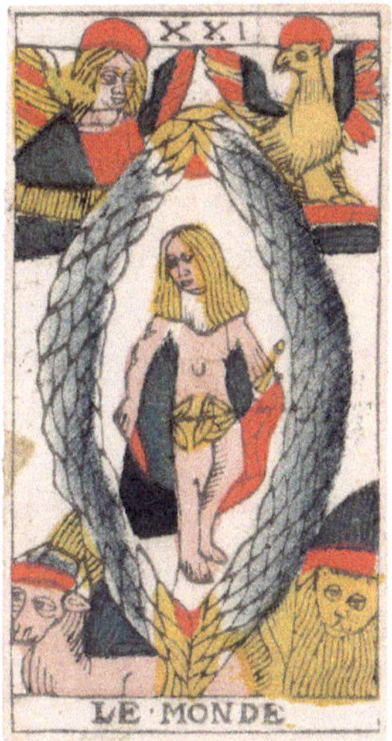

Con este triunfo se cierra el tercer septenario, en el cual hemos visto los elementos del macrocosmos. Estos naipes están dedicados a los astros que tienen un influjo directo con la vida de los humanos y tienen por ello una clara vinculación astrológica. El Mundo, lugar en que habitan los seres humanos, sería una especie de tablero de juego que recogería los influjos de los astros.

Pero esta carta, sin embargo, tiene un carácter netamente cristiano. En el centro de la escena y dentro de una mandorla mística estaría Jesucristo, desnudo, tapado con un paño de pureza, y es representado imberbe. Esto choca con las representaciones románicas donde dentro de la mandorla aparecía Dios Padre entronizado. Sabemos que es Jesucristo porque a su alrededor tenemos dispuesto el tetramorfos, esto es, los cuatro símbolos de los Evangelistas: un hombre (o un ángel) para san Mateo, un buey para san Lucas, un león para san Marcos y un águila para san Juan.

Aparte de la interpretación obvia que nos remite al cristianismo, tenemos dos versiones más. En primer lugar, si nos fijamos en el hombre joven e imberbe dentro de un contenedor ovalado, nos lleva a una imagen icónica: el hombre zodiacal representado en *Las muy ricas Horas del Duque de Berry*, un libro francés de 1410. En este caso, tanto alrededor de la figura como en el interior del cuerpo, vemos los signos de las distintas constelaciones.

En segundo lugar, la versión pagana de esta carta nos lleva de nuevo al dios Mitra, que en algunas representaciones aparece desnudo dentro de la mandorla y asociado con los signos del Zodiaco. De todos modos, esta relación entre Jesús y Mitra es muy ambivalente, pues sabemos que el cristianismo ha tomado prestada del mitraísmo mucha de su iconografía. De hecho, la festividad del nacimiento de Mitra en la Roma pagana se celebraba en el solsticio de invierno, el 25 de diciembre. Esta fecha fue después adoptada por la Iglesia para el nacimiento de Cristo, de modo que ganara adeptos de esta religión para el cristianismo.

Con esta carta se cierra el Tarot de Marsella, aportando un tamiz aparentemente cristiano a una baraja en la que hemos visto elementos astrológicos, alquímicos, herméticos, hebreos, paganos, fruto del conocimiento que se forjó en la Edad Moderna y que acompaña la gestación del tarot como una herramienta de conocimiento, a la par religioso y esotérico, que responde a una concepción del mundo en esa época de la cual, en la concepción contemporánea, hemos eliminado en su estudio esos elementos que no responden a una explicación ni cristiana ni cientificista. Desde aquí, la reivindicación de esos saberes que dieron forma al pensamiento del hombre en la Edad Moderna.

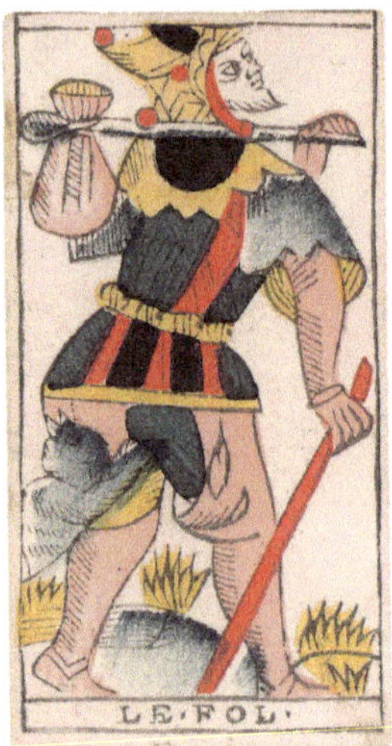

Le Fou (El Loco)

Pero aún no hemos terminado con todos los arcanos mayores. Fuera de los tres septenarios, como un triunfo al margen de todo orden y clasificación, tenemos al Loco. Según la tradición contemporánea, esta carta tendría el número cero y su significado sería algo parecido al comodín, aunque, como vamos a ver, quizá su papel sea más importante.

En la carta vemos a un bufón, con su sombrero de cascabeles, que camina solo por el campo. Lleva un bastón y un hatillo al hombro con calzas rasgadas. Tras de sí, un animal, tal vez un perro, le va mordiendo.

Se ha hipotetizado que esta carta hiciera alusión al carnaval, y que El Loco personificase ese período de libertinaje antes de la Cuaresma y la Semana Santa. En el carnaval, El Loco daba la espalda a Dios, era vestido de rey, y, bajo su gobierno, el país se venía abajo.

El tema del demente en el arte de la época fue común. Tenemos un ejemplo en Padua, donde bien podría haberse gestado este triunfo. Se trata de la capilla Scrovegni, decorada por Giotto en el siglo XIV. Allí tenemos representada la estupidez (estulticia) dentro del marco de los vicios y las virtudes. Esta figura lleva también ropas andrajosas, un palo al hombro y siete plumas en la cabeza. Si recordamos las virtudes aquí comentadas, tenemos que los frescos de Giotto en Padua podrían haber sido una fuente iconográfica primaria para la representación de este naipe. Pero si acompaña a los vicios y virtudes, ¿por qué razón se queda fuera de los septenarios? Bien podría haber pertenecido al segundo acompañando a las virtudes.

El Loco es la carta de la sinrazón: su participación en el juego da la vuelta a toda la partida. La locura afecta a las condiciones del hombre: puedes pasar de Papa o Emperador a ser El Mago por un ataque de locura. Es el caos, lo aleatorio, una desgracia sobrevenida que te altera y te cambia la vida. Pero El Loco puede tener también una connotación positiva: puede ser un iluminado, una persona que dice las verdades sin temor a sus consecuencias, y puede estar, asimismo, guiado por Dios. Así que su influencia en los naipes de baja condición puede ser también la de impulsarlos hacia lo alto.

Por estas razones, el loco queda fuera de los tres septenarios. Es la carta que le da la vuelta a todo: o te conduce al abismo, o te ensalza a los cielos; por eso se la conoce como la carta número cero o sin número dentro del tarot.

8

El Tarot en la Francia de la Ilustración

El esoterismo en la Francia del siglo XVIII

> En conformidad pues del artículo expresado de la Constitución española, en desempeño de nuestro grave encargo, y a fin de conservar en nuestra diócesis el grano evangélico puro y limpio de la cizaña que el hombre enemigo se esfuerza a sembrar en el campo del Padre de familias, hemos resuelto expedir este nuestro edicto, por el cual, teniendo presentes las reglas del Índice de libros prohibidos formado de orden del santo Concilio Tridentino, como también otros edictos de la misma clase que ha dictado el celo de varios prelados de este reino, y usando de las facultades ordinarias que nos competen, declaramos desde ahora prohibidos para todos nuestros súbditos, y de nuevo prohibimos en cuanto a nos toca, todos los retratos, estampas y figuras obscenas, y todos los libros, folletos y otros papeles manuscritos o impresos en cualquier idioma que se hallen y van aquí comprendidos.

Este texto es un fragmento del edicto prohibitorio del arzobispo Veremundo Arias Teixeiro, proclamado en 1820, en el que se relacionan una serie de libros que quedan prohibidos y que deben entrar a formar parte del *Index librorum prohibitorum*, esto es, el listado de obras prohibidas por la Iglesia católica. Este índice afectó a gran parte de las obras científicas y filosóficas que se gestaron en el seno de la Ilustración.

Siempre pensamos que la Ilustración fue un período de iluminación de la razón que dejaba tras de sí los conocimientos no comprobados empíricamente. Vamos a ver que, al igual que pasaba en el Renacimiento, las cosas no son como nos las han contado o, al menos, no podemos reducirlas a sus tópicos.

Durante la Ilustración, un período que abarcó prácticamente el siglo XVIII, pese a lo que pueda parecer, se produjo un notable resurgimiento del esoterismo y del interés por los conocimientos ocultos y místicos. Este período histórico, que se ha caracterizado por un florecimiento de las ideas filosóficas y científicas, también lo hizo por una búsqueda de verdades más profundas y secretas que trascendieran la razón y la ciencia, lo que nos lleva a los estudios esotéricos.

Puede parecer paradójico que ciencia y esoterismo fueran de la mano, pero el caso es que la historiografía contemporánea se ha empeñado en eliminar todo vestigio de heterodoxia del período ilustrado, como hemos visto en el Renacimiento al principio del libro. Un ejemplo de esto lo tenemos en la figura de Isaac Newton, quien postuló la ley de gravitación universal, que revolucionaría el estudio de la física. Pues bien, Newton fue un activo alquimista, además de estudiar la cábala e interesarse por la teología natural y la interpretación de textos bíblicos, pues en el siglo XVIII no había distinción entre los estudios esotéricos y no esotéricos.

Además de este hecho, tenemos que señalar el surgimiento de las sociedades secretas. Por una parte, cobraron auge las sociedades rosacruces, cuyos textos fundacionales se habían promulgado en Alemania en el siglo XVII y que eclosionaron en el siglo XVIII. En la ciudad de Kassel, en 1614, circuló un texto titulado *Fama Fraternitatis* en el que se narra la vida de un personaje llamado Christian Rosenkreuz, que habría vivido dos siglos antes y cuyas enseñanzas ocultas se describían en este y otros textos que se sucedieron en el siglo XVII. Se trata de una serie de pensamientos basados en el gnosticismo cristiano de los primeros siglos de nuestra era.

Aunque el hecho realmente significativo fue la aparición de la masonería. Sus orígenes se remontan a la Inglaterra de principios del siglo XVIII. En 1717, cuatro grupos de personas, de diferente condición social y religiosa, se reunieron y debatieron sobre la utilización de las herramientas de construcción como elementos simbólicos de su formación ética y personal, y decidieron formar la Gran Logia de Inglaterra. La idea de Dios como gran Arquitecto del Universo es uno de sus ejes principales. Para pasar a formar parte de estas sociedades se llevaba a cabo una iniciación en el templo masónico.

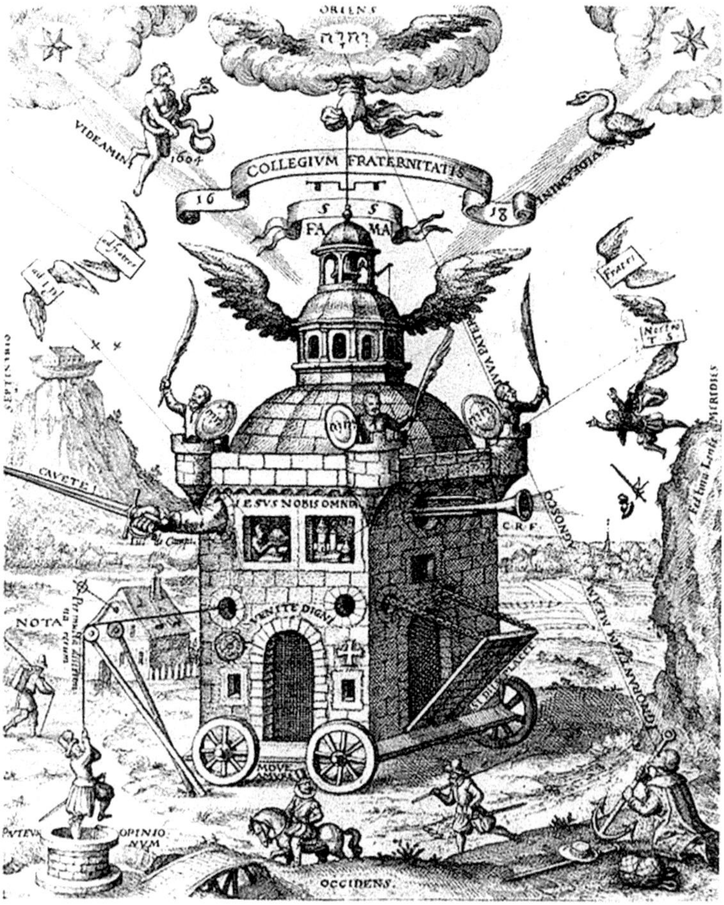

Imagen rosacruz de 1604 publicada en el Speculum sophicum Rhodostauroticum *por Theophilus Schweighart.*

Detengámonos un momento en los orígenes de la masonería en Francia. Tiene sus raíces en la difusión de la masonería moderna que, como hemos visto, se había forjado en Inglaterra y Escocia en el siglo XVIII. A medida que la orden creció en Francia, se adaptó a las particularidades culturales y se convirtió en un espacio donde los intelectuales, filósofos y librepensadores podían intercambiar ideas ilustradas y discutir asuntos políticos y sociales. A lo largo del siglo XVIII, la masonería francesa desarrolló su propia identidad, introduciendo rituales y grados adicionales que la distinguieron de la masonería inglesa y escocesa. Esta influencia masónica también se extendió a la Revolución francesa, ya que muchas figuras clave en la Revolución eran masones y las logias masónicas ofrecieron un espacio para debatir conceptos como la libertad, la igualdad y la fraternidad. A pesar de que hubo de afrontar persecución durante la Revolución, la masonería en Francia experimentó un renacimiento posterior y continuó desempeñando un papel en la cultura y la sociedad francesa. Su papel en la Ilustración y su vínculo con la Revolución francesa la convierten en un componente influyente en la historia de Francia. Algunos de los estudiosos del tarot de la Francia del siglo XVIII formaron parte de la masonería, como veremos.

Otro hecho que se suele pasar por alto sobre la Ilustración es que fue un movimiento enfrentado con la Iglesia católica, fundamentalmente. No hay más que consultar el *Index librorum prohibitorum*, texto promulgado periódicamente desde el Vaticano, en el que se relacionaban los textos prohibidos por la Iglesia. Así, la lista incluyó a autores literarios como François Rabelais (del que se prohibió su obra completa) o Jean de La Fontaine (de quien se vetaron sus *Contes et nouvelles*), pensadores como René Descartes, Pascal o Montesquieu y, para más inri, también quedó prohibida la *Enciclopedia* de Diderot y D'Alembert. Curiosamente, los textos sobre el tarot y sus vínculos esotéricos no entraron en esta lista, quizá por su difusión minoritaria entre los adeptos a estas disciplinas.

En lo que respecta a nuestro estudio sobre el tarot, los ocultistas franceses tomaron esta baraja como una herramienta para la adivinación y la exploración espiritual, y se desarrollaron nuevas interpretaciones de estas cartas. Además, los diseñadores de barajas de tarot comenzaron a crear mazos con ilustraciones más detalladas y simbólicas, lo que permitió una mayor exploración de la simbología del tarot.

En conclusión, la Ilustración en Francia fue un período de gran efervescencia intelectual y cultural, que vio florecer tanto las ideas filosóficas y científicas como las creencias esotéricas y místicas y estuvo en claro enfrentamiento con la Iglesia de Roma. El redescubrimiento de antiguas tradiciones, el sincretismo, las sociedades secretas y el interés en lo oculto y lo sobrenatural contribuyeron al surgimiento del esoterismo, lo que dio pie a rescatar una herramienta proclive a la interpretación, como es el tarot, para su uso en el campo esotérico.

Antoine Court de Gébelin y el nacimiento del tarot esotérico

Antoine Court de Gébelin (1719-1784) es considerado como el iniciador del tarot ocultista. Fue pastor protestante y masón, y un estudioso que profundizó en las diversas corrientes esotéricas que impregnaban la cultura francesa, como el rosacrucismo, el hermetismo, la cábala, el swedenborgianismo o la masonería esotérica. Inició su carrera masónica en la Logia de Les Amis Réunis en 1776, y al año siguiente impartió una serie de conferencias sobre los significados alegóricos de los grados masónicos. También fue miembro fundador de la logia Philalèthes.

En 1773, Court de Gebelin alcanzó el reconocimiento social con la publicación de su obra más influyente, *Monde primitif*, en nueve volúmenes. En este extenso tratado argumentó que la humanidad había vivido una edad de oro perdida, antes de fragmentarse en más civilizaciones, dispersando y olvidando la sabiduría ancestral. En el octavo volumen expuso una teoría que conectaba el tarot con las antiguas tradiciones egipcias y la sabiduría esotérica. La baraja en la que se basó fue el Tarot de Marsella, o alguno de sus derivados, populares en la Francia de finales del siglo XVIII. Así, Court de Gebelin sostuvo que el tarot era una herencia de la antigua sabiduría egipcia, y que las cartas contenían conocimientos esotéricos que habían sido transmitidos a través de los siglos. De hecho, inventó extrañas

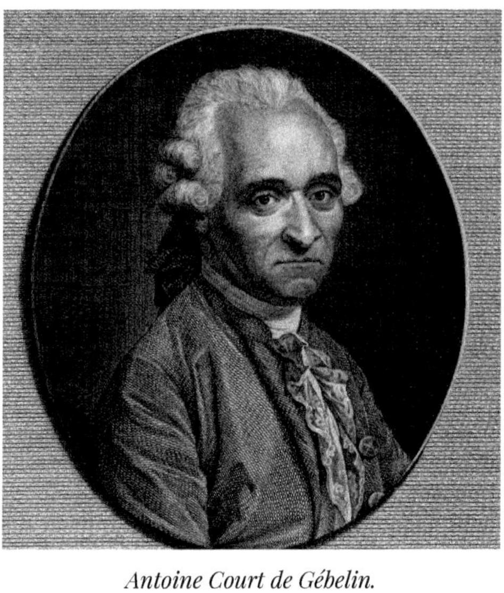

Antoine Court de Gébelin.

etimologías supuestamente egipcias que describían elementos del tarot, como por ejemplo Ta-Ros, que significaría «camino real de la vida». También vinculó el tarot con el *Libro de Thoth* egipcio pero desde luego sin ninguna base sólida.

En su ensayo, Court de Gébelin relacionó el tarot con la cábala judía y la alquimia, lo que llevó a una mayor exploración de la simbología del tarot. Asimismo creía que había sobrevivido precisamente porque nadie sospechaba que era algo más que un juego de cartas, y que sólo un adepto podría descifrar el conocimiento profundo contenido en ellas.

Court de Gébelin también creía que las cartas contenían conocimientos ocultos que habían sido codificados en ellas. Figuras míticas como Hermes Trismegisto y su *Corpus Hermeticum* escondían algunas de sus claves. De esta manera, el tarot sería una forma de preservación de la sabiduría de los antiguos egipcios que permitiera transmitirla a las generaciones futuras.

Interpretó los arcanos mayores del tarot como símbolos de la sabiduría y el conocimiento oculto, argumentando que cada carta representaba una verdad espiritual o filosófica. Esta concepción del tarot como una herramienta para acceder a una sabiduría secreta y esotérica fue revolucionaria en su época e inauguró una nueva era en la historia del tarot.

Además de su ensayo sobre el tarot, *Monde primitif* también incluía estudios comparativos de mitologías antiguas y tradiciones religiosas y exploraba similitudes en los símbolos y conceptos presentes en diferentes culturas alrededor del mundo. Court de Gébelin creía en la unidad del conocimiento humano y veía en las lenguas, los símbolos y las tradiciones antiguas una clave para entender la esencia y la evolución de la humanidad. De hecho, Court de Gébelin, por esta unión de las culturas del mundo, parece adelantarse en un siglo a madame Blavatsky, fundadora de la Sociedad Teosófica en el último cuarto del siglo XIX, que promulgaría la unión de las creencias de Oriente y Occidente.

Una de las interpretaciones más conocidas de Antoine Court de Gébelin sobre los arcanos mayores del tarot se refiere a la carta del Mago (The Magician en inglés o Le Bateleur en francés), que es el arcano número I. El Mago, según la interpretación de Court de Gébelin y a diferencia de lo que hemos analizado, representaría la capacidad del ser humano para acceder a la sabiduría y el conocimiento divino. Para él, la carta muestra a un mago o alquimista que tiene unas herramientas en su mesa, que simbolizan los cuatro elementos: tierra, agua, aire y fuego. Estos elementos representan la naturaleza y la materialidad del mundo, y El Mago, con una mano apuntando hacia el cielo y otra hacia la tierra, conecta el mundo espiritual y el mundo material. También representaba la habilidad del ser humano para transformar su realidad y manifestar sus deseos y aspiraciones a través del poder de la voluntad y la mente. Para él, la carta del Mago estaría encarnada por el propio Hermes Trismegisto.

Antoine Court de Gébelin falleció en 1784 en París, dejando un legado como un estudioso polifacético que buscó desentrañar los misterios de la historia, la mitología y el esoterismo a través de su profundo conocimiento de las lenguas antiguas y su enfoque sincretista. Al mismo tiempo, Court de Gébelin ha pasado a la historia como el primer estudioso del tarot ocultista moderno.

El Tarot de Etteilla

> Se habían enviado cartas de invitación a partir de 1784 a todos los masones distinguidos de Francia y del extranjero, e incluso a todos aquellos que, sin ser miembros de la sociedad masónica, profesaban las ciencias ocultas o cualquier otra ciencia relacionada con los grados superiores. Entre estos últimos, encontramos a Etteilla, el cartomántico, y al magnetizador Mesmer.

Esto decía Clavel, historiador de la masonería, en el siglo XIX sobre la vinculación entre la masonería y las ciencias ocultas. Aquí vemos que Etteilla, de quien vamos a hablar, ilustre cartomante, fue invitado a aproximarse a la masonería.

Jean-Baptiste Alliette, conocido por su seudónimo Etteilla (si nos fijamos, no es más que un acrónimo de su apellido leído de atrás hacia delante), fue un importante esoterista y cartomántico francés que nació en 1738 en París. Fue una figura destacada en el desarrollo del tarot y su interpretación esotérica, y llevó a cabo un papel fundamental en la popularización del tarot como herramienta de adivinación y autoconocimiento.

En sus primeros años trabajó vendiendo barajas de cartas y grabados. En primera instancia, utilizó la baraja francesa reducida a treinta y dos cartas a las que añadió una carta especial, a la que llamó «Etteilla», con la que se podía adivinar el futuro de una persona. Esa carta especial representaba al consultante y, en función de su posición respecto a las demás cartas, podía establecer los hechos que le acontecerían a partir de ese momento.

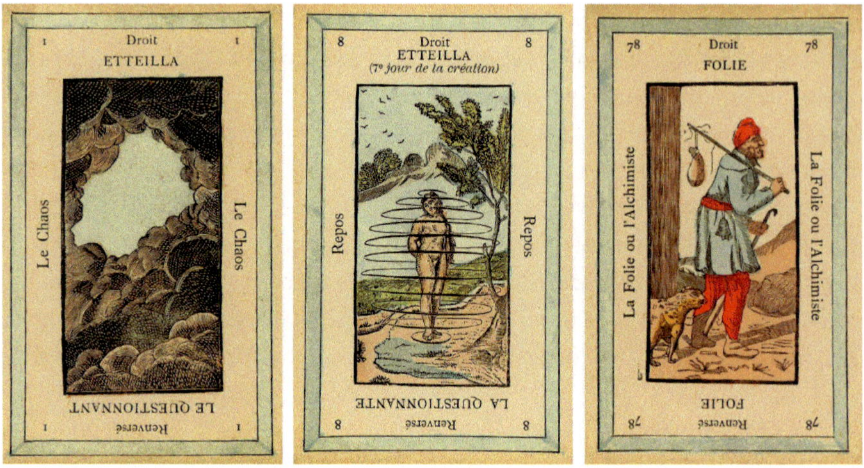

Le Chaos, Repos y Le Folie ou l'alchimiste. Museo Fournier.

Así las cosas, Etteilla comenzó a estudiar las ciencias ocultas y adquirió un profundo conocimiento de las distintas disciplinas esotéricas, como la astrología, la numerología y la alquimia. Su interés por la cartomancia lo llevó a estudiar el simbolismo de las cartas y a desarrollar su propia baraja, conocida como Tarot de Etteilla, con una serie de variantes, como veremos.

En 1783 publicó su obra más famosa, titulada *Manière de se récréer avec le jeu de cartes nommées tarots* (*Manera de recrearse con el juego de cartas llamado tarot*). En este libro presentó su enfoque innovador para la lectura del tarot, que se diferenciaba de las interpretaciones tradicionales que habían prevalecido hasta entonces. Por ejemplo, los primeros siete triunfos representan la Creación. También cambió los nombres de algunos triunfos como, por ejemplo, el Sol, al que llamó Ilustración.

Entre la bibliografía de Etteilla sobre el tarot, podemos señalar dos títulos más sobre el tarot: uno en 1791, *Manière de se récréer avec le jeu de cartes nommées Tarots, contenant les règles des jeux de cette espèce les plus usités, et une méthode abrégée pour apprendre à les tirer soi-même,* que incluía instrucciones detalladas sobre cómo leer las cartas de tarot, y otro, editado en 1793, *Etteilla ou l'art de tirer les cartes*, que presentaba su sistema de interpretación del tarot en un formato más completo y detallado. Estos libros de Etteilla fueron muy influyentes en la historia del tarot y ayudaron a establecer esta disciplina como una herramienta para la adivinación y la práctica esotérica.

De estos estudios emanaron diversas barajas de tarot con el cuño de Etteilla y que conocemos como «Gran Etteilla» y «Pequeño Etteilla». Estos mazos son variantes de su obra y presentan diferencias en su estructura y simbolismo. Así, una de las contribuciones más significativas de Etteilla al tarot fue la de ordenar las cartas del tarot de acuerdo con la secuencia numérica, de forma que los arcanos mayores estaban numerados del 1 al 21 y los arcanos menores también seguían una numeración secuencial. Esto permitió la creación de una estructura más sistemática y coherente en la lectura del tarot. Además de esta ordenación, Etteilla rediseñó y renombró los arcanos mayores respecto al Tarot de Marsella, quedando de la siguiente manera:

1. Le Questionnant (El Consultante)
2. Éclaircissement (Clarificación)
3. Propos (Intención)
4. Ruse (Engaño)
5. Détresse (Angustia)
6. Plaisirs (Placeres)
7. Le Mariage (El Matrimonio)
8. La Force (La Fuerza)
9. La Justice (La Justicia)
10. L'Infortune (La Desgracia)
11. La Prudence (La Prudencia)
12. La Tempérance (La Templanza)
13. La Mort (La Muerte)
14. La Maison-Dieu (La Torre)
15. La Roue de Fortune (La Rueda de la Fortuna)
16. La Force des Choses (La Fuerza de las Cosas)
17. La Lune (La Luna)
18. Le Soleil (El Sol)
19. Le Monde (El Mundo)
20. Le Feu (El Fuego)
21. L'Eau (El Agua)
22. Le Terre (La Tierra)

El Gran Etteilla fue la primera baraja de tarot creada por el autor y fue publicada en 1788. Esta baraja es considerada como la primera en utilizar un sistema numerológico para la disposición de los arcanos mayores. Etteilla diseñó esta baraja con la intención de utilizarla para interpretar el futuro del consultante. También incluyó palabras clave y significados específicos en los naipes, lo que facilitó la interpretación y el aprendizaje del tarot.

El Pequeño Etteilla, por su parte, es una versión simplificada del Gran Etteilla. Esta versión cuenta con menos detalles en las imágenes de las cartas y elimina la numeración que tenía el Gran Etteilla en sus bordes. El Pequeño Etteilla cuenta solo con 53 cartas en lugar de las 78 cartas del tarot tradicional. Esta baraja conserva los arcanos mayores y solo una selección de los arcanos menores, lo que simplifica su interpretación.

Además de su trabajo como cartomántico, Etteilla también fue un prolífico escritor en otros campos, como la astrología y la adivinación. Publicó varias obras sobre estos temas, en las cuales combinaba sus conocimientos esotéricos con sus habilidades literarias.

Después de que Court de Gébelin anunciara sus ideas sobre el origen y significado del tarot, sin duda fue Etteilla el gran revolucionario en la creación y uso adivinatorio del tarot, tanto por sus análisis de los naipes como por el establecimiento de unos sistemas numéricos para las tiradas de la baraja. El Gran Etteilla y el Pequeño Etteilla son las primeras barajas de tarot puramente esotéricas y constituyen un hito en la historia del tarot.

La curiosa baraja Lenormand

> En 1807, Mlle. Lenormand leyó las manos de Napoleón y descubrió su intención de divorciarse de Josefina. Para alejarla de la escena, Napoleón la envió a prisión, era el 11 de diciembre de 1809, donde la vidente permaneció durante doce días, mientras él organizaba el divorcio. Este hecho fue el verdadero lanzamiento de su carrera y se convirtió en la caja de la fortuna más popular de su tiempo.
>
> Decker R., Depaulis T., Dummet, M.

Nos acercamos ya al siglo XIX, a la corte parisina, donde bullía el ambiente de la adivinación en las clases más altas. Allí, Marie Anne Lenormand, también conocida como madame Lenormand, llevó a gala el ser una adivina francesa a través de su propio tarot. Nació en 1772 en Alençon, Francia, y se convirtió en una figura prominente en la sociedad parisina de la época debido a su talento con la cartomancia y la lectura de cartas.

Desde una edad temprana, Marie Anne Lenormand mostró un interés innato por las artes adivinatorias y la espiritualidad. A lo largo de su vida adquirió una educación esmerada y una amplia experiencia en diversas tradiciones esotéricas, como la astrología, la numerología, la quiromancia y, sobre todo, la cartomancia.

Se mudó a París en su juventud donde forjó una exitosa carrera como adivina y se ganó la reputación de ser una experta en la lectura de cartas. Su clientela incluía a figuras influyentes y poderosas de la época, como el propio Napoleón Bonaparte o la emperatriz Josefina. Sin embargo, también atendía a personas de todas las clases sociales que buscaban respuestas y guía para sus avatares cotidianos.

Madame Lenormand se hizo famosa por el uso de unas cartas muy concretas destinadas a la adivinación, especialmente una baraja que luego llevaría su nombre, el Tarot Lenormand. No se trata de una variante más del tarot, sino que, como veremos, tiene una estructura y simbolismo muy diferentes. De hecho, ella no fue la creadora de esta baraja, pero su popularidad y reconocimiento llevaron a que este mazo fuera asociado con su nombre y su legado. Utilizaba las cartas de manera astuta y creativa, interpretando símbolos y combinaciones para proporcionar lecturas precisas y significativas.

Un hecho muy curioso es que la versión reducida de esta baraja, llamada «Le Petit Lenormand», haya sido conocida como el Tarot de los Gitanos, ese que supuestamente habría permitido que la sabiduría ancestral de los egipcios llegara hasta nuestros días. Este hecho es falso, pues el origen de las cartas Lenormand podría estar en «El juego de la Esperanza», una baraja creada por Johann Kaspar Hechtel en Alemania a finales del siglo XVIII, que no era más que un simple juego de azar que Lenormand habría convertido en un instrumento para la adivinación.

A lo largo de su vida, Lenormand escribió varios libros sobre astrología, adivinación y narró su propia experiencia en el arte de la lectura de cartas. Sus obras y sus predicciones atrajeron una amplia atención y sus seguidores crecieron tanto dentro como fuera de Francia.

Sin embargo, durante la Revolución francesa, su actividad esotérica y su cercanía a figuras poderosas la pusieron bajo la sospecha de las autoridades. En 1803 fue arrestada por supuestamente conspirar contra el gobierno, pero fue absuelta y liberada por no tener contra ella pruebas concluyentes. Madame Lenormand continuó ofreciendo sus servicios de cartomancia y adivinación hasta su muerte en 1843.

Pero centrémonos en el Tarot Lenormand. Esta baraja se compone de 36 cartas, cada una con una imagen única y un título descriptivo. A diferencia del tarot tradicional, las cartas Lenormand no tienen ilustraciones

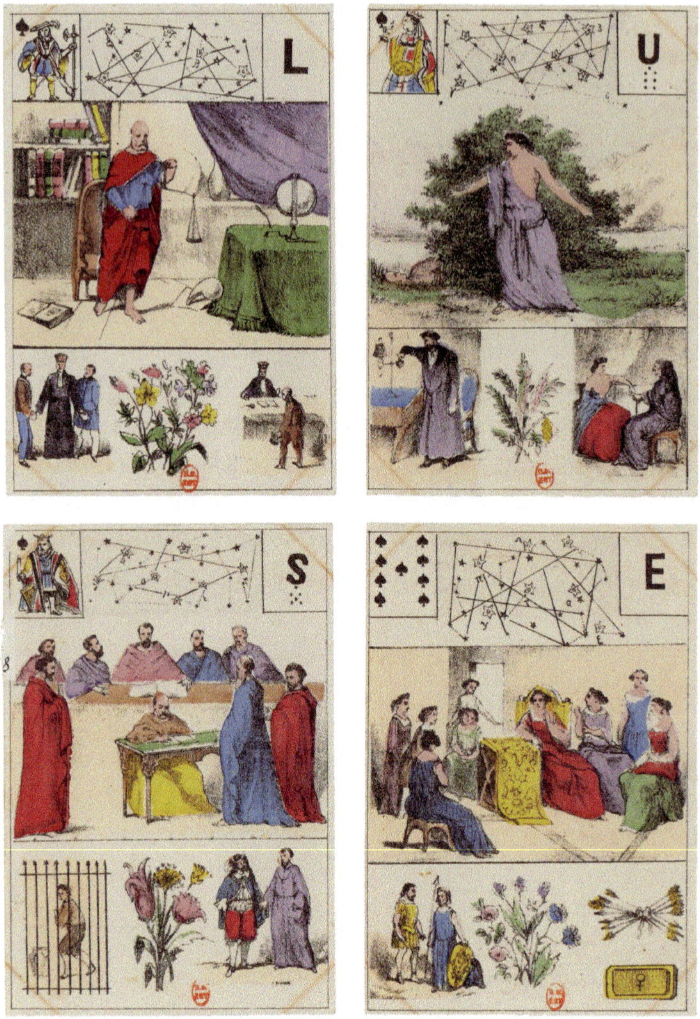

Cartas de la baraja de madame Lenormand.

complejas ni arcanos mayores y menores, lo que hace mucho más fácil y transparente su interpretación, incluso para aquellos aficionados que no tenían experiencia en el tarot. Cada carta representaba un objeto, una situación o un concepto específico. Por ejemplo, la carta del Árbol es la salud y el bienestar, y el Ancla puede simbolizar estabilidad y seguridad. Las imágenes son sencillas y claras, y su interpretación se basa en el contexto y colocación de las cartas de una determinada manera, según la tirada. Las tiradas más comunes son de tres, cinco o nueve cartas, aunque también se pueden hacer combinaciones más complejas y extensas, según la preferencia del lector y la naturaleza de la pregunta.

A diferencia del tarot tradicional, que habitualmente se centra en aspectos psicológicos y espirituales, el Tarot Lenormand tiene un enfoque más práctico y terrenal. Se utiliza para obtener información sobre situaciones cotidianas, sucesos futuros, relaciones personales, decisiones financieras y otros asuntos de la vida diaria de las personas. En ese sentido, como vimos en los tarots del Renacimiento, podrían hacer referencia a las «suertes», que decidían si en un día concreto debía llevarse adelante una acción o no.

Veamos algunos ejemplos de las cartas Lenormand y su singularidad, según lo que la interpretación de su simbología nos ha legado. El Barco hace referencia a los viajes, la exploración, los desplazamientos y la expansión; puede indicar un viaje próximo o la necesidad de explorar nuevas oportunidades. La Casa representa el hogar, la familia y la seguridad. Esta carta puede indicar cambios en la vida cotidiana, la búsqueda de una nueva vivienda o la importancia de la familia. La Serpiente sería la astucia, la traición y las situaciones engañosas; puede indicar conflictos o enredos emocionales en la vida del consultante. La Llave simboliza la solución a los problemas, el conocimiento oculto y las respuestas que se encuentran. Esta carta puede indicar la resolución de una situación difícil o el descubrimiento de información importante. El Corazón es la figuración del amor, las relaciones románticas y las emociones; puede indicar una conexión emocional significativa o la necesidad de explorar y expresar sentimientos. La Torre nos habla de la soledad, el aislamiento y la introspección; puede indicar la necesidad de tiempo para reflexionar o alejarse de situaciones problemáticas.

Para finalizar este apartado, cabe mencionar que el Tarot Lenormand ha experimentado un resurgimiento en las últimas décadas. Su estilo sencillo y su enfoque práctico lo han convertido en una herramienta de adivinación accesible y atractiva para un amplio público. Además, su uso se ha extendido más allá de las fronteras de Francia y Europa, siendo apreciado y utilizado por tarotistas y entusiastas de todo el mundo. De hecho, hay investigaciones profundas sobre el significado del Tarot Lenormand en nuestros días, como es el caso de las llevadas a cabo por Victoria Braojos Nieves o Denise dos Santos Campos.

Eliphas Lévi y el resurgir de la magia

Eliphas Lévi, cuyo nombre verdadero era Alphonse Louis Constant, fue un influyente esoterista, ocultista y escritor francés del siglo XIX. Nació en 1810 en París y falleció en 1875 en la misma ciudad. Lévi pasó sus primeros años asistiendo a una escuela para pobres antes de ingresar en el seminario menor de Saint-Nicolas du Chardonnet, donde entró a los quince años. Allí aprendió hebreo, griego y latín; de ahí pasó al seminario mayor de Issy y, de allí, a Saint-Sulpice.

En 1833 fue ordenado subdiácono y se casó con Noémie Cadiot con la que tuvo una hija. Al fallecer su hija y separarse de su esposa, su vida dio un giro radical. Así, en 1852, conoció a Paul Christian, Józef Maria Hoëne-Wrónski y otros interesados en lo oculto. En ese momento se percató de su gran interés por el esoterismo, por lo que adoptó la versión hebrea de su nombre: Éliphas Lévi Zahed, el cual le haría pasar a la posteridad como uno de los grandes ocultistas del siglo XIX.

A partir de ese momento se convirtió en un prolífico escritor y publicó varias obras sobre esoterismo y ocultismo, que lo llevaron a convertirse en una figura destacada en los círculos esotéricos de su época.

Una de las obras más famosas de Lévi es *Dogma y ritual de la alta magia*, publicada en 1854. En este volumen expone sus ideas sobre la magia ceremonial y su creencia en la existencia de fuerzas ocultas en el universo que pueden ser utilizadas para el bien o el mal, dependiendo del conocimiento y la intención del practicante. Uno de los elementos de esta obra que ha trascendido fuera de los ambientes esotéricos es la figura de Baphomet que aparece grabada en este libro. La imagen muestra una figura con rasgos humanos hibridados con animales. El ser se halla sentado en una posición de meditación y rodeado de diversos símbolos alquímicos y místicos. La figura tiene una cabeza de cabra, una antorcha en la frente, una mano señalando hacia arriba y otra hacia abajo, y está rodeada por dos serpientes entrelazadas. La tradición sobre el Baphomet se remonta a la Edad Media, donde surgió la leyenda de que los caballeros templarios adoraban una extraña cabeza de la que obtenían su poder. A este respecto, el Baphomet de Lévi no es más que una libre interpretación de cómo debía ser este ser plagado de connotaciones esotéricas pero carente de rigor histórico de ningún tipo.

Eliphas Lévi consideraba el tarot como un libro de sabiduría antigua y un poderoso medio para comprender los misterios del universo y la psique

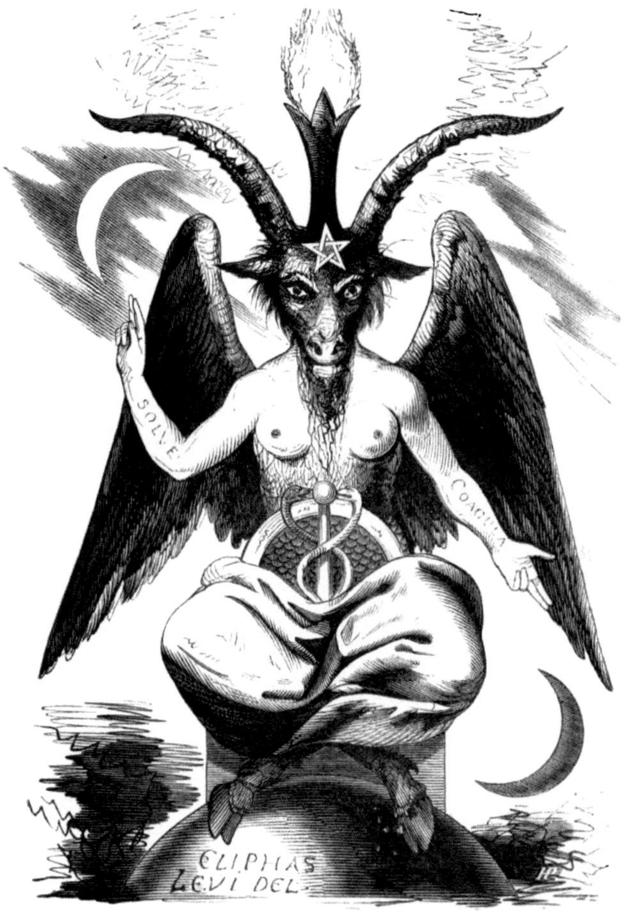

Baphomet, ilustración del libro Dogma y ritual de la alta magia.

humana. Su trabajo sobre el tarot se centró en la interpretación simbólica de los arcanos mayores y su relación con la cábala y otros sistemas esotéricos. Uno de sus principales logros en relación con el tarot fue su libro *El gran arcano del ocultismo revelado*, publicado en 1868. En este libro, Lévi profundiza en la simbología y el significado de los arcanos mayores del tarot, vinculándolos con la cábala y las enseñanzas herméticas.

En *La clave de los grandes misterios*, de 1861, propuso una ordenación para las correspondencias astrológicas de las cartas del tarot. Estas debían seguir el *Sefer Yetzirah*, un texto muy relevante de la cábala judía que explora la creación del universo y la naturaleza del cosmos a través del poder y el significado de las letras hebreas y los números. Presenta la Creación como un acto divino que se lleva a cabo a través del lenguaje y las letras hebreas.

De esta manera, Lévi integró el tarot en la tradición mágica occidental asociando las letras del alfabeto hebreo con los arcanos mayores del tarot. Aunque Lévi describió los triunfos del tarot como él pensaba que deberían ser, nunca creó una baraja de tarot. Sin embargo, sus teorías influyeron en la mayoría de las interpretaciones posteriores de esta disciplina.

Se dice que el sueño de Lévi de un tarot rectificado se hizo realidad, en 1889, cuando un gran admirador suyo y fundador de la Orden Kabbalística de la Rosa-Cruz, Stanislas de Guaita, animó al ocultista suizo Oswald Wirth a restaurar los veintidós arcanos del tarot a su pureza jeroglífica. Este tarot es el conocido como Tarot Falconnier o Tarot Egipcio, del que hablaremos a continuación.

Además de por su obra escrita, Lévi también era conocido por sus habilidades como mago y ocultista práctico. Llevó a cabo rituales de magia ceremonial y se consideró a sí mismo como un mago, aunque también enfatizaba la importancia de la moralidad y la ética en el uso de las prácticas esotéricas.

Eliphas Lévi tuvo un gran impacto en la escena esotérica de su tiempo y su influencia se extendió a través de los años. Sus escritos y enseñanzas inspiraron a muchos otros esoteristas y ocultistas, incluso a figuras notables como Aleister Crowley y la Orden Hermética de la Golden Dawn en Inglaterra, que veremos más adelante.

Las contribuciones de Papus al tarot ocultista

Papus, cuyo nombre real era Gérard Encausse, fue un destacado esoterista y ocultista francés que vivió entre 1865 y 1916. Nació en La Coruña, de padres franceses, y falleció en París. Desde una edad temprana, mostró un gran interés por lo esotérico y lo oculto, y dedicó gran parte de su vida a estudiar diversas disciplinas espirituales y filosóficas.

Papus cursó medicina en primera instancia, pero su verdadera pasión siempre estuvo en el estudio de la espiritualidad y las ciencias ocultas. A lo largo de su vida, se convirtió en un erudito de varias tradiciones místicas y esotéricas, como la cábala, la astrología, la alquimia y el hermetismo. Además, fue miembro activo de varias sociedades esotéricas y ocultistas, como el Martinismo, la Orden Rosacruz, la Sociedad Teosófica y la Orden Hermética de la Aurora Dorada.

Uno de los mayores logros de Papus fue su contribución al estudio y la popularización del tarot. Escribió varios libros sobre esta materia y lo consideró como una poderosa herramienta para la autoconciencia y el desarrollo espiritual. Su obra más influyente sobre esta materia es el texto conocido como *El Tarot de los Bohemios*, publicado en 1889. Allí, Papus establece los vínculos entre el tarot y las diferentes doctrinas esotéricas examinando la baraja del tarot como herramienta mágica.

Quizá su mayor contribución fue el estudio profundo de la relación entre los naipes del tarot y las letras hebreas. Según el libro *El Tarot de los Bohemios*, existe un vínculo entre cada carta del tarot y el alfabeto hebreo. El libro explica que este alfabeto está compuesto por veintidós letras, y cada una corresponde a un número, un jeroglífico y un símbolo. Estos símbolos y jeroglíficos hebreos se utilizan para interpretar el significado simbólico de cada carta del tarot.

En la tradición cabalística se cree que el alfabeto hebreo es una herramienta para comprender la naturaleza divina y el universo. De este modo, cada letra representa una fuerza divina o un aspecto del universo, y estas fuerzas se pueden utilizar para comprender la naturaleza de Dios y de toda la Creación. En la tradición cabalística, se cree que el universo se compone de diez sefirot o esferas divinas, que representan diferentes aspectos de la naturaleza divina. Según Papus, cada carta del tarot representa una de estas esferas divinas, y puede ayudar a los practicantes a comprender la naturaleza divina y su relación con el universo.

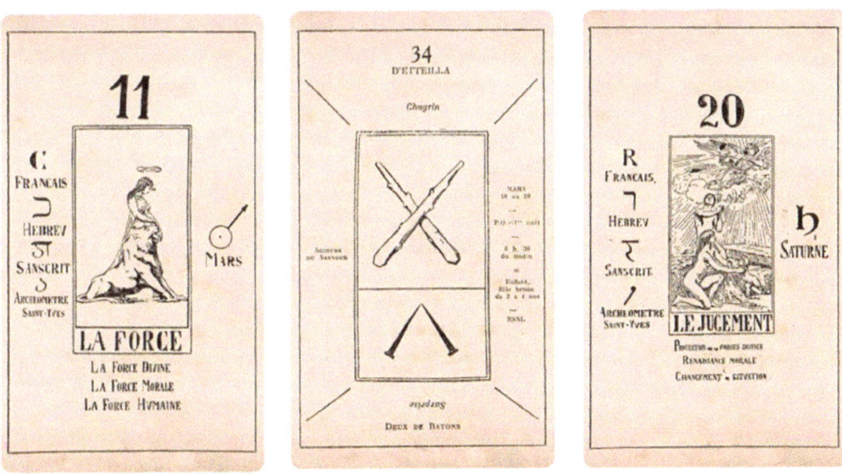

Cartas del Tarot de Papus.

El libro también menciona el origen egipcio del tarot y argumenta que los arcanos mayores se corresponden con los veintidós jeroglíficos que se encontraban en los intercolumnios de un supuesto templo egipcio en el que tenían lugar los ritos iniciáticos de esta cultura ancestral. Según nos dice Papus, se cree que estos arcanos fueron colocados en las paredes de las criptas secretas en los templos de Osiris en un orden específico.

Otro elemento interesante que se menciona en *El Tarot de los Bohemios* es que los gitanos han sido los guardianes del tarot a lo largo de los siglos, como ya indicara Court de Gébelin. Según Papus, los gitanos recibieron el tarot de los antiguos egipcios y lo han transmitido de generación en generación como una herramienta de adivinación y de conocimiento oculto. Papus argumentaba que los gitanos habían mantenido la tradición del tarot intacta, mientras que otras culturas habían perdido el conocimiento y la comprensión de su significado. Según esta teoría, los gitanos habrían utilizado el tarot como una herramienta para comprender la naturaleza humana y el universo, y habrían desarrollado su propia interpretación y simbolismo del tarot.

Según esta teoría, los tarots renacentistas no serían más que una versión distorsionada del verdadero tarot de origen egipcio. Por tanto, el trabajo que Papus llevó adelante pretendía restaurar el esquema y el significado original del tarot, nacido en Egipto, para lo cual utilizó los saberes esotéricos.

Sí podemos estar de acuerdo con Papus en una de sus hipótesis: el uso iniciático del tarot. Él define este uso en el antiguo Egipto, pero si acudimos a los capítulos donde tratamos el Mantegna o el Sola Busca, allí hablábamos del vínculo de estas barajas con la iniciación mitraica. Es muy probable que Papus conociera estas barajas y su vínculo con el hermetismo renacentista.

De esta manera, Papus diseñó su propio mazo de cartas, conocido como el Tarot de Papus. Esta baraja fue creada para restaurar el tarot verdadero a la luz de sus conocimientos esotéricos y sus ideas sobre la simbología del tarot. Pese a la importancia del trabajo de Papus en este tarot, este mazo no tuvo mucha fortuna y quedó relegado con el tiempo.

Papus también fue un defensor de la filosofía del ocultismo práctico que abogaba por la aplicación de la sabiduría esotérica en la vida cotidiana para lograr el crecimiento espiritual y el equilibrio interior. Por ello, no solo había que estudiar el tarot, sino también utilizarlo como herramienta mágica. Creía en el poder de la voluntad y la imaginación para moldear la realidad y promovía prácticas como la meditación, la visualización creativa y el estudio constante como medios para alcanzar el conocimiento y la sabiduría espiritual. En este sentido, el Tarot de Papus se equipara al Tarot Sola Busca, al menos en la posible utilización de este último como herramienta de magia talismánica.

A lo largo de su vida, Papus dejó un legado duradero en el campo del esoterismo y el ocultismo. Sus escritos, conferencias y enseñanzas han influido en las generaciones posteriores de estudiosos del tarot. Su influencia en el ámbito anglosajón fue notable, como veremos en el próximo capítulo, influyendo sobre figuras como Arthur Edward Waite, Aleister Crowley o Leonora Carrington, entre otros.

El Tarot de Falconnier: una supuesta creación egipcia

Una antigua leyenda cuenta la historia de cómo la diosa egipcia Isis ayudó a fundar la ciudad de París. Según lo cantan los bardos, Isis estaba viajando por el mundo cuando arribó donde el río Sena desembocaba en el mar y subió aguas arriba. Llegó a un lugar que le gustó tanto que decidió quedarse allí. Isis construyó un templo en la orilla del río y comenzó a enseñar a los habitantes de la ribera sobre su religión y cultura. Los lugareños estaban agradecidos por la ayuda de Isis, así que decidieron coronarla como su reina. Isis gobernó la ciudad durante muchos años y la hizo prosperar. Cuando murió, los habitantes de la ciudad la lloraron mucho. En su honor, llamaron a la ciudad París, que significa «ciudad de Isis».

Esta leyenda, totalmente apócrifa, hizo furor en el París ocultista del que nos ocupamos en este capítulo. Fruto de ese gusto oriental carente de base histórica, tenemos este singular mazo de cartas conocido como Tarot Egipcio o Tarot de Falconnier.

El Tarot Egipcio o de Falconnier es una baraja aparentemente enigmática, pero que responde a un claro contexto histórico: la egiptomanía que se vivió en la Francia del siglo XIX. Recordemos la campaña de Napoleón en Egipto, de la que regresó cargado de objetos y obras de arte de esta milenaria civilización con los que engalanó la ciudad y pobló sus museos. El Tarot de Falconnier pretende reivindicar el verdadero origen del tarot siguiendo a ocultistas, como Papus, que abogaban por el origen egipcio y su pervivencia gracias al pueblo gitano, como ya hemos visto. En el fondo, el Tarot de Falconnier mantiene la estructura de sus tarots contemporáneos en los que los símbolos habituales son reemplazados por iconografía egipcia.

Para comprender mejor el Tarot Egipcio o de Falconnier, es esencial explorar la figura que hay detrás de esta baraja: el conde de Falconnier. Este aristócrata, cuyo nombre real era Luis Marques, era un misterioso personaje que afirmaba haber recibido las enseñanzas y secretos del Tarot egipcio durante sus viajes a Egipto a finales del siglo XIX. Se decía que estas enseñanzas provenían de sabios y guardianes de la antigua sabiduría egipcia que le transmitieron los conocimientos esotéricos ocultos en las cartas. Esto recuerda, cómo no, a madame Blavatsky y sus *mahatmas*, que supuestamente le revelaron sus libros teosóficos también en esa misma época.

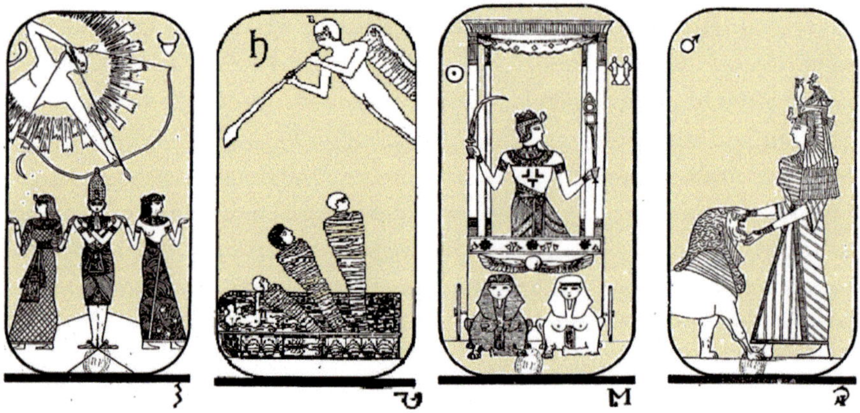

Cartas del Tarot de Falconnier.

Sin embargo, pervive cierta controversia en torno a la verdadera identidad de Falconnier y la autenticidad de esas afirmaciones. Algunos críticos argumentan que esa supuesta revelación pudo haber sido una invención de su discípulo, el conocido tarotista Oswald Wirth, quien fue el encargado de dar a conocer la baraja después de la muerte de Falconnier en 1909. A pesar de las dudas sobre su origen, el Tarot Egipcio ha encontrado su lugar en la historia del tarot y ha ganado seguidores que valoran su presunta conexión con el antiguo Egipto.

La baraja consta, de nuevo, de 78 cartas, divididas en 22 arcanos mayores y 56 arcanos menores. Los arcanos mayores representan los principales temas de la vida humana, como el nacimiento, el amor, la muerte y la reencarnación. Los arcanos menores se dividen en los palos tradicionales: Bastos, Copas, Espadas y Oros. Cada palo representa un elemento de la naturaleza: Fuego, Agua, Aire y Tierra, vinculado de nuevo con la Alquimia, esta sí con origen probable en la cultura egipcia.

La estructura de los arcanos mayores del Tarot Egipcio o de Falconnier sigue un patrón similar al Tarot de Marsella, pero con una pátina egipcia. Las imágenes en las cartas del Tarot Egipcio o de Falconnier están pobladas obviamente con jeroglíficos, símbolos egipcios y representaciones de deidades antiguas, que podrían tener su fundamento en el significado real de los jeroglíficos egipcios. Para ver este aspecto en detalle, acudamos a la historia de la piedra Rosetta y la traducción de la escritura egipcia.

Los jeroglíficos egipcios se tradujeron por primera vez en el siglo XIX. En 1799, el ejército francés encontró la piedra Rosetta en el delta del Nilo. Era un decreto que había sido emitido por el faraón Ptolomeo V Epífanes en tres idiomas: griego, jeroglífico y demótico. El griego era un idioma conocido, por lo que los lingüistas pudieron utilizar el texto griego para ayudar a descifrar los jeroglíficos.

La primera traducción completa de este texto fue realizada por Jean-François Champollion en 1822. Champollion fue un lingüista francés que pasó muchos años estudiando la escritura egipcia. Fue capaz de descifrar los jeroglíficos utilizando una amplia gama de métodos, como el uso de la piedra Rosetta y el estudio de los textos egipcios que habían sido traducidos al griego.

Por el contexto temporal, ya fuera el conde Falconnier o su discípulo Oswald Wirth, es plausible que tras profundos estudios en el desciframiento de los textos egipcios gracias al descubrimiento de Champollion, la imaginería que puebla el Tarot Egipcio pueda tener una argumentación simbólica acorde con el significado verdadero de la iconografía de la civilización del Nilo. Dicho esto, si fuera cierto que el tarot nació en Egipto, este habría sufrido numerosos cambios (como hemos visto, el Tarot de Marsella ya presenta alteraciones respecto a la creación original del tarot). Por tanto, podemos afirmar que el Tarot Egipcio o de Falconnier es un intento de repristinar la baraja marsellesa a la luz de un supuesto origen egipcio que no podemos sostener con las evidencias actuales.

9
El Tarot en el ámbito anglosajón

La Golden Dawn

Anno Domini MDCCCXCV. Es el 7 de noviembre a las 18 h. La cita es en Peter Street, en Londres. Allí, el candidato a ser iniciado en la Orden Hermética de la Aurora Dorada espera instrucciones. Uno de los hermanos de la fraternidad le venda los ojos y lo lleva por las calles céntricas de la urbe del Támesis hasta llegar a un lugar secreto. Es la sede oficial de la Golden Dawn. Allí tendrá lugar el rito de paso.

El candidato llevaba dos meses estudiando el *Libro de la Ley*, el texto sagrado de la Golden Dawn. El ritual consiste en un itinerario que conduce al neófito por diversas salas, cada una dedicada a un tipo de magia. Se le hacen preguntas que debe responder, rituales mágicos que debe llevar adelante, así como pruebas morales que debe superar. Solo al final, en la biblioteca, como el periplo había sido exitoso, se llevará a cabo el rito iniciático.

Al igual que sucedía en las religiones mistéricas, la iniciación es secreta. La ceremonia transcurre con la imposición de una serie de símbolos y la práctica de rituales mágicos. Para terminar, se pronuncian una serie de frases:

El conocimiento es poder.
El todo es uno.
Lo que es arriba es abajo.
Lo que está dentro es fuera.

Pronunciadas estas palabras, el candidato logra conectar finalmente con el mundo espiritual.

Lo ha conseguido. Ya es un miembro de pleno derecho de la Golden Dawn.

La Orden Hermética de la Aurora Dorada (popularmente conocida como la Golden Dawn) fue una de las organizaciones esotéricas más influyentes de los siglos XIX y XX. Fundada en Londres en 1888 por William Wynn Westcott, Samuel Liddell Mathers y William Robert Woodman, la Golden Dawn se basó en la tradición esotérica occidental y sus enseñanzas abarcaban una amplia gama de temas, como la cábala, la astrología, la alquimia y la magia.

Westcott, Mathers y Woodman eran todos miembros de la Sociedad Teosófica y estaban interesados en la idea de crear una orden esotérica que pudiera ofrecer un sistema de enseñanza y entrenamiento más sistemático que la Teosofía. Los tres hombres estaban familiarizados con los rituales de una antigua logia conocida como la Sociedad de los Ocho y vieron en ellos una base sólida para la nueva orden.

La Golden Dawn fue fundada oficialmente el 1 de marzo de 1888 en el Templo Isis-Urania n.º 3, en una ubicación desconocida del centro de Londres. La orden creció rápidamente, y en 1900 tenía más de 50 templos en todo el mundo. La Golden Dawn seguía una estructura jerárquica, con tres grados principales: neófito, zelator y theoricus. Los miembros de la orden se reunían en sus templos, donde se celebraban ceremonias de iniciación y se impartían enseñanzas, como hemos visto al comienzo de este capítulo.

Las enseñanzas de la Golden Dawn se basaban en la tradición esotérica occidental y abarcaban una amplia gama de temas, como la cábala, la astrología, la alquimia y el hermetismo. La orden también ponía en valor la práctica de la magia, y sus miembros estaban entrenados en una amplia gama de técnicas mágicas. Se diferenciaba de otras órdenes esotéricas en su énfasis en el esoterismo práctico. La orden creía que esta disciplina era una herramienta poderosa que podía ser utilizada para el bien o para el mal, y que era importante que los magos fueran entrenados adecuadamente en su uso.

Por ello, la Golden Dawn tuvo un gran impacto en el mundo esotérico y muchos de sus miembros más prominentes se convirtieron en figuras importantes en el desarrollo de la magia moderna. Entre ellos se encontraban Aleister Crowley, W.T. Horton y Arthur Edward Waite, de los que hablaremos más adelante.

En lo que respecta al tarot, fue una herramienta importante en la práctica mágica de la Golden Dawn. Los miembros de la orden utilizaban el ta-

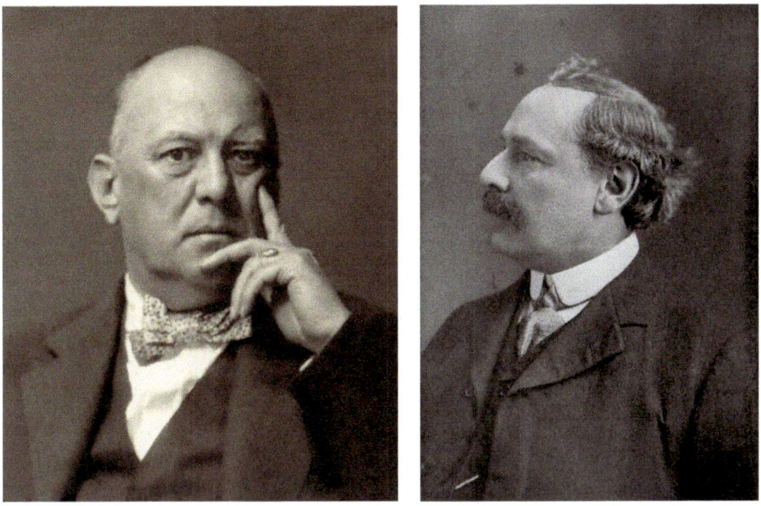

Aleister Crowley y Arthur Edward Waite.

rot para la adivinación, la meditación y la magia ritual. Así, la Golden Dawn publicó una serie de libros sobre el tarot, como *El libro del Tarot: una clave ilustrada para el Tarot Egipcio*, de Arthur Edward Waite, que veremos en detalle más adelante. Esta obra es una de las más influyentes sobre el tarot, y sigue siendo utilizada por los practicantes del tarot de todo el mundo.

Sabemos que la Golden Dawn se disolvió en 1900, pero su influencia se ha extendido hasta nuestros días. Muchos de sus rituales y conocimientos han sido adoptados por otras órdenes esotéricas y sigue siendo una fuente de inspiración para los estudiosos del ocultismo.

La Golden Dawn fue una organización compleja y misteriosa, y su historia sigue siendo objeto de debate. De hecho, todavía se especula sobre sus miembros y sobre las implicaciones que tuvieron las prácticas mágicas que se desarrollaron en su seno. Veamos a contaminación el legado de algunos de sus miembros en relación con el estudio y la práctica del tarot.

Una baraja desconocida: el Tarot de W.T. Horton

Comenzamos nuestro periplo por los miembros de la Golden Dawn que tuvieron relación con el tarot con un personaje muy poco conocido, creador de un fascinante y original tarot y que, por desgracia, ha caído en el olvido. Nos estamos refiriendo a W.T. Horton.

William Thomas Horton fue un artista, ilustrador y escritor inglés fascinado por lo oculto y por el misticismo. Nació en 1864 en Bruselas, donde su padre trabajaba, y se mudó a Brighton con su familia cuando era niño. Asistió a la Brighton Grammar School donde coincidió con el artista Aubrey Beardsley, aunque no fue hasta años más tarde cuando entablaron relación. Horton se interesó por la arquitectura y se unió a la Royal Academy en 1887, pero sus estudios no fueron particularmente exitosos ni satisfactorios. Después de graduarse, trabajó en una oficina de arquitectura durante un tiempo, pero finalmente abandonó este campo para perseguir una carrera artística. Su primer proyecto importante fue la creación de la revista *Whispers - A Magazine for Surrey Folk* en 1893. A partir de aquí desarrolló su carrera como ilustrador para varias revistas y periódicos, como *The Graphic* y *The Illustrated London News*. También trabajó como ilustrador de libros, proporcionando ilustraciones para obras de autores como Rudyard Kipling y H. Rider Haggard.

El interés por lo sobrenatural y lo oculto hizo que Horton se involucrara en la Orden Hermética de la Golden Dawn para aprender a practicar la magia ritual. Fue un amigo cercano del poeta irlandés W.B. Yeats, quien también era miembro de la orden. Horton y Yeats tuvieron una amistad que se prolongó más de veinte años y, en ese tiempo, mantuvieron un debate ideológico sobre la búsqueda del conocimiento a través de experimentos con las ciencias ocultas. Además, Horton se sentía atraído por la filosofía y la religión, y se sabe que era un devoto de la obra de la mística francesa Jeanne-Marie Bouvier de la Motte-Guyon, también conocida como madame Guyon. Así, Horton exploró los límites de la conciencia y la espiritualidad a través de la práctica oculta y la filosofía.

La afición de Horton por lo oculto influyó en su arte, y creó muchas ilustraciones y pinturas que representaban temas místicos y sobrenaturales, entre ellas la creación de su propio tarot. Si nos fijamos en su estilo, enseguida nos viene a la mente la obra de su coetáneo Aubrey Beardsley; como ya mencionamos, se conocieron y se admiraban mutuamente. En Horton apreciamos la influencia del estilo *art nouveau* de Beardsley, y su propio trabajo se caracteriza por sus líneas fluidas y su uso de imágenes sensuales. Beardsley, por su parte, admiraba el talento de Horton para la ilustración, y existe el rumor de que le pidió que diseñara un mazo de tarot para la revista *The Savoy*. Sea como fuere, la revista no publicó ninguna baraja de la mano de Horton, aunque sí algunos trabajos suyos. En concreto, en la edición de *The Savoy* de 1896, tras un texto de Yeats aparece una serie de grabados titulados *Tres visiones* obra de Horton.

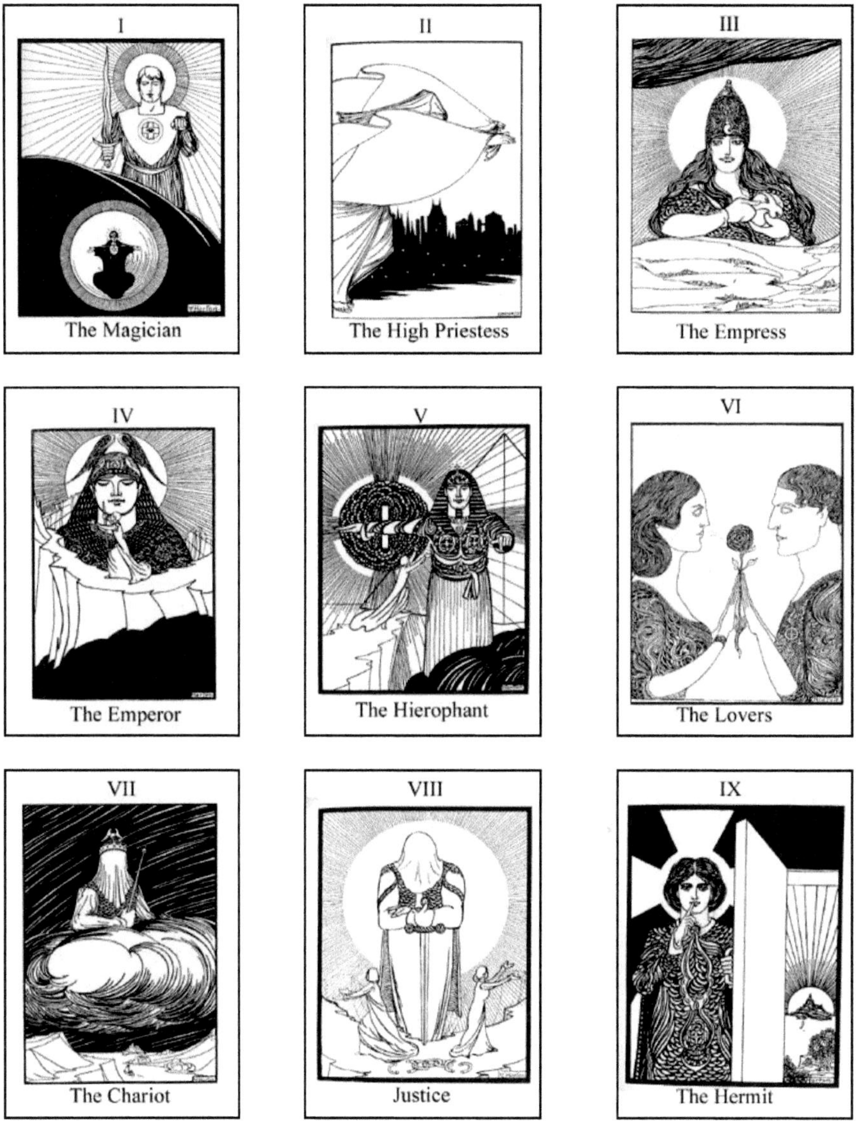

El Tarot de W.T. Horton.

El Tarot de Horton, fechado en 1909, es una de las primeras ediciones del tarot basada en un sistema original de la Golden Dawn. Horton se inspiró en el trabajo que en ese momento estaban llevando a cabo Arthur Edward Waite y Pamela Colman Smith, y su mazo incorporó algunas de sus imágenes y símbolos. Dicho esto, el mazo de Horton tiene su propio estilo y se considera uno de los mazos de tarot más originales e innovadores de los producidos en el seno de la Golden Dawn.

Si nos fijamos en los veintidós arcanos mayores que diseñó, podemos encontrar muchos símbolos orientalizantes, como sucede en la carta de La Emperatriz, tocada con una tiara ornamental, o El Hierofante, representado como un faraón egipcio. También hay alusiones a elementos cristianos que nos recuerdan a los temas griálicos promovidos por Joséphin Péladan en los Salones de la Rosa+Cruz en el París de la última década del siglo XIX. Así, cartas como El Mago, El Emperador, El Ermitaño o El Mundo hacen referencia a un cristianismo esotérico que aparece en otras creaciones de Horton, como *Las tres visiones* que publicó en *The Savoy* en 1896 acompañadas cada una con una cita bíblica. Simbolismo rosacruz aparece también en la carta de los Enamorados, unidos por una rosa. De hecho, sabemos de la visita de Horton a París por su dibujo *Notre Dame de París*, publicado en una de las pocas colecciones editadas sobre su trabajo. Este hecho justifica la aureola de arte simbolista que planea en su producción artística, en general, y en su tarot, en particular.

También son reseñables los arcanos que aluden a un viaje o camino por recorrer, quizá un camino iniciático, como el que mencionamos al comienzo del capítulo. Están representados por un paisaje con una senda que debemos seguir para descubrir el significado último de la carta. Así, deberemos caminar por las ilustraciones de la Luna, el Sol o la Suma Sacerdotisa.

El trabajo de Horton no fue reconocido en vida y pasó penurias económicas. Murió en 1919 en Hove, Inglaterra, dejando atrás una gran colección de dibujos y pinturas todavía inéditos. Hoy en día, el trabajo de Horton apenas es reconocido aunque su obra conforma una interesante contribución al arte y la literatura del final de la era victoriana.

El Tarot Rider-Waite-Smith

El Tarot Rider-Waite-Smith, creado en 1910, es, sin lugar a dudas, el tarot más importante y el más utilizado a escala mundial a lo largo del siglo XX. Su nombre proviene de una editorial, la Rider Company, y de sus dos creadores: Arthur Edward Waite, encargado de la parte conceptual, y Pamela Colman Smith, diseñadora artística de los naipes. Vamos allá con el primero.

Arthur Edward Waite nació en Brooklyn en 1857, hijo ilegítimo de una madre inglesa y un padre estadounidense que fue capitán de mar. Tras la muerte del capitán Waite en el mar en 1858, Emma Lovell regresó a Inglaterra con sus dos hijos. Waite fue criado como católico y se ganó la vida traduciendo, escribiendo y reseñando libros sobre temas ocultos. En 1891, a los treinta y cuatro años, ingresó en la Orden Hermética del Amanecer Dorado con el nombre de Frater Sacramentum Regis Abscondere Bonum est («Es bueno mantener el Sacramento del Rey»).

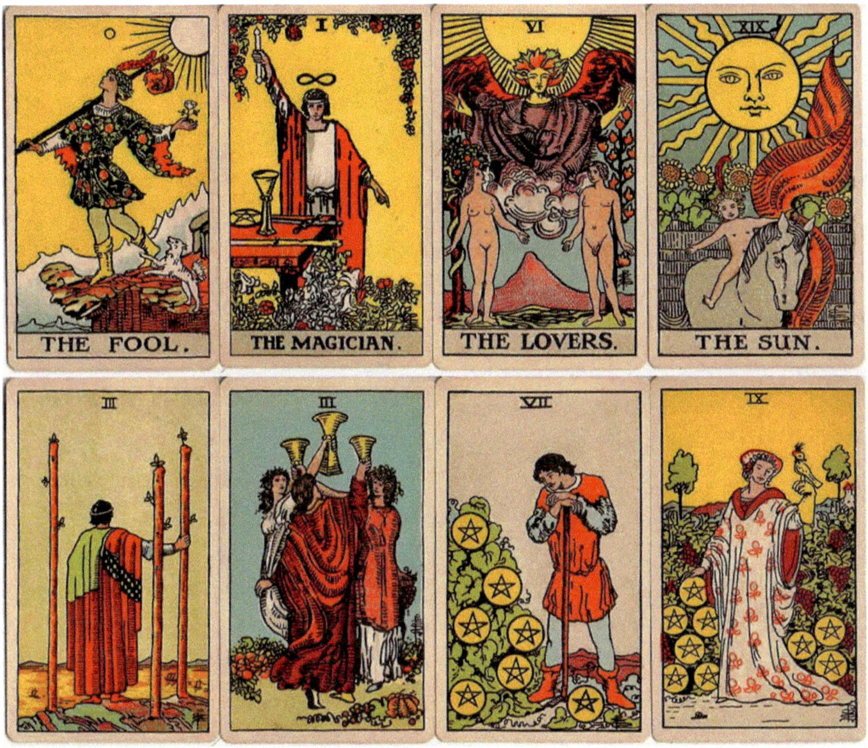

Tarot Rider-Waite-Smith, 1910.

Waite, junto con otros miembros de la Golden Dawn, conspiró para crear el «Consejo Secreto de Ritos» con el objetivo de obtener jurisdicción sobre varias órdenes ocultas y rituales masónicos. Esta conspiración dividió irremediablemente la Orden. En 1903, la Fraternidad se disolvió en medio del caos y Waite propuso que aquellos que veían a la organización como capaz de una construcción mística en lugar de oculta deberían trabajar de manera independiente. Muchos lo siguieron y nació la conocida como Orden Exterior del Rito Independiente y Rectificado, relacionada con el credo rosacruz.

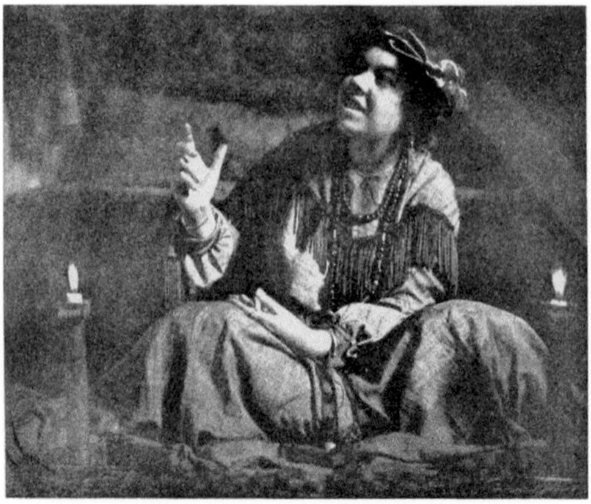

Pamela Colman Smith en 1907.

Waite enfatizó la importancia de la razón en la búsqueda espiritual y enseñó a los miembros a perseguir su búsqueda espiritual utilizando la razón. Creía que el simbolismo en la alquimia, la cábala, la masonería y el saber rosacruz constituían una vía común hacia un fin y que una interpretación correcta conduciría a la revelación de formas ocultas de iluminación espiritual.

Vamos ahora con la artista creadora del Tarot Rider-Waite-Smith. Pamela Colman Smith nació en Londres en 1878. Desde muy temprana edad destacó por su talento en el dibujo y la pintura y dedicó su vida a la creación artística. En 1909, Smith fue contratada por Arthur Edward Waite para ilustrar el mazo de tarot que había elucubrado. Smith completó su tarea en apenas un año. A partir de aquí, la artista se interesó por el ocultismo y la magia, y también fue miembro de la Orden Hermética de la Golden Dawn.

Pero ahondemos un poco más en la vertiente artística y simbólica de este mazo de tarot. En primer lugar hay que remarcar que contiene imágenes simbólicas tanto en los arcanos menores como en los mayores, lo que lo convierte en una baraja original de principio a fin. Pero esto no es del todo así, pues es verdad que bebe de otros tarots. Por ejemplo, el 3 de Espadas de este mazo se inspira claramente en la misma carta del Tarot Sola Busca. No obstante, podemos afirmar sin ambages que el conjunto de toda la baraja es una creación única.

Según el Dr. Carlos A. Cuéllar, uno de los máximos conocedores del prerrafaelismo en España, el trabajo de Pamela Colman Smith para este tarot podría considerarse dentro de la tercera ola de la pintura prerrafaelista. La gestación del ocultismo en Inglaterra coincide en el tiempo con el nacimiento de la Hermandad Prerrafaelista, a mediados del siglo XIX. Según expresa el profesor Cuéllar, son tres los elementos que vinculan el Tarot Rider-Waite-Smith con el prerrafaelismo.

En primer lugar, la recreación de un entorno medieval, tanto en la indumentaria de los personajes como en las representaciones arquitectónicas (así se puede ver en el 3 de Pentáculos o el 4 de Bastos), se alinea con la estética medievalista. En segundo término, tenemos el profundo amor por la naturaleza que se evidencia en la representación de vegetación y paisajes, especialmente exuberantes en los arcanos mayores como El Mago, La Emperatriz, El Sol, y en los arcanos menores como El Rey, La Reina y El Paje de Pentáculos, así como en la carta del 10 de Copas. Por último, el diseño de los personajes, sobre todo de sus rostros, proporciones y poses que, sin duda, refleja la influencia de pintores como Burne-Jones. Esto se evidencia ante todo en las representaciones de las reinas y caballeros de los cuatro palos, así como en El Rey de Pentáculos, El 2 de Copas y el Paje de Espadas. También en algunos arcanos mayores, como El Loco, La Templanza, La Emperatriz, Los Enamorados y El Ermitaño.

Debido a sus ilustraciones detalladas y una simbología manifiestamente clara, el mazo Rider-Waite-Smith es considerado como una herramienta de uso tanto para los experimentados en la lectura del tarot como para los neófitos.

La popularidad del Tarot Rider-Waite-Smith se debe, por una parte, a su diseño innovador y con una simbología muy clara; por otra, porque durante mucho tiempo fue el único tarot editado en Inglaterra. Además se extendió con rapidez, sobre todo en los Estados Unidos, donde Laurence Co. comenzó a publicarlo en 1918.

El Tarot Rider-Waite se considera una obra clave en la historia del tarot contemporáneo y destaca su importancia en la creación de una iconografía más moderna y accesible para el público en general. Además, podemos decir que este tarot ha influido directamente en los mazos de tarot producidos en las últimas décadas, pues siguen más la técnica de la lectura intuitiva, característica de la cartomancia moderna, que tiene origen en el deseo de Waite y la capacidad artística de Colman Smith de relacionar la interpretación de cada arcano con la imagen que lo sustenta, más que con el significado que se le atribuye.

La Bestia 666 y el Tarot de Thot

El lugar donde llevar a cabo su magia le fue inspirada a Crowley por el mago Abra-Melin:

> Lo primero que has de hacer es construir un oratorio en un lugar apartado. Este oratorio o templo deberá disponer de una puerta orientada al norte, que dé a

> una terraza o superficie plana cubierta de arena tan fina como la de un río. Al final de la terraza, habrá de instalarse un camarín en el que puedan congregarse los espíritus malvados (a los que uno podrá acercarse sin peligro una vez se haya invocado al santo ángel de la guarda), ya que su presencia dentro del oratorio está prohibida. Ese camarín deberá disponer de gran profusión de ventanas, de manera que los demonios del interior puedan ser vistos en todo momento.

La invocación de los demonios según este método requería un complejo y delicado ritual. Crowley lo siguió puntualmente y logró su objetivo: una vez hecho el conjuro, el camarín y la terraza «se poblaron en seguida de sombrías formas». Sin embargo, fue incapaz de controlar aquellas fuerzas. Oriens, Paimon, Ariton, Amaimon y sus ciento once servidores se escaparon y entraron en la casa.

Esta es la narrración de Crowley y su invocación a los demonios hecha en 1899 en Boleskine House, una mansión propiedad del mago en la orilla del lago Ness en Escocia.

Edward Alexander Crowley (1875-1947) nació en Royal Leamington Spa, Warwickshire (Inglaterra), en el seno de una familia adinerada. Su padre era un próspero empresario galés involucrado en la industria cervecera, a pesar de ser abstemio y un ferviente puritano afiliado a la secta fundamentalista cristiana de los Hermanos de Plymouth.

Criado en este ambiente, con una disciplina religiosa estricta, Crowley quedó huérfano tempranamente y heredó una considerable fortuna, lo que le posibilitó explorar todos sus intereses. Fue famoso por su estilo de vida hedonista y extravagante, y destacó como un aventurero consumado, viajero, deportista sexual, poeta prolífico, pintor enigmático, dudoso espía y dedicado místico y alquimista. A lo largo de su vida, Aleister Crowley se consolidó como el ocultista más influyente de su época y como fundador de la filosofía religiosa de Thelema. Esta multiplicidad de facetas contribuyó a considerar a Crowley como un profeta de la modernidad y un icono de la contracultura. Tal fue su fama que ha quedado bautizado como La Bestia 666, o el hombre más malvado del mundo. «Haz tu voluntad. Es la única ley» es el lema que nos ha dejado.

Hacia finales de 1898, Aleister Crowley fue admitido en la Orden Hermética de la Aurora Dorada, adoptando el nombre de Frater Perdurabo (el Hermano que perdurará hasta el final de los días). Aunque escaló rápida-

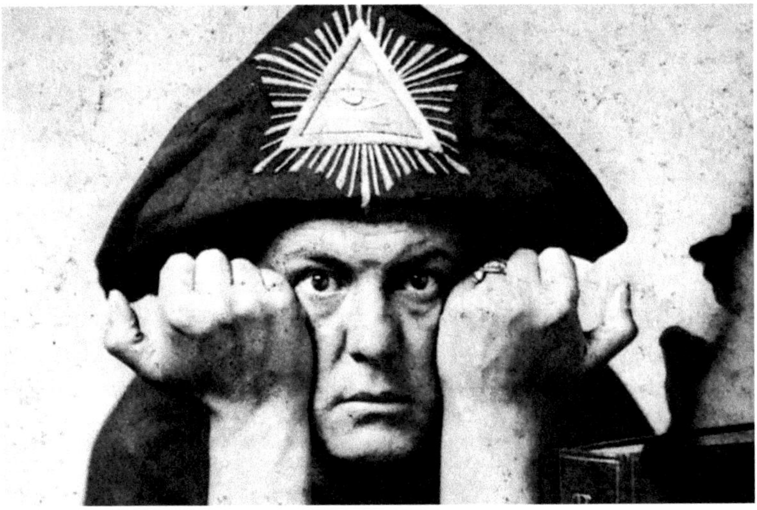

Aleister Crowley en posición ritual.

mente en los rangos de la orden (en un solo año alcanzó el grado de practicus), también fue el responsable de crear tensiones internas que condujeron a la división de la organización. Por este motivo, Crowley fue expulsado de esta sociedad secreta (se cree que fue su líder, S.L. McGregor Mathers, el que lo desterró de la orden). Así, en 1902 pasó a formar parte de la Ordo Templi Orientis, una sociedad masónico-rosacruz de la que saldría a los tres años para fundar su propia hermandad: la Astrum Argentum, la cual dirigió hasta el final de sus días.

Pero en la Golden Dawn Crowley aprendió muchas cosas y adoptó el tarot como una de sus herramientas favoritas para la práctica de la magia. Al igual que sus compañeros W.T. Horton y Arthur Edward Waite, Crowley quiso crear su propio tarot, una tarea que le llevaría prácticamente toda su vida, pues esta magna obra vio la luz tan solo tres años antes de su muerte. En un texto titulado *El libro de Thoth* presentó la baraja, así como un manual donde aparece un estudio sistemático y una descripción exhaustiva de los diferentes naipes, todo ello inspirado en su vasto conocimiento de la magia y el esoterismo.

En la creación del *Libro de Thoth* (o Tarot Egipcio), al igual que hizo Waite, Crowley contó con la ayuda de una artista femenina, Frieda Harris (1877-1962), a quien encargó el diseño de su tarot, que comprendía tanto los arcanos mayores como los menores. Crowley tenía una visión muy clara sobre las cartas de su mazo de tarot, basada en su sistema de creencias

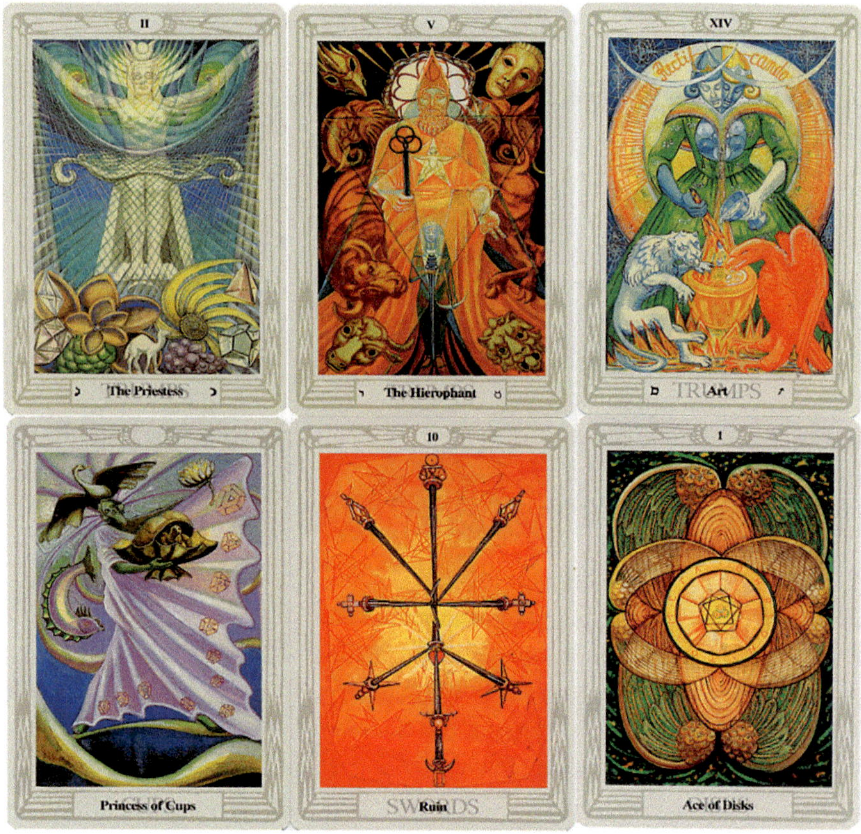

Tarot creado por Frieda Harris.

esotéricas; sin embargo, a pesar de sus habilidades artísticas, él no era un ilustrador experto. Fue entonces cuando Frieda Harris, con su talento y experiencia artística, se unió al proyecto con el cometido de dar vida visual a las visiones de Crowley. El proceso de creación del Tarot de Thoth fue muy colaborativo y duró varios años. Harris trabajó estrechamente con Crowley para capturar sus ideas y simbolismo en las ilustraciones. Pero Crowley fue implacable con Harris, apenas la dejó expresar su creatividad en este trabajo: se dice que llegó a hacerle repetir hasta ocho veces el diseño de algunas de sus cartas. El resultado fue un mazo de tarot profundamente simbólico y lleno de detalles intrincados que reflejan las enseñanzas y filosofía de Crowley.

Crowley concibió su tarot como un sistema en el que estaban implicadas las diferentes disciplinas de la historia del esoterismo. La Santa Qabala, como él la denominaba, está presente en los veintidós arcanos mayores, a los que denomina «atus». A cada carta le corresponde una de las veintidós letras hebreas, como ya vimos en las ideas de Papus. Con él comparte también su visión de un posible origen ancestral del tarot en Egipto, transmitido a través de generaciones gracias al pueblo gitano. Por otra parte, para Crowley, los triunfos están vinculados con los doce signos del Zodiaco y, por tanto, con la astrología. Y por su parte, los arcanos menores hacen referencia a los cuatro elementos, además de equiparse con las diez sefirot. Para Crowley, cada carta del tarot representa también un proceso alquímico específico, y cada carta tiene una correspondencia con un elemento. Además, Crowley ve el tarot como una herramienta para la transformación personal y la realización del Gran Trabajo, que es el objetivo final de la alquimia. Al igual que sucedía en el Minchiate, Crowley unifica todos esos saberes en su mazo de cartas, pero sin necesidad de ampliar el número de arcanos mayores.

Otra de las innovaciones que Crowley integra en su tarot es la sustitución de algunos arcanos mayores por nuevos Atus, así como una diferente ordenación. Así, por ejemplo, tenemos los naipes del Ajuste (que sustituye a la Justicia) y que en su sistema recoloca los Atus, la Lascivia (que sustituye a la Fortaleza), el Arte, el Aeón y el Universo. Así, vemos que la potencia sexual está presente tanto en la Lascivia como en los Amantes, ya que considera que el sexo es uno de los grandes motores de la magia. También da prevalencia a los conceptos universales en el Aeón y en el Universo, así como el Arte como símbolo de la fuerza creativa. Crowley elimina así las virtudes cristianas virando su tarot hacia las fuerzas ancestrales paganas vinculadas con la naturaleza.

En conclusión, *El Libro de Thoth* o Tarot de Crowley es una exploración teórica del simbolismo del tarot y su relación con la cábala, la astrología, la alquimia y el hermetismo. El texto proporciona una explicación detallada de los orígenes, correspondencias y significados del tarot, y presenta una interpretación única de los arcanos mayores y menores basada en la filosofía de Crowley y su Thelema. Se trata de una síntesis de la ideología mágica que Crowley atesoró a lo largo de su vida, tanto por los conocimientos adquiridos en materia esotérica como por las prácticas rituales que llevó a cabo de magia blanca y de magia negra. El *Libro de Thot* es, por tanto, un manual fundamental para el conocimiento del tarot contemporáneo.

Leonora Carrington y el feminismo en el tarot

Con sumo cuidado, tomó con unas pinzas una lámina de pan de oro, la depositó sobre una superficie que había sido preparada con pegamento fresco y la extendió con un pincel, ajustándose al dibujo. La hoja quedó un poco arrugada y, con una herramienta llamada diente de lobo, bruñó el metal gracias a su punta curvada hecha de ágata. Todo siguiendo las instrucciones de *El libro del arte* de Cennino Cennini, fechado en 1437.

Pero no estamos en un taller milanés allá en el siglo xv donde Bonifacio Bembo preparaba las cartas Visconti. La cronología de este hecho es muy posterior, a mediados del siglo xx. Y el protagonista de esta práctica artística no es un hombre, sino una mujer: Leonora Carrington, que se imbuyó de la sabiduría de los artífices renacentistas para crear sus láminas del tarot.

Tras los creadores de tarots de la Golden Dawn, y fuera de su ámbito, nos referiremos a una personalidad artística femenina que también fue autora y diseñadora de su propio tarot. Es verdad que no militó en ninguna sociedad secreta, pero no es menos cierto que personalidades como Oswald Wirth, Papus o Arthur Edwar Waite influyeron directamente en su concepción de la magia, en general, y en el estudio del tarot, en particular.

Pintora, escultora y escritora, entre otras muchas cosas, Leonora Carrington (Clayton-le-Woods, Lancashire, 1917-Ciudad de México, 2011) fue una de las artistas más relevantes en las filas del surrealismo. Leonora estuvo siempre fascinada por el mundo de la mitología. En una primera etapa de su vida, rechazó el cristianismo y estuvo cautivada por el mundo celta. De esta influencia extrajo algunos elementos iconográficos que representaban a deidades celtas como el dios astado Cernunnos. También se detuvo en personajes reales, como en la reina Boudica, con la que se identificó, reivindicando el papel de la mujer en la historia. Y podemos también afirmar que Leonora Carrington fue adalid de la causa de la mujer y reivindicó sus derechos, empoderándose con su arte y sus mensajes.

Pero la clave para entender la importancia que la tradición mitológica tuvo en la obra de Leonora Carrington la tenemos en su lectura de *La Diosa blanca* de 1948, ese magnífico tratado de Robert Graves sobre las deidades femeninas primigenias y que fue libro de cabecera para Carrington, además de inspiración hacia la búsqueda del eterno femenino.

Tiempo después, residiendo ya en México, su segunda patria, halló la siguiente gran influencia mitológica en su pensamiento y en su obra: los ma-

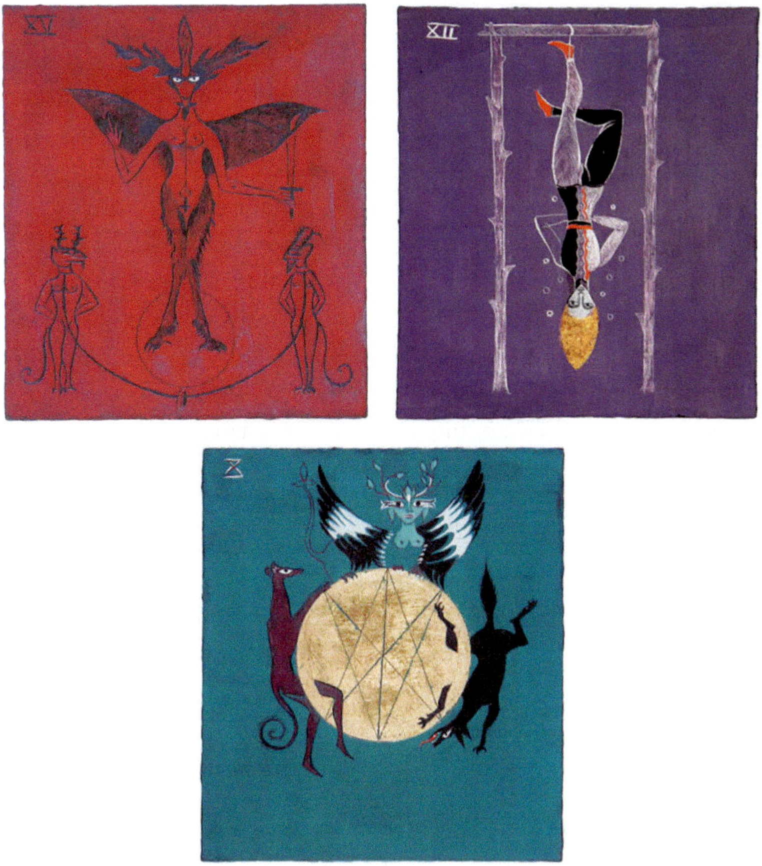

El Diablo, El Colgado y El Sol. Carrington/Artists Rights Society (ARS), Nueva York. © Estate of Leonora.

yas. Podemos decir que allí encontró nuevos referentes que plasmar a través de su pintura. Una obra capital, en este sentido, es *El mundo mágico de los mayas*, un gran lienzo coral dedicado a esta cultura precolombina.

El mundo de la magia y el esoterismo también cautivaron a Leonora Carrington y fueron pilares para su obra. Una lectura como *The Mirror of Magic* (1948) de Kurt Seligmann le abrió las puertas del ocultismo. Otra vertiente de estos saberes censurados fue su estudio desde muy joven de la cábala hebrea. Pudo profundizar en su estudio al casarse con «Chiki» Weisz, judío procedente de Hungría, además de en otras corrientes esotéricas, como el gnosticismo, los rosacruces o, muy en especial, las doctrinas del místico ruso George Gurdjieff.

Dado su interés por la magia, es lógico pensar también en la afición de nuestra pintora por el tarot. Así lo podemos ver en obras como *Carro de Molly Malone*, un lienzo cargado de simbolismo arcano, fundamentalmente animal y que evoca uno de los arcanos mayores del tarot: El Carro. Otra obra en la que la lectura del tarot se hace patente es *Playing tarot*, donde un grupo de personas, sentadas a la mesa y acompañadas por tres gatos, consultan a una anciana. Allí vemos papeles con mensajes indescifrables mientras en el ambiente flotan imágenes del tarot, de las que solo podemos reconocer la carta del Sol.

De su tarot, podemos decir que se trata de una colección de veintidós arcanos mayores en los que, partiendo del esquema típico del tarot marsellés, Leonora reinventa su iconografía para hacer suyos estos símbolos. No sabemos exactamente en qué fecha fue creado, solo tenemos la pista de dos arcanos fechados en 1955; el resto de las cartas no sabemos de cuándo datan. Lo cierto es que no son cartas como tal, sino unos cartoncillos de 14 × 16 cm.

Detengámonos en los dos arcanos de 1955: El Mago y La Suma Sacerdotisa. Sabemos de ellos el significado que tenían para la autora. El Mago es el iniciado, que dispone de unas herramientas que le permiten manifestar cualquier fenómeno; el color de fondo de esta carta, a diferencia de todos los anteriores, es negro. Por su parte, La Suma Sacerdotisa oculta los misterios y refleja la infinitud profunda del inconsciente; su fondo es también novedoso, de color rojo.

Lo que sí podemos afirmar sin ambages es que su tarot es una propuesta feminista de gran lucidez a la par que una propuesta artística esotérica. De acuerdo con la primera afirmación, y según Susan Alberth y Tere Arcq, editoras de su libro sobre el tarot, podríamos decir de este mazo que es un «mapa místico para acercarse a su reconcepción del mundo y sus jerarquías. Una vez acostumbrados a su metalenguaje, el mazo contiene reveses de género sorprendentemente audaces; se trata de un exhorto a retornar a una espiritualidad basada en lo femenino dirigida por mujeres, así como de la propuesta decisiva de que solo a través de la fusión alquímica de lo masculino y femenino podrá lograrse una verdadera equidad de género».

Respecto a la afirmación de que el Tarot de Leonora Carrington es una manifestación esotérica, también estamos en lo cierto. Y esto es así porque las ciencias ocultas, tanto su estudio como su práctica, inundaron la vida de Leonora. Los signos que crea en su tarot aparecen no solo en sus obras artísticas, sino que planean sobre sus relatos de ficción, obras de teatro, y también en escenografías y vestuarios.

El Tarot de Leonora Carrington se postula como uno de los más modernos de todos los que hemos analizado en este libro. Devuelve a su iconografía la presencia del eterno femenino, incorpora la simbología celta, maya, hebrea y de otras culturas, además de ser una propuesta mágica para aprender y practicar. Por desgracia, no es fácil hacerse con los veintidós arcanos de Leonora Carrington, pero desde aquí los reivindicamos.

Los arquetipos de Jung y el uso del tarot como herramienta de autoconocimiento

> Toda la Mitología puede ser entendida como una suerte de proyección del inconsciente colectivo. Podemos ver esto con más claridad cuando miramos las constelaciones estelares, aquellas originalmente formas caóticas fueron organizadas a través de la proyección de imágenes. Esto explica la influencia de las estrellas, como aseveran los astrólogos. Esas influencias no son nada menos que percepciones inconscientes e introspectivas del Inconsciente Colectivo.
>
> C.G. Jung.

Uno de los usos del tarot más empleados desde el siglo XX hasta nuestros días es su empleo como una herramienta de autoconocimiento. Está basado en la relación que existe entre los arquetipos jungianos y las figuras de las cartas del tarot. En esta materia, la referencia es la psicóloga y escritora estadounidense Sallie Nichols (1908-1982) que escribió el libro *Jung y el tarot*, publicado en 1980. El libro ha sido muy influyente en la comprensión del tarot como una herramienta para la autoexploración y el autoconocimiento. Uno de los logros de Nichols en su obra es poner de relieve cómo el tarot puede ser utilizado como una herramienta para acceder a los arquetipos y comprender cómo funcionan en la psique humana. Veamos el alcance de este texto fundamental en el uso contemporáneo del tarot.

Según Nichols, podríamos afirmar que los arquetipos de *Jung y el tarot* están conectados por su naturaleza simbólica y su capacidad para reflejar aspectos profundos de la psique humana y del inconsciente colectivo. Tanto los arquetipos como el tarot son herramientas que permiten explorar y comprender aspectos universales de la experiencia humana y brindan una vía para la introspección y el autoconocimiento.

Carl Gustav Jung desarrolló la teoría de los arquetipos como parte de su enfoque de la psicología analítica. Los arquetipos son patrones univer-

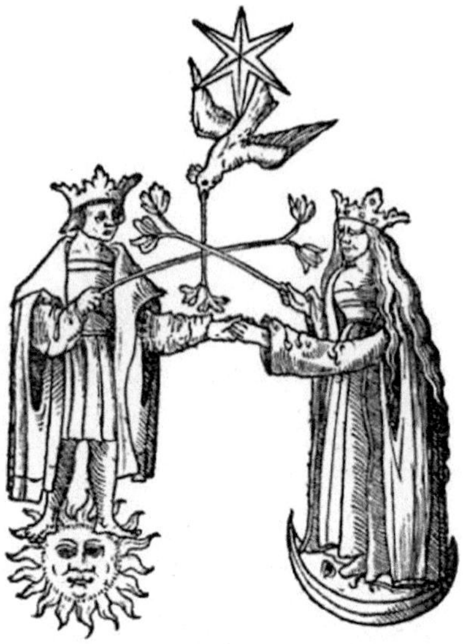

El rey y la reina, lámina 2 del Rosarium philosophorum *incluida en la obra de Jung* La psicología de la transferencia, *1946. Figura alquímica ilustrativa de los fenómenos transferenciales desde la óptica de la psicología analítica.*

sales e innatos de pensamientos, emociones y comportamientos que se encuentran en el inconsciente colectivo de la humanidad. Estos arquetipos son elementos básicos de la psique humana y se manifiestan en mitos, leyendas, sueños y símbolos a lo largo de la historia y las culturas.

Así, el tarot sería un conjunto de símbolos arquetípicos que representaría diferentes aspectos de la experiencia humana. Cada carta del tarot se asociaría con un arquetipo específico o una experiencia humana universal. A la luz de *Jung y el tarot*, podemos encontrar diferentes correlaciones, algunas de las cuales relacionamos a continuación.

El Loco es un arquetipo que se presenta como el puente entre el caos del inconsciente y el mundo ordenado de la conciencia. Según Nichols, El Loco se relacionaría con el arquetipo del embaucador, ya que ambos representan la capacidad de engañar y ser engañado. El Loco es un personaje solitario y misterioso, cuyo método es secreto y espontáneo.

El Mago, por su parte, es creador a la par que tramposo, capaz de generar ilusiones y engañar a los demás. Es un personaje veloz y astuto, cuya mano parece tener una inteligencia propia. A diferencia del Loco, que es un personaje solitario y misterioso, El Mago es un profesional de la prestidigitación, hace pasar por creíble lo increíble.

La Emperatriz y El Emperador son dos de las cartas que representan la dualidad y la complementariedad de los opuestos. En este caso, se corresponden con los arquetipos del padre y de la madre. La Emperatriz simbolizaría la fertilidad, la creatividad y la intuición, y el Emperador representaría la autoridad, la estabilidad y la razón. Ambos arquetipos son una pareja unida y no pueden actuar creativamente la una sin la otra.

Sin embargo, La Papisa y El Papa van separados en el discurso de Nichols. Primero presenta la figura de La Papisa, como La Sabiduría. La vemos en-

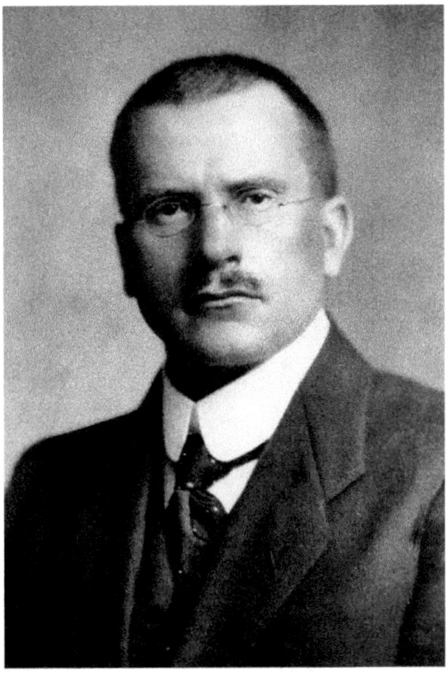

Carl Gustav Jung en 1915.

tronizada y con un libro abierto, lo que simboliza el misterio, la intuición y la sabiduría oculta. Y después, tras la pareja del Emperador y La Emperatriz, El Papa es el emisario de Dios en la Tierra, el Pontifex, el puente entre los dos mundos: el celestial y el terrenal. A diferencia de La Papisa, representa la autoridad, la tradición y la ortodoxia. También podría encarnarse en la figura del Maestro.

Por su parte, El Enamorado es el arquetipo del Amante, que representa la elección, la pasión y el conflicto interno. En la carta, se muestra a un joven ubicado entre dos mujeres, una rubia y otra morena, que representan la elección entre dos caminos o dos opciones. El joven parece estar indeciso y confundido, y un arquero alado apunta hacia su corazón, lo que sugiere que su elección tendrá consecuencias emocionales importantes. La carta también puede representar la lucha entre el amor y la razón, o la elección entre la pasión y la responsabilidad.

El Diablo se corresponde con el arquetipo de La Sombra, que representa los aspectos oscuros y reprimidos de la psique. Simboliza la tentación, la adicción y la oscuridad. La carta muestra una figura demoníaca con cuernos y alas, que tiene a dos figuras humanas encadenadas a sus pies. La figura del Diablo representa los aspectos oscuros y reprimidos de la psique humana, como la lujuria, la avaricia y la violencia. También puede significar la tentación de seguir un camino fácil y egoísta, en lugar de afrontar los desafíos y responsabilidades de la vida.

La Torre podría equipararse con el arquetipo de la Destrucción, que representa la necesidad de dejar ir lo viejo para dar paso a lo nuevo. En la carta vemos una torre en llamas, con personas saltando al vacío para escapar del peligro. Es la necesidad de dejar ir lo viejo y lo obsoleto para dar paso a lo nuevo y lo auténtico.

El Sol sería el arquetipo del Niño Divino, que representa la inocencia, la alegría y la creatividad. También puede ser el símbolo de la pureza y la claridad mental. En algunas interpretaciones, El Sol también puede significar la integración de los aspectos opuestos de la psique, como la luz y la sombra, el masculino y el femenino, o el consciente y el inconsciente.

Por último, haremos referencia al Juicio, el arquetipo de la Renovación, que representa la transformación y el renacimiento espiritual. La carta representa el Juicio Final, donde los ángeles del Apocalipsis tocan sus trompetas y se abren los infiernos. El Juicio es una carta que nos recuerda que el cambio y la transformación son necesarios para nuestro crecimiento y evolución, y que debemos estar dispuestos a afrontar las consecuencias de nuestras acciones para poder avanzar en nuestro camino.

El tarot se puede utilizar como una herramienta de autoconocimiento a través de la meditación y la reflexión sobre los símbolos y las imágenes de las cartas, como en los ejemplos que acabamos de describir. Para utilizar el tarot de esta manera, es importante tener una actitud abierta y receptiva, y estar dispuesto a explorar los aspectos más profundos y auténticos de la psique.

Una forma de utilizar el tarot para el autoconocimiento es elegir una carta al azar y reflexionar sobre su significado y simbolismo. Puede ser útil plantear preguntas abiertas y exploratorias, como: «¿Qué aspecto de mi vida representa esta carta?» o «¿Qué mensaje me está enviando esta carta en este momento de mi vida?».

Otra forma de utilizar el tarot para el autoconocimiento es la de una lectura completa, en la que se exploran varias cartas y se analizan sus relaciones y significados en conjunto. Esta práctica puede ser más compleja y requiere un conocimiento más profundo de los símbolos y las interpretaciones del tarot.

En cualquier caso, y de acuerdo con Sallie Nichols, es importante recordar que el tarot puede ser una herramienta de autoconocimiento y exploración personal basado en sus relaciones con los arquetipos junguianos. Por ello, las respuestas y los mensajes que se reciben a través de las cartas son subjetivos e individuales.

Alan Moore: el tarot y la magia del caos

> Soy Promethea, la niña que se encuentra entre la tierra firme y el aire insustancial, un pensamiento de sueño que aún recorre las hebras empapadas por la lluvia de la materia, y los mortales son las sandalias que llevo puestas. Soy Promethea. Desde la luz pura de la Mente me inclino hacia la oscura penumbra de

> la Tierra, desde el día de las Fábulas descendiendo a la fría y pesada noche de los Hechos, desde atmósferas líricas hasta el barro de los mamíferos. Soy Promethea, el rumor, la rama mítica que la Razón se esfuerza por doblar. Soy esa voz que permanece una vez que el libro está hecho [...] Soy el sueño que el despertar no termina.
>
> Alan Moore. *Promethea*

Alan Moore nació en 1953 en Northampton, Inglaterra. Es un reconocido escritor, guionista y artista británico. Es famoso por sus contribuciones al mundo de los cómics y por su interés en el ocultismo y la magia. Su enfoque en los temas oscuros se ha reflejado en gran parte de su trabajo y en su propia vida.

Alan Moore comenzó su carrera guionizando cómics a finales de los años 70 y principios de los 80. Destacó por su enfoque oscuro y subversivo en todos sus escritos. Su trabajo en títulos como *Swamp Thing* para DC Comics y su serie *V for Vendetta*, co-creada con el artista David Lloyd, lo llevaron al éxito en la industria de los cómics. En este campo triunfó también con títulos como *From Hell*, *Promethea* y *Watchmen*.

A medida que avanzaba su carrera, Moore se fue interesando cada vez más por el ocultismo y la espiritualidad. Se adentró en el estudio de la magia ceremonial, la cábala, la alquimia y otras tradiciones esotéricas. Estas influencias comenzaron a reflejarse en su obra, cada vez de forma más patente. De hecho, también comenzó a publicar textos en fanzines y publicaciones *underground* dedicadas a la magia, donde iba exponiendo su filosofía y concepción de la magia. Algunas de estas obras han sido editadas en castellano por La Felguera, como *Ángeles fósiles* (2014).

Si analizamos más en detalle la obra de Moore, vemos que su ideología ocultista se basa en el caos (él inaugura la disciplina conocida como «magia del caos»). Tiene, además, un sesgo político anarquista, pues asegura que no hay otro tipo de sociedad en la que un mago pueda reconocerse y autorrealizarse. La magia, para Moore, requiere de un dios, pero no el dios cristiano, mahometano, judío o de otra de las grandes religiones. Ha de ser un dios propio, elegido por uno mismo, una entidad creada por el mago y que sirva para lograr su propia trascendencia.

Moore no aboga por el conocimiento empírico para hacer magia. No hay fórmulas secretas que repetir ni invocaciones que copiar de otros magos. Para Moore, la magia tiene más que ver con el arte. Vivir tu vida como una obra artística te permite realizarte en la magia. En este sentido nos puede recordar tal vez a otro de sus compatriotas que ya hemos estudiado: Aleister Crowley. Sin duda ha sido una inspiración para él, como podemos ver en algunos de sus textos, por ejemplo, *A cartomantic mirror*, en el que Moore analiza una tirada con el Tarot de Crowley.

Una de las cuestiones más singulares de la magia que promueve Alan Moore es que una de sus vertientes se lleva a cabo a través de la música. En 1994 fundó su propio grupo musical mágico, llamado The Moon and Serpent Grand Egyptian Theatre of Marvels, al que pertenecen, entre otros, los músicos David J. del grupo gótico Bauhaus y Tim Perkins. Algunos de sus álbumes son *The Birth Caul* (1996), *The Highbury Working, A Beat Séance* (2000), *Angel Passage* (2002) o *Snakes and Ladders* (2003). Cada una de sus actuaciones es una *performance* hecha con una intención mágica y ritual.

Para hablar de Alan Moore y la creación de un tarot, nos tenemos que referir a su cómic *Promethea*, dibujado por J.H. Williams III. Se trata de un cuento ubicado en la Alejandría del siglo v a.C. Allí un mago es asesinado por los cristianos. Su hija pequeña, Promethea, se refugia en el desierto, bajo la protección de los dioses de su padre, y se vuelve inmortal transformándose en una historia. Tras este hecho fantástico, cada vez que un creador la imagina con suficiente intensidad, Promethea se encarna en el mundo físico como una superheroína.

En el número doce de esta serie de cómics, Alan Moore propone un guión en el que cada una de sus veintidós páginas es un arcano mayor, al mismo tiempo que narra una historia completa del universo, desde el Big Bang hasta el futuro de la humanidad dentro de eones. Otro guiño, de nuevo a Crowley, es que en la historieta refleja un curioso chiste de la Bestia 666 sobre el significado de la magia. Aunque el cómic está dibujado por J.H. Williams III, es Moore el que proporciona hasta el más mínimo detalle de cómo ha de ser la factura gráfica de la historia. Estas viñetas reflejan una estructura cuidadísima donde Moore hace que encajen todas las piezas perfectamente. Es un ejercicio de creación mágica sin parangón dentro de la cultura contemporánea, pues elementos como las *sefirot* de la cábala o las visiones del Apocalipsis se dan la mano en la geometría mágica inserta dentro de los arcanos mayores del tarot.

También existe un Tarot de Watchmen, pero que no fue concebido por Moore, sino que se trata de un producto de su *fandom* en el que se trasponen los personajes e historias del cómic a los naipes de una baraja de tarot tradicional.

Podríamos decir, por tanto, que Alan Moore es uno de los magos contemporáneos que más fama ha alcanzado, gracias sobre todo a la promul-

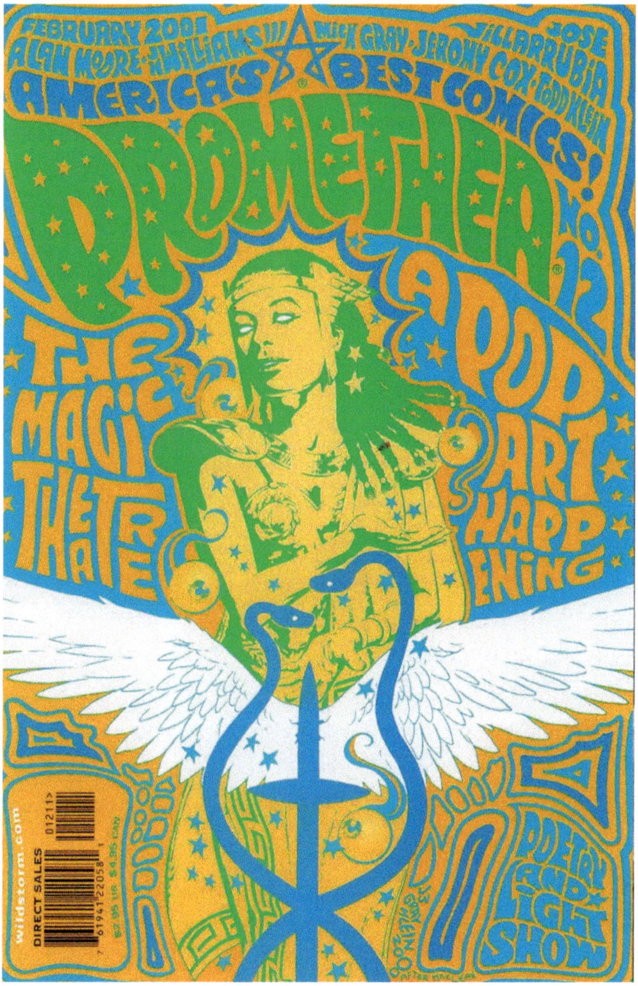

Portada de Promethea *#12.*

gación de su magia del caos. Además, el tarot es para él una herramienta de trabajo que tiene imbuida en su personalidad y que, además, adquiere forma concreta en algunas de sus creaciones, como es el caso de *Promethea*, ya lo hemos visto. Moore sigue en activo, así que habrá que estar atentos a la evolución de su magia del caos y de su vinculación con el tarot.

10

El Tarot en el mundo hispano

Hoy, todos sabemos que el Tarot es en sí una construcción viva, una vía pura integral, somos nosotros, es el universo. Para verlo necesitamos un método que la ciencia podría aceptar y que permitiría mantener una serie de pruebas objetivas, y no ya subjetivas, basadas en escala de valores personales sobre la validez del tarot. Estando a un paso del año 2000, o lo que los astrólogos llaman la Era de Acuario, el estudio del tarot forma parte de los sectores que se sitúan al límite de la ciencia avanzada, en la frontera entre dos dominios determinados, pero que se cruzan a menudo; por un lado, el inconsciente colectivo en el sentido que Jung le ha dado, y las leyes olomónicas del universo, por otro.

Esto enunciaba Maritxu Güller en 1989. Ella era una vidente que pretendía buscar una razón lógica y demostrable para avalar la realidad de las predicciones mánticas como el tarot. Desarrolló su trabajo de adivinación con esta herramienta a lo largo del siglo XX y es encomiable su tarea de divulgación de la cartomancia. Ahondaremos en su vida y en los tarots que creó un poco más adelante.

Aquí comienza el último capítulo de este libro en el que nos centramos en el ámbito hispano, tardío en lo que al uso y al estudio del tarot se refiere, pero que, como veremos, ha sido generador de algunos hitos importantes dentro de la historia reciente del tarot. Vamos allá.

María Isabel Grañén Porrúa y el Tarot de Moctezuma

La llegada de los españoles a América supuso una migración de nuestra cultura hacia el nuevo continente. Objetos cotidianos viajaron entre las dos tierras y calaron hondo entre los nativos. Pues bien, los naipes fueron uno de esos artículos que pronto llegaron a América de la mano de los españoles. Y si dirigimos nuestros pasos hasta el Archivo de Indias en Sevilla, nos encontraremos con una plancha de 18 cartas, a las que popularmente se conoce como el Tarot de Hermes y Moctezuma, pues se trata de un sincretismo entre los símbolos de una baraja de triunfos europea y personajes de la cultura mexica. Sabemos que se fabricó en el taller del segundo administrador del estanco de naipes en México, Alonso Martínez de Orteguilla, en 1583. Así que, en menos de un siglo tras el descubrimiento de América, ya estaban implantadas en la Nueva España las fábricas de barajas.

María Isabel Grañén Porrúa es una investigadora de la cultura mexicana que ha trabajado sobre esta baraja. Se trata de una mujer singular, historiadora de arte, a la vez que bibliotecaria, y que ha abierto muchas sendas en su camino: la de madre lectora que enseña a otras madres de familia a leer a sus hijos, la de maestra (o más bien *magister*), la de historiadora que cuida de libros incunables y ediciones extrañas, o librera en el centro de Oaxaca. Ella ha sido la que ha dado a conocer esta curiosa baraja en un trabajo de 1997 titulado «Hermes y Moctezuma, un tarot mexicano del siglo XVI» publicado en la revista *Estudios de Cultura Náhuatl*, señera en la Universidad Nacional Autónoma de México. En este trabajo ha destacado las ocho figuras de iconografía americanista frente a las diez de corte europeo. Veamos algunas de ellas.

La carta de Moctezuma es la más importante de la baraja, en la que se observa a los dos últimos emperadores mexicas: Moctezuma II y Cuauhtémoc. La carta de Moctezuma muestra al emperador de pie, extendiendo la mano con un hermoso collar, lo que recuerda su gesto del regalo que hizo a Hernán Cortés en el momento de su presentación, tal como lo representa el Códice Florentino. Entre sus piernas se ve la palabra «México». En la parte superior izquierda de la misma carta, se aprecia un glifo azteca que representa una casa (*calh*), sobre la cual se ve el escudo de Tenochtitlan.

Pareja de este naipe es el dedicado a Cuauhtémoc, el último emperador de México-Tenochtitlan. Sabemos de él que se distinguió como guerrero y fue también sacerdote. En 1521 subió al trono y llevó a cabo la heroica de-

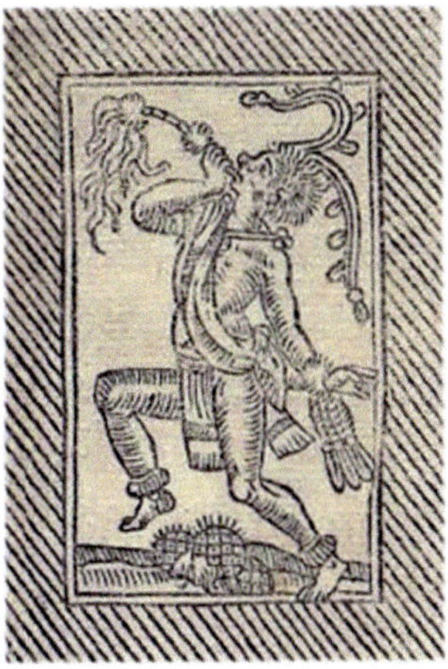

1

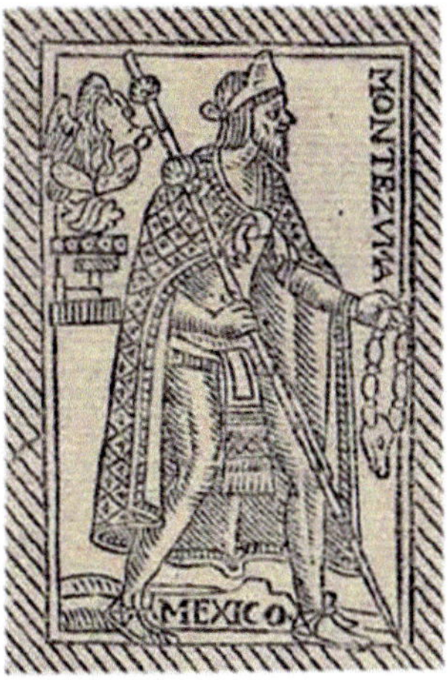

2

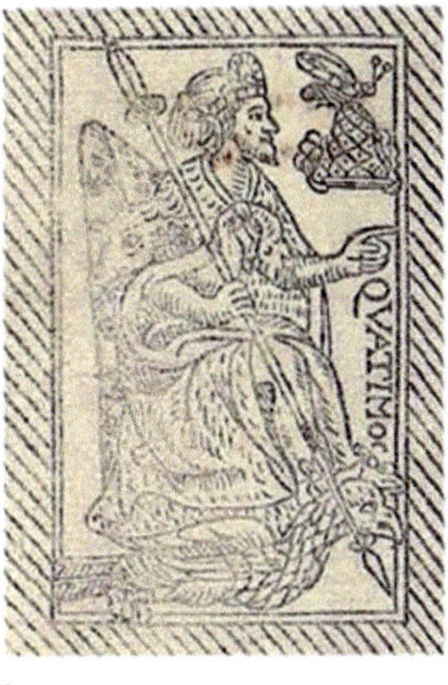

3

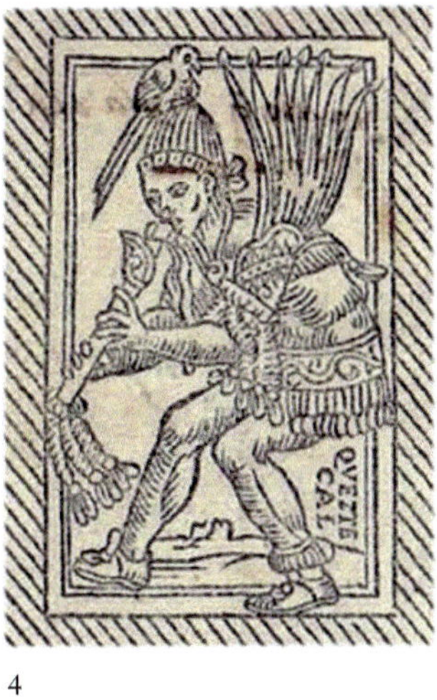

4

Pruebas de impresión de naipes (detalles). México, 1583. Archivo General de Indias. Sevilla, MP-MÉXICO, 73, 1: indígena danzante; 2: «Montezuma»; 3: «Quatimoc»; 4: Músico indígena o «Quetzecal».

fensa de su patria para detener el ataque de los españoles. En 1525 fue acusado por participar en una supuesta conspiración en contra de la Corona española y Hernán Cortés ordenó su muerte. Su nombre significa «águila que cae», animal representado a sus pies. Para facilitar la identificación de este personaje, la carta lleva su nombre: «Qvatimoc». Aparece sentado en su trono, a la manera de las representaciones precolombinas. Lleva el pelo atado y barba, sostiene el bastón de mando y viste indumentaria de empe-

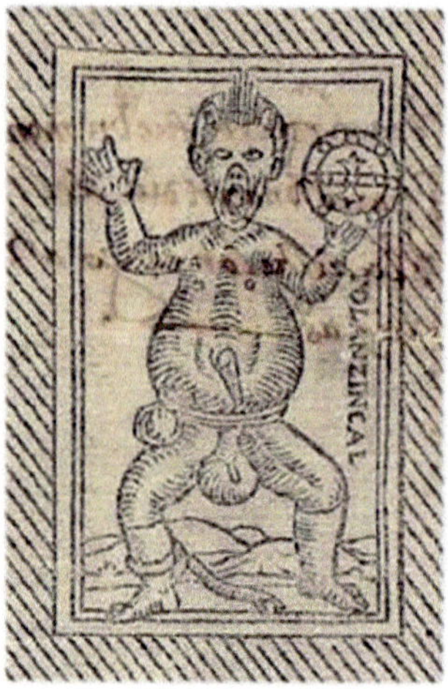

5

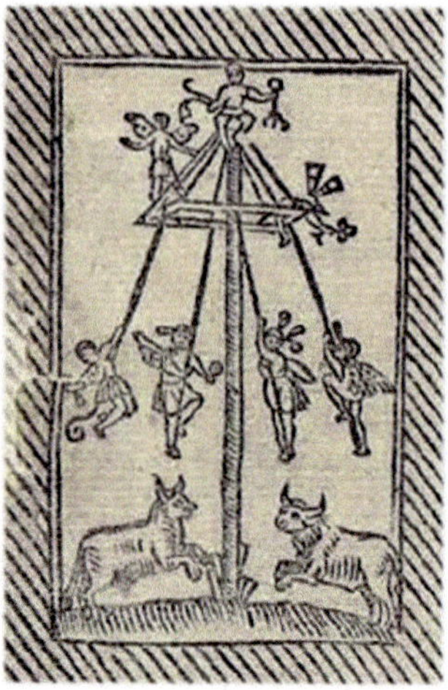

6

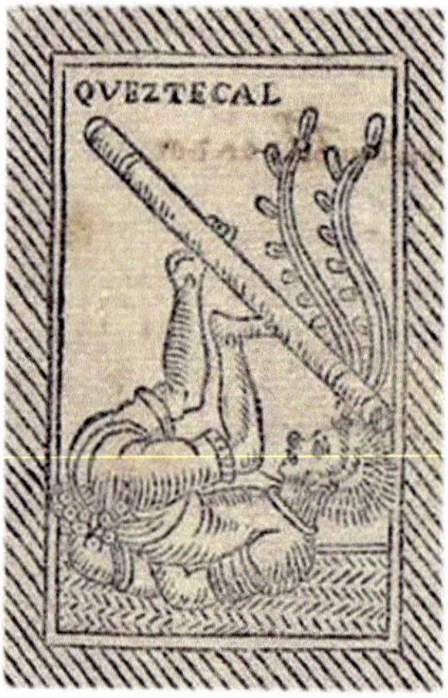

7

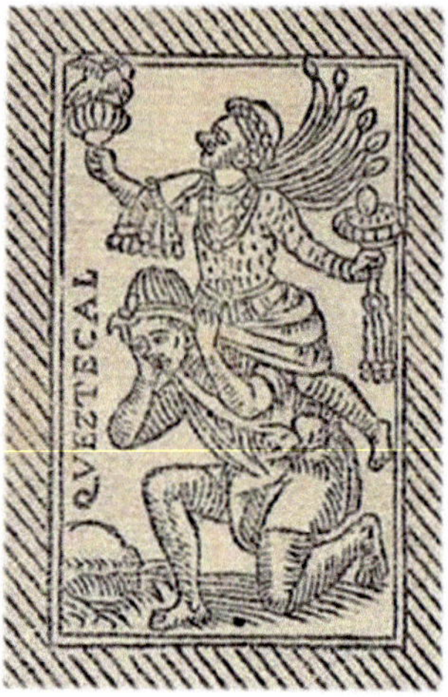

8

Pruebas de impresión de naipes (detalles). México, 1583. Archivo General de Indias. Sevilla, MP-MÉXICO, 73, 5: monstruo de Tulancingo o «Tolanzincal»; 6: los voladores; 7: indígena malabarista o «Quetzecal»; 8: macehuall *llevando un noble acuestas o «Quetzecall».*

rador: su *xiuhtilmatli* o capa atada sobre el pecho. Porta también una corona en la cabeza y calza unas cotaras.

Si seguimos analizando la baraja observamos la presencia de dos quimeras. Las quimeras son representaciones alegóricas híbridas de origen europeo y que conjugan una infinidad de combinaciones zoomorfas y antropomorfas, como cabezas humanas, melenas de león, pechos de mujer, colas de dragón, cuerpos de cabra, entre otras formas. Además, se menciona que suelen ser aladas.

Otro naipe singular representa un mono que, según la literatura emblemática, posee el significado oculto de la lujuria y suele aparecer con un espejo, símbolo de la vanidad, pues mira a su propio reflejo. En la baraja novohispana, el mono está encadenado a unas barras que simbolizan la ociosidad y constituyen «el caldo del cultivo de la lujuria». Los grilletes representan la esclavitud del hombre por sus deseos interiores y terrenales.

Otro animal en la baraja de Moctezuma es el ibis, una especie de pájaro con patas de grulla y un pico torcido, que simboliza la avaricia. Esta ave, que vive en las orillas del río, se ha asociado con la avaricia debido a que se alimenta de los peces que los pescadores no han podido atrapar.

De ascendencia americana contamos también con una curiosa carta que representa a un indígena en estado de trance. En ella vemos a un personaje ataviado con su *maxtlatl*, o taparrabos, cuyas puntas caen una al frente y otra por detrás. Lleva una manta que pasa por el hombro izquierdo y se ata al lado derecho de la cintura y le cubre media parte del torso. Lleva brazaletes en las pantorrillas y un collar en el cuello. Su cabeza muestra dos enormes lazos con cascabeles, que nos recuerdan las cintas usadas por los bufones medievales. En la muñeca izquierda lleva una especie de pulsera de la que cuelgan plumas y en la mano derecha, una caña de la que emana una especie de humo. El matiz que nos refiere al estado de trance es que observamos que extrae una droga tóxica, que nos habla de algún ritual asociado con los efectos que los indígenas solían consumir.

Otros naipes relativos al mundo americano hacen referencia a juegos, danzas y ritos tradicionales. Con ellos se cierra el ciclo mesoamericano de la baraja de Moctezuma.

Es verdad que, en puridad, no podemos hablar propiamente de un tarot con todas las de la ley, pero vista su datación, en el siglo XVI, es muy probable que estas dieciocho cartas, que no son cartas numerales, puedan ser triunfos, a la manera que lo fueron las cartas singulares de barajas como las visconteas que vimos al comienzo de este libro. Esto nos sirve para tomar conciencia de que, una vez nacido el tarot, se fue propagando primero por Europa y después por América, y que sufrió numerosos cambios. De hecho, los cuatro palos tradicionales (Oros, Copas, Espadas y Bastos) también mutaron en la baraja francesa hacia Picas, Diamantes, Corazones y Tréboles. Así que podemos afirmar que el tarot es un ser vivo que, desde sus orígenes, ha ido mutando. Algunas barajas perduran y otras desaparecieron. Aquí tenemos un ejemplo de cómo los triunfos europeos viajaron a América y se imbuyeron del espíritu indígena, pero que no se desarrollaron. Sin embargo, este hallazgo del Archivo de Indias nos da cuenta de cómo el juego del tarot fue absorbido en el Nuevo Mundo.

El doctor Moorne y el Tarot Catalán

Para conocer un tarot genuinamente español tenemos que esperar a fechas tardías, ya en el siglo XX. Es en este momento donde aparece un extraño personaje, el Dr. Moorne, cuyo trabajo está un tanto velado entre las sombras y sobre él no hay más que rumores y atribuciones sin tener todavía una evidencia clara sobre la autoría de sus obras.

Algunos datos hacen pensar que el Dr. Moorne pudo ser el seudónimo de un ocultista y experto en el tarot, José María de Jesús Ferrer y Coso, que nació en Tarragona en 1897 y murió en Barcelona en 1975.

Lo que sabemos de él es que se interesó por el ocultismo desde muy joven y, a principios de la década de 1920, comenzó a publicar sus primeros artículos sobre el tema en revistas especializadas. En 1930 publicó su primer libro, *El supremo arte de echar las cartas*, que se convirtió en un éxito de ventas.

Ferrer y Coso escribió más de 20 libros sobre ocultismo y tarot, entre ellos *El libro de las sombras*, *El libro de los ángeles* y *El libro de los muertos*. También fundó la revista *Tarot* y la editorial Humanitas, que sigue publicando libros sobre ocultismo y esoterismo hoy en día.

El Dr. Moorne ha pasado a la posteridad como el creador del Tarot Catalán. El nombre de este mazo se debe a los naipes de tipo catalán que aparecen en el borde superior izquierdo de cada carta. Además, la baraja se acompaña de un texto explicativo. Allí, el doctor Moorne explica lo siguiente: «No sin grandes sacrificios, tanto pecuniarios como intelectuales, hemos podido presentar a nuestros lectores cuatro barajas en una sola, a saber: los tarots Egipcios [...] la baraja que Etteilla compuso [...] y las barajas francesa y española [...] finalmente los 22 arcanos que se componen de los números del 1 al 21 y el 78 y son los que llevan el alfabeto sagrado. De este modo, cada cual puede servirse del que más le plazca y hacer el juego que tenga por conveniente, sin que para ello le sirvan de estorbo los demás».

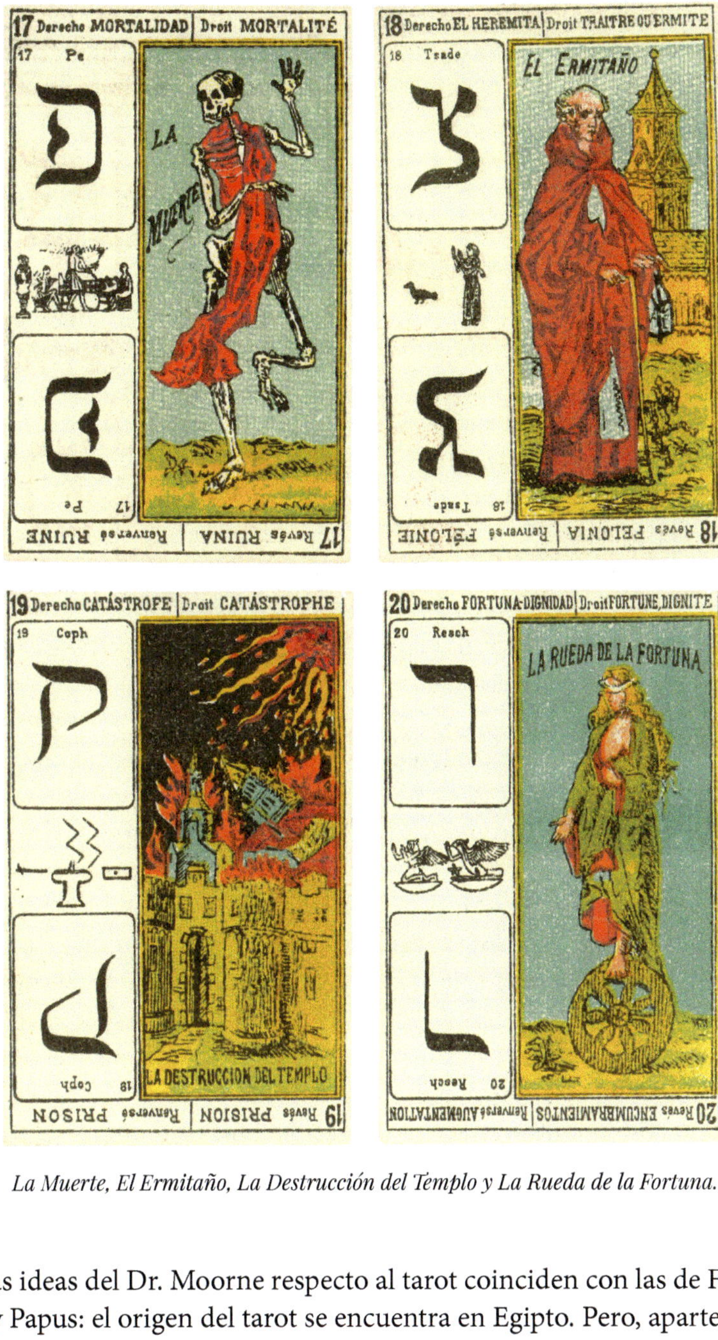

La Muerte, El Ermitaño, La Destrucción del Templo y La Rueda de la Fortuna.

Las ideas del Dr. Moorne respecto al tarot coinciden con las de Falconnier y Papus: el origen del tarot se encuentra en Egipto. Pero, aparte de estas fuentes, Moorne fue un paso más allá. Según él, los antiguos egipcios y caldeos crearon un grandioso libro que consultaban diariamente. Este contenía 78 cartones jeroglíficos que representaban todas las acciones de la vida humana y todos los sentimientos que puede albergar el corazón del hombre.

Según él, estos jeroglíficos fueron adaptados a las 74 cartas de la baraja francesa por Guillaume Postel, un erudito francés del siglo XVI que se especializó en lenguas orientales y religiosas. Postel escribió una obra titulada *Clave de las cosas ocultas*, allá en 1540, basándose en que el significado de los jeroglíficos egipcios sería el fundamento de las cartas del tarot. Estas correspondencias habrían sido descifradas a partir del libro original de Thot, que era un libro antiguo atribuido a Henoc, Hermes y Cadmus. Fue el único libro que escapó de las llamas cuando, por orden de Omar, se prendió fuego a la Biblioteca de Alejandría. De este libro solo existen dos ejemplares, uno se encuentra en el Museo Británico de Londres y otro, en la Biblioteca Nacional de París.

La síntesis de esta investigación devino en la creación del Tarot Catalán o Tarot del Dr. Moorne, primer tarot original de factura española, fechado en 1930. Esta baraja es muy singular y sigue las investigaciones que acabamos de mencionar. Se trata de una baraja de estilo egipcio, pero mezclada con otros elementos de la cartomancia de su época. Como los tarots de su época, está numerado del 1 al 78, pero lo curioso es que el número 78 se corresponde con el arcano del Loco, que usualmente lleva el número cero.

Veamos cómo son las cartas de este tarot. En los arcanos mayores, cada naipe tiene una imagen extraída del Tarot Etteilla; a la derecha y a la izquierda tiene las letras hebreas dobles para que se aprecien igual del derecho que del revés (aunque cada carta tiene un significado distinto según su posición); en el medio de las letras aparece una escena inspirada en el arte del Antiguo Egipto, alegoría del significado del arcano. En los arcanos menores, se sustituyen las letras por láminas de dos barajas; arriba la española y abajo la inglesa.

Lo más relevante de este tarot es la originalidad del nombre y el significado de los arcanos mayores, que se explica en el libro *El supremo arte de echar las cartas*. Los primeros arcanos mayores tienen nombres egipcios: el Rey Thot o el Consultante, Osiris o la Gloria, y Isis o la Luna. A estos les siguen otros como el Cielo o el Despojo, la Felicidad o la Miseria, la Noche o el Día, el Apoyo o la Protección, la Virtud o la Consultante, para continuar con arcanos ya conocidos como la Justicia, el Soberano o el Sacerdote. Este libro explica detenidamente el significado de cada carta al derecho o al revés, multiplicando así el número de combinaciones de estas cartas en cada una de las tiradas del tarot.

Numerados del 78 hacia abajo tenemos los arcanos menores, a los que esta baraja asigna también una simbología particular. Aparecen personajes relacionados con las ciencias ocultas como Hermes Trismegisto o Zoroastro, así como los descendientes de las tribus judías. A la vista de estos elementos, podemos deducir que el Dr. Moorne se basó también en la corriente surgida con Papus, que ya vimos que postulaba, además del origen egipcio del tarot, su correspondencia con las letras hebreas.

Pero Moorne fue más allá en sus estudios sobre las ciencias ocultas. Podemos señalar la traducción que realizó de un texto controvertido: *La magia suprema, negra, roja e infernal, de los caldeos y de los egipcios*, original de Jonás Sufrino, surgido al albor del *Libro de San Cipriano*, un libro de magia que se habría transmitido de generación en generación durante siglos. Se cree que fue escrito por san Cipriano, un mago del siglo III que se convirtió al cristianismo y fue martirizado por sus creencias. El libro contiene una serie de rituales y hechizos que el libro asegura su poder. Sin embargo, el libro también se asocia con el satanismo y el ocultismo, y se ha utilizado para propósitos nefastos.

Queda mucho por saber todavía de la enigmática figura del Dr. Moorne y de su singular y original Tarot Catalán. A este respecto, estamos a la espera de la publicación de las investigaciones de Victoria Braojos Nieves, que sin duda arrojarán luz al estudio de este personaje y su baraja.

Dalí y su tarot

El arcano I del tarot de Dalí representa al propio artista en el interior de una capilla gótica y, frente a él, una mesa con distintos objetos. Es la misma imagen que veíamos en el Tarot de Marsella. Si El Mago de las barajas marsellesas era en realidad un prestidigitador, Dalí reivindica para su figura esa aureola de embaucador. Muchas veces se ha dicho que Dalí permitió que se falsificara su obra, que dejó hojas en blanco firmadas, así como un sinfín de trucos de trilero. Quizá esto no sea más que una leyenda negra para desacreditar al genio de Figueras. Como quiera que sea, este arcano I del tarot de Dalí es un guiño a su actitud picaresca ante la vida.

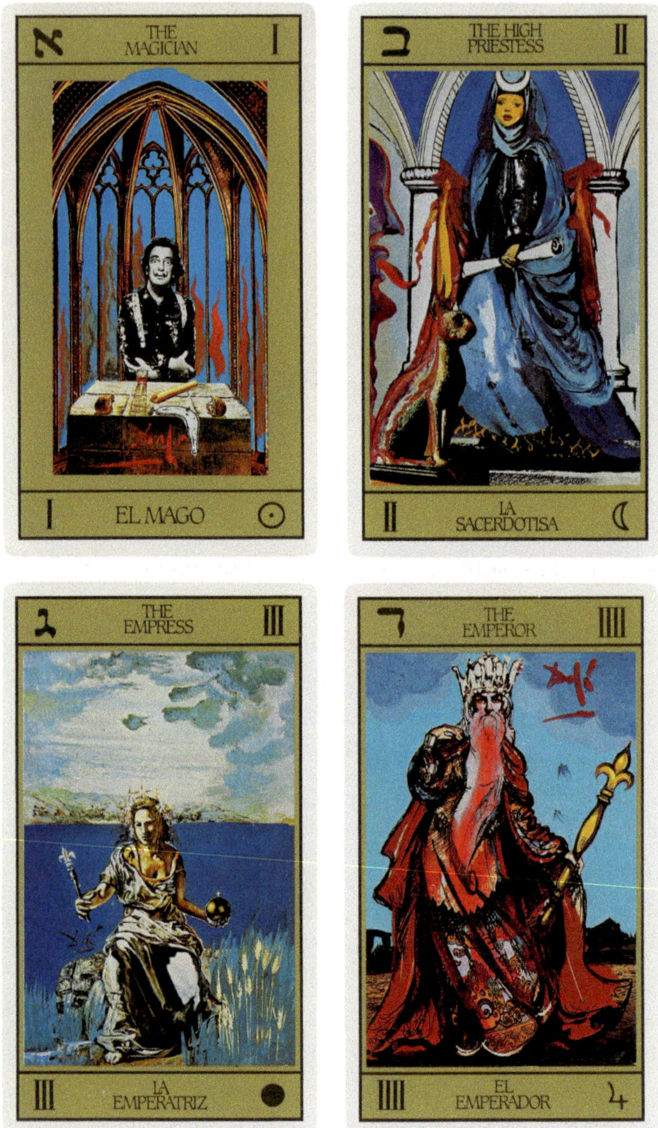

El Mago, La Sacerdotisa, La Emperatriz y El Emperador.
Cedidas por el Museo Fournier.

Salvador Dalí (1904-1989) nació y falleció en Figueras. Este gran surrealista español tuvo una profunda fascinación por el esoterismo y las disciplinas ocultas a lo largo de su vida. Su interés por estos temas influyó en gran medida en su obra artística y en su enfoque creativo.

Desde niño, Dalí mostró ya interés por los temas esotéricos y místicos. Durante su juventud, se acercó al mundo de la literatura oculta y leyó textos sobre magia, alquimia, simbolismo y filosofía hermética. Este conocimiento lo llevó a incorporar símbolos y conceptos esotéricos en su arte.

En la década de 1920, Dalí se unió al movimiento surrealista, un grupo de artistas y escritores que buscaban explorar el subconsciente y lo irracional a través del arte fascinados por las teorías de Sigmund Freud. El surrealismo tenía una conexión intrínseca con el mundo de lo esotérico y lo misterioso, y muchos de los artistas surrealistas se interesaron por las ciencias ocultas.

Dalí, en concreto, desarrolló su propio estilo surrealista, caracterizado por imágenes oníricas, composiciones provocativas y una meticulosa atención al detalle. Su pintura a menudo presenta elementos simbólicos y referencias a temas esotéricos, como la cábala, la alquimia, los sueños, la religión y la mitología.

Uno de los temas esotéricos más recurrentes en la obra de Dalí es el reloj derretido, que aparece en varias de sus pinturas, como en *La persistencia de la memoria*. Este símbolo ha sido interpretado como una representación del tiempo fluido y la teoría de la relatividad, temas que también son explorados en el ámbito esotérico y filosófico. De hecho, en El Arcano I de su tarot (El Mago) aparece representado el propio Dalí con este reloj derretido.

Además de con el simbolismo, Dalí también tuvo encuentros y amistades con importantes figuras esotéricas de su tiempo. Uno de los ejemplos más destacados fue su amistad con el famoso ocultista británico Aleister Crowley, de quien ya hemos tratado en este texto. Aunque sus encuentros fueron breves, su relación dejó una impresión duradera en la obra de Dalí. Tal vez fuera el mago británico el que inoculara el gusto por el tarot en el genio de Figueras.

En sus últimos años de vida, Dalí dedicó sus empeños artísticos a la elaboración *ex novo* de uno de los tarots más interesantes del siglo XX. Del mismo modo que el Tarot de Thot de Crowley, el de Dalí es un mazo totalmente novedoso y singular. Fue creado en 1984 en colaboración con el editor alemán Hans Ruedi Giger (H.R. Giger), y por ello debemos detenernos un momento para conocer esta relación tan fructífera.

En 1973, el artista alemán Hans Ruedi Giger viajó a España para reunirse con Salvador Dalí, a quien admiraba profundamente. Durante esta visita, Giger presentó a Dalí su portafolio de arte, que incluía su trabajo en el diseño de escenarios y criaturas para la película *Alien*. Dalí quedó impresionado por el talento y el estilo de Giger y expresó su aprobación por su trabajo en la película.

Aunque la reunión entre Dalí y Giger fue breve, este intercambio de ideas dejó una impresión duradera en Giger, quien siempre admiró a Dalí y su influencia en el arte surrealista. Años después, en 1977, Giger ganó un Premio de la Academia por su trabajo en el diseño de escenarios y efectos visuales en la película *Alien*, consolidando su posición como uno de los artistas más influyentes en el campo del arte surrealista y en el diseño de criaturas y escenarios para películas de ciencia ficción y fantasía. De hecho, se habla de un Tarot de Giger, aunque es más una selección de obras en las que se ha querido ver un tarot más que una creación específica de Giger con este fin.

Volvamos a Dalí. El estilo artístico de su tarot sigue sus cánones, con imágenes impactantes, simbólicas y oníricas que reflejan su distintivo mundo interior y su profundo conocimiento de la psique humana. Cada carta presenta una obra de arte única y detallada, con interpretaciones modernas y a veces provocativas de los arcanos tradicionales.

Las cartas del tarot de Dalí no solo incluyen reinterpretaciones de cartas clásicas como El Loco, La Emperatriz, El Mago y La Muerte, sino que aparecen figuras históricas como el revolucionario francés Marat, la *Monna Lisa* de Duchamp con su bigote, que aparece convertida en la Reina de Copas, o la muerte de Julio César. No podía faltar su esposa Gala, que aparece en el arcano de la Emperatriz. Dalí dota a cada carta de su estilo distintivo y su interpretación artística, lo que convierte a esta baraja en una obra de arte en sí misma.

Hay una historia curiosa relacionada con este tarot y tiene que ver nada menos que con una de las películas de la saga de James Bond, *Vive y deja morir*, de 1973. En aquella película estaba prevista una escena en la que este superagente tenía que enfrentarse a una tirada de cartas del tarot. Para ella, el productor Albert Broccoli habló con Dalí a fin de que diseñara una baraja específicamente destinada a la película y le ofreció la cantidad, nada desdeñable, de siete millones de dólares de la época. La guerra entre egos (el del productor encaprichado y la del genio exclusivo) hizo que este contrato no se firmara. Eso sí, once años más tarde aparecía el Tarot de Dalí presentado por todo lo alto en una exposición.

Pero ¿podemos usar el Tarot de Dalí para la adivinación? Así lo hubiera querido el genio de Figueras. Si bien es cierto que algunos tarotistas lo han utilizado, la mirada a esta baraja proviene en su mayoría de historiadores del arte y admiradores de la obra de Dalí, pues más bien estamos ante una autobiografía artística esotérica que ante una herramienta de adivinación.

El tarot de Dalí es una interesante fusión entre el arte surrealista y el simbolismo esotérico, lo que lo convierte en un objeto de coleccionista diseñado para aquellos que buscan una experiencia visual y emocionalmente impactante con esta antigua herramienta de autoconocimiento y adivinación que es el tarot.

Maritxu Güller y la adivinación en España en la segunda mitad del siglo XX

> Nací en el corazón de un bellísimo valle navarro, Roncal, al pie del Pirineo. Allí me crie, impregnada de aquella magia ancestral, en plena naturaleza. Sentí, viví la naturaleza, me habló la naturaleza, hablaron los montes, las fuertes rocas, los árboles, las flores, las aves, las fuentes, los animales, los puentes, los cruces de caminos y hasta las piedras escondidas entre zarzas, restos de monumentos primitivos, dólmenes, estelas discoideas, el antiguo idioma euskara, los típicos trajes del valle, las siete estrellas, antiguo escudo con blasón y armas, su prebenda, mitos, leyendas, brujería.
>
> No es de extrañar que impregnada de tan maravillosa riqueza, surgieran en mí las percepciones extrasensoriales.
>
> Maritxu Güller

Maritxu Güller, cuyo nombre era Maritxu Erlantz Mainz, nació en Isaba, una villa del Roncal en Navarra, allá por 1912. Desde su infancia, Maritxu descubrió que tenía dotes de videncia y percepción, lo que según algunas fuentes le permitía conocer el final de las operaciones matemáticas antes de que la maestra terminara de escribirlas en el encerado y resolver inmediatamente complicados problemas de las alumnas mayores sin tener para ello el menor conocimiento de cálculo. Maritxu se convirtió en una experta en la interpretación cartomántica y en la investigación del tarot, y aplicó sus facultades de percepción, clarividencia e intuición a esta práctica adivinatoria. Maritxu Güller creó tres tarots, el Gran Tarot Esotérico, el Tarot Mítico Vasco y el Tarot de Euskal Herria, y ofreció a sus amigos y a quienes estaban interesados en el mundo del tarot una explicación clara de los arcanos de sus tarots. Maritxu Güller falleció en San Sebastián en 1993.

Repasemos estos tres tarots ideados por Maritxu Güller. El primero de ellos, el Gran Tarot Esotérico, se dice que fue el primer tarot español en su creación y dibujo, aunque, como hemos visto, el tarot ideado por el doctor Moorne fue anterior. Este tarot fue creado por Maritxu Güller en colaboración con Luis Peña Longa, quien dibujó los diferentes arcanos. El tarot fue impreso por Heraclio Fournier y presentado en abril de 1976 con motivo de los 600 años de la aparición de los naipes en Europa. Parece ser que la idea de Maritxu era que el Gran Tarot Esotérico ofreciera una explicación clara de los diferentes triunfos e iba destinado fundamentalmente a aquellos que se interesaban por el mundo del tarot y a quienes estaban dotados de facultades paranormales. Este tarot, aunque cuenta con un total de 78 naipes, presenta una simbología especial y diferente a la tradición contemporánea basada, sobre todo, en el Tarot de Marsella.

El segundo de ellos, el Tarot Mítico Vasco, está descatalogado y es difícil de encontrar en nuestros días. Junto con el Tarot de Euskal Herria, esta obra rinde tributo a la tierra que la vio nacer y está, de algún modo, vinculado con la sabiduría ancestral del pueblo vasco. Fue presentado en 1982 con factura de Ángel Elvira para la fábrica de naipes de Heraclio Fournier.

Por último, el Tarot de Euskal Herria, además de la autoría de Maritxu Güller, cuenta con una serie de ilustraciones a cargo de Alfredo Fermín

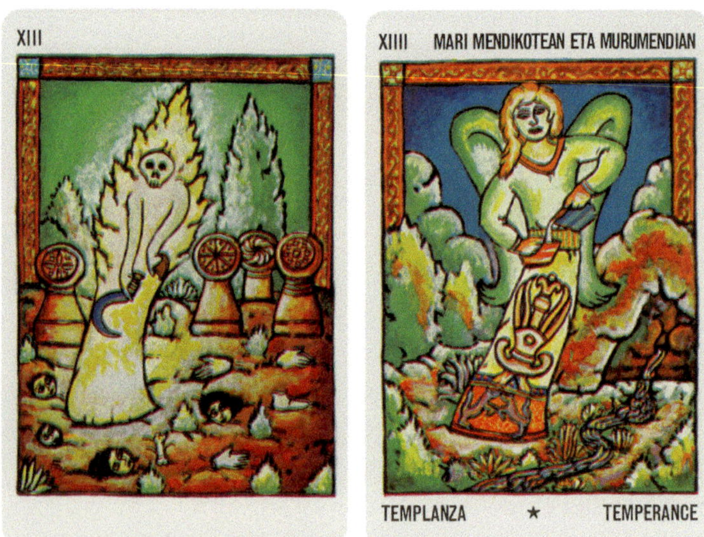

Tarot de Euskal Herria. El arcano sin nombre y La Templanza.
Cedida por el Museo Fournier.

«Mintxo». Fue impreso en España en el año 1982 por Heraclio Forurnier, a la par que el Tarot Mítico Vasco, coincidiendo con el 75° aniversario del Museo del Naipe de Vitoria, del que ya hablamos en capítulos anteriores.

A diferencia de algunos tarots más tradicionales, el Tarot de Euskal Herria presenta una perspectiva singular en sus imágenes. Basándose en el ta-

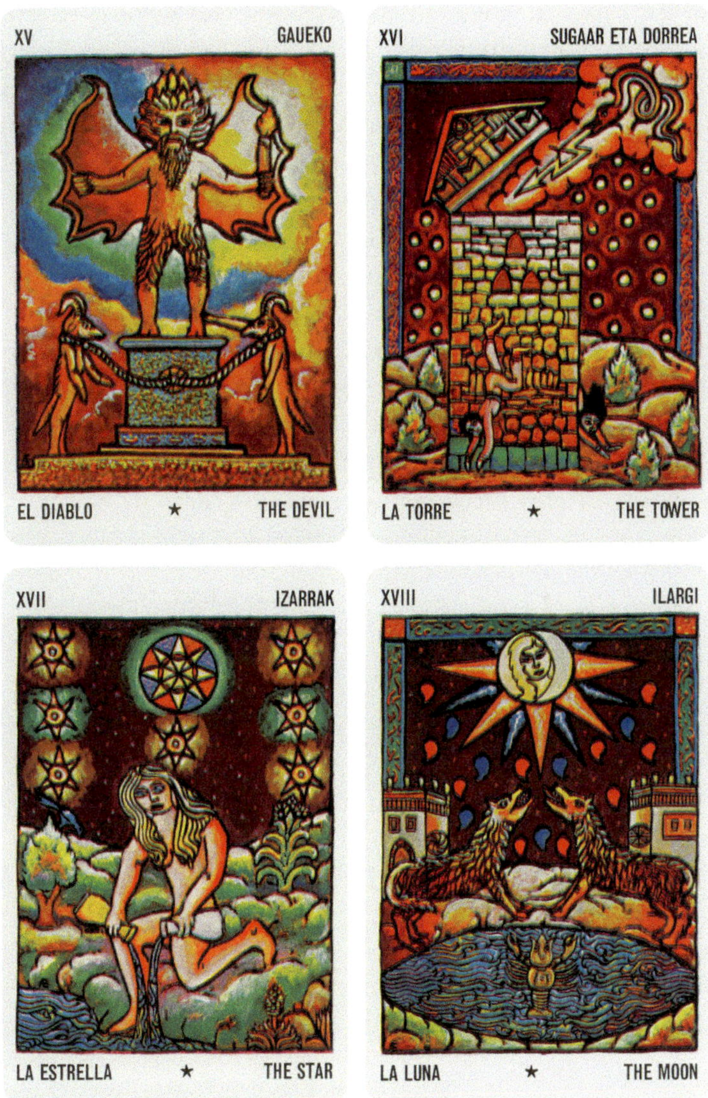

Tarot de Euskal Herria. El Diablo, La Torre, La Estrella y La Luna, Cedido por el Museo Fournier.

rot clásico marsellés, las ilustraciones de los arcanos mayores son diferentes y están plagadas de nueva simbología que aporta un significado especial a cada carta. Sin embargo, en los arcanos menores, en lugar de representar escenas específicas, Maritxu optó por un enfoque más abstracto, dejando que la imaginación de quien interpreta las cartas establezca su significado. Esto aporta una mayor libertad e intuición al proceso de lectura del tarot y permite una conexión más profunda con la esencia de cada carta.

Volvamos al Gran Tarot Esotérico, que fue el legado más notable de Maritxu a la ciencia del tarot. Nos detendremos principalmente en los arcanos mayores, que presentan notables diferencias con los tarots marselleses. Para empezar hay dos arcanos nuevos que llevan los números I y II: el consultante y la consultante. Con ellos Maritxu implica al sujeto de la tirada en las cartas. Estos dos naipes sustituyen al Papa y a La Papisa. Otros naipes nuevos son El Maestro, los Dos Caminos, El Anciano, La Picota, La Inmortalidad, Aker (o El Genio del Mal), El Astro y El Ciclo. Güller establece así una nueva dinámica en la lectura del tarot, en este caso orientado obviamente a la videncia del pasado, presente y futuro. Inventa una nueva herramienta en la que se reflejan sus valores y lo que ella aprendió a través de sus experiencias supuestamente paranormales.

Maritxu no fue muy prolija en escritos ni consejos, aunque tenemos un testimonio que nos dice que, con la creación de estos tarots, quiso ofrecer a sus amigos, especialmente a aquellos que están dotados de facultades paranormales, un tarot esotérico con una clara explicación de sus arcanos. Con esto, Maritxu puso en manos de todos «una llave con la que poder abrir la puerta que da al misterio o, por lo menos, con la que entornar la ventana que da al ancho campo de la Ilusión».

Desde luego, Maritxu Güller es una figura que reivindicar en el mundo del tarot: no solo creó una serie de barajas originales que, según ella, hacían más fácil su uso para la adivinación, sino que también quiso rendir tributo a su pueblo natal, el vasco, con unos juegos de naipes basados en esa cultura.

El círculo se cierra con Alejandro Jodorowsky

> En este libro que respira como un recién nacido,
> vientre sin fin donde surgen los abecedarios
> en negros enjambres que dispersa el viento,
> soy la pura substancia de todo lo que existe,

luminosa corona de la sombra,
raíz que se nutre del vacío,
conocimiento inmóvil y final.

Alejandro Jodorowsky.
Fragmento de «La Papisa»
Yo, el Tarot.

Alejandro Jodorowsky es un director de cine, guionista, actor, escritor, poeta, dramaturgo, artista plástico, ensayista y psicomago chileno. Es conocido como cineasta por películas como *El Topo* (1970), *La montaña sagrada* (1973) y *Santa Sangre* (1989). En su trayectoria ha escrito numerosos libros, entre ellos, *El manual del guerrero de la luz* (1987), *Psicomagia* (1992) y *La vía del tarot* (2006). También es reseñable su trabajo con Moebius en el clásico del cómic *El Incal* (1980-1988).

Jodorowsky nació en Tocopilla, Chile, en 1929. Asistió a la Escuela de Bellas Artes de Santiago de Chile y luego se trasladó a París, Francia, para estudiar cine, a la par que se iniciaba en las prácticas mágicas. Podríamos decir que Alejandro Jodorowsky es uno de los sabios esotéricos contemporáneos. Ha bebido del profundo saber tradicional, de la magia y del chamanismo, y lo ha filtrado para lograr la creación de varios métodos esotéricos tremendamente originales, como la psicogenealogía, la psicomagia o la lectura terapéutica del tarot. Por citar un ejemplo, la psicomagia es una vía en la que la poesía, el arte y la imaginación nos pueden ayudar a superar las barreras psicológicas o psicosomáticas que padecemos o que nos afectan de cerca. Otra de sus prácticas heterodoxas es su trabajo con los sueños. Jodorowsky ha conseguido experimentar los sueños lúcidos, esto es, aquellos en los que es consciente y puede maniobrar, dentro de unos límites, por ellos.

Pero vamos ya a su relación con el tarot. Jodorowsky conoció el tarot en los años 50 del siglo xx gracias a Leonora Carrington, cuyo arte adoraba y a la que consideraba como una sacerdotisa. La historia narra cómo ambos se encontraron en México y, en su conversación sobre el tarot, Carrington susurró unas palabras al oído a Jodorowsky; le dijo: «Ese es el secreto». De regreso a París, Jodorowsky comenzó a frecuentar la compañía de André Breton y el grupo surrealista. Allí Jodorowsky ofreció a Breton su primera versión del tarot, pero que el poeta rechazó, afirmando que el tarot verdadero era el de Marsella. Puede ser que, tras esa presunta revelación, Jodorowsky empezara a estudiar a fondo las distintas versiones del Tarot de Marsella para encontrar el mazo verdadero.

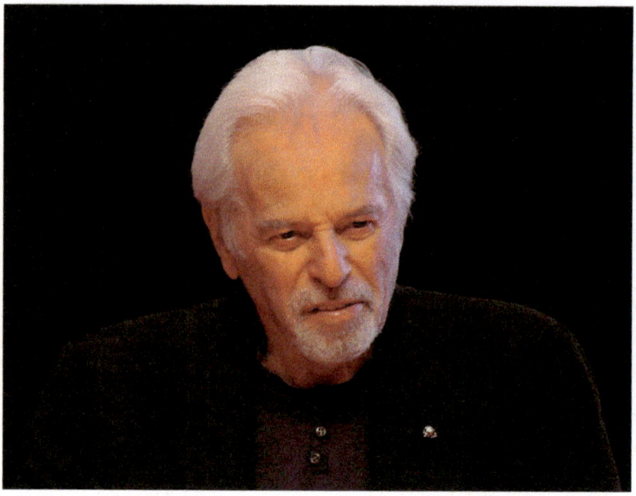

Alejandro Jodorowsky. Utopiales 2011.

Así, en colaboración con Philippe Camoin, Jodorowsky empezó su tarea de restaurar el Tarot de Marsella. Esta versión se basa en el Tarot de Marsella de Nicolás Conver, que fue grabado en 1760 y es considerado uno de los más célebres tarots de Marsella. La restauración se llevó a cabo utilizando las planchas de impresión originales y con la ayuda de algunos secretos resultado de su investigación y concernientes a su historia, a su fabricación, su tradición y su simbolismo.

Un elemento fundamental de este tarot restaurado es que utiliza colores que respetan convenientemente los colores de la tradición. Según Alejandro Jodorowsky, las nuevas técnicas de impresión por computadora han permitido dar a los trazos y a los colores del Tarot de Marsella una precisión jamás alcanzada. Vio que la edición de 1880 del tarot de Nicolás Conver de 1760 utilizaba colores que no tenían nada que ver con la tradición. Sin embargo, el Tarot de Marsella restaurado, según Jodorowsky, utiliza los colores originales que fueron elegidos por los iniciados que transmitieron originalmente el Tarot de Marsella. El resultado fue una versión que es más precisa y auténtica que cualquier otra versión disponible en la actualidad.

Pero este es solo el primer paso. A partir de este Tarot de Marsella restaurado viene su uso e interpretación, que explora en el volumen firmado a cuatro manos con Marianne Costa, titulado *La vía del tarot*. Los temas que abordan los autores en el texto comprenden diversas prácticas esotéricas, como la numerología, la adivinación, la astrología, la cábala, el uso del

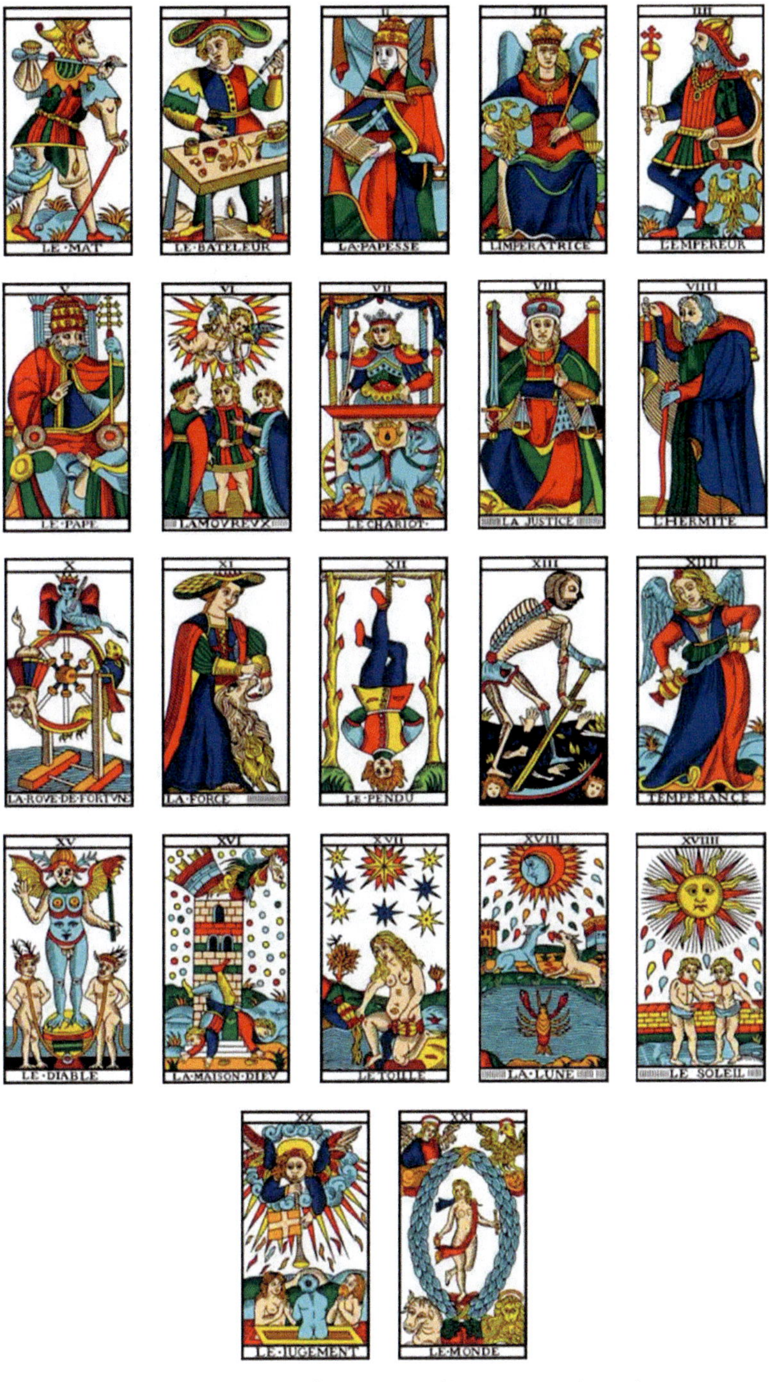

Arcanos mayores del Tarot de Marsella Camoin Jodorowsky.

tarot como herramienta terapéutica, como elemento filosófico para explorar la existencia, la muerte y la trascendencia.

En este sentido, es interesante exponer lo que los autores describen acerca de la astrología vinculada al tarot. Ambas disciplinas comparten una serie de simbolismos y correspondencias, como los planetas, los signos del Zodiaco y los elementos. Mencionan que pueden ser utilizados juntos para obtener una comprensión más profunda de los arquetipos y las energías que influyen en la vida de una persona. Así algunos tarots, como el *Libro de Thoth*, que ya estudiamos, han sido diseñados específicamente para ser utilizados en combinación con la astrología.

También es muy importante la relación entre el tarot y el arte. Costa y Jodorowsky nos cuentan que el tarot ha sido utilizado por artistas a lo largo de la historia como fuente de inspiración y herramienta para explorar temas como la mitología, la religión y la filosofía. El texto también menciona que el tarot ha sido utilizado por artistas contemporáneos, como Salvador Dalí, Pablo Picasso y Jean Cocteau, en sus obras. Además, sugieren que el tarot puede constituirse como una herramienta para desarrollar la creatividad y la intuición en los artistas.

Por último abordaremos *Yo, el tarot*, escrito por Jodorowsky en 2004. En este libro, el escritor utiliza la poesía y la metáfora para profundizar en el simbolismo de las cartas y conectarlas con aspectos emocionales y espirituales de la vida. Pero él no es el que habla, sino que pone las palabras a los mensajes que emanan del tarot. Así como Crowley o Blavatsky tenían revelaciones, Jodorowsky es el médium de las cartas del tarot, de las que tiene grabado en su memoría hasta el último detalle y cada uno de sus colores. Su intención va más allá de hacer una interpretación convencional, y para ello se adentra en un terreno más intuitivo y creativo, alentando a los lectores a explorar su propio mundo interior a través de la interpretación poética de las cartas. La combinación de tarot y poesía, no ya en este texto, sino en la obra de Jodorowsky, busca inspirar la reflexión, el autoconocimiento y la transformación personal.

El periplo que iniciamos en el primer capítulo de este libro buscando el origen primero de las cartas del tarot, y cuyo principio lo colocamos en la Italia del siglo XV (aunque algunos de los autores aquí citados hayan adelantado en eones su existencia), se cierra con un hombre sin par, con el gran psicomago a caballo entre los siglos XX y XXI y del que aún debemos esperar nuevas y sorprendentes revelaciones sobre el tarot. De Milán a Jodorowsky, esta es la propuesta de este libro.

Conclusiones

En este ensayo hemos pretendido hacernos eco de las barajas de tarot más importantes desde el Renacimiento hasta nuestros días, período que consideramos verdadero en lo que respecta a la cronología de esta disciplina, pues el origen egipcio que propusieron los ocultistas de los siglos XVIII y XIX carece de sustento documental.

Obviamente, el carácter divulgador de este texto no nos permite ser exhaustivos en cuanto al estudio de todas las barajas, sobre todo las contemporáneas, pues tampoco nuestra intención es enciclopédica. Bien es verdad que en la gestación del tarot hemos sido bastante prolijos, sobre todo por lo curioso de las distintas barajas de los orígenes que han sobrevivido hasta nuestros días y que contribuyeron a la formación del tarot tal y como lo conocemos hoy en día.

Si en los siglos XVII y XVIII la variedad de tarots era ingente (aunque solo se tratara de variantes del conocido como Tarot de Marsella), con la llegada de los medios de masas, a mediados del siglo XX, la proliferación de tarots de los más diversos estilos y temáticas ha sido abrumadora. Tanto que, para discernir qué barajas eran realmente novedosas y cuáles solo un remedo del Tarot de Marsella adaptado sin criterio, había que rastrear si había algo de interés genuino en sus creadores, llegando frecuentemente a la conclusión de que la mayoría son un constructo sin ningún rigor.

Nos ha pasado esto, por ejemplo, con el Tarot de H.R. Giger, artista de quien ya hablamos en el capítulo del Tarot de Dalí. Pues bien, hay hasta una monografía dedicada a esta baraja, pero en realidad no es más que la adecuación de las distintas obras del artista al esquema del Tarot de Marsella.

También hemos tenido la tentación de incluir tarots de la cultura pop, como el Tarot Erótico de Milo Manara o el Tarot Stardust, este último con la presencia de imágenes nada menos que de David Bowie, el Gran Duque

Blanco, sin duda fascinado por estas disciplinas. Eran barajas atractivas, pero no parecían tener detrás una intención intelectual o espiritual claramente definida.

Han quedado fuera también amigos como Juan A. Requena, promotor de un Tarot de Conan Doyle, una baraja ilustrada por José Luis Errazquin Rodríguez, estudioso del Canon holmesiano y miembro fundador de La Sociedad de Mendigos Aficionados de Madrid.

En la búsqueda de lo oculto en los siglos XX y XXI nos hemos topado también con el Tarot Satánico, pero al acercarnos a él tampoco hemos visto su relevancia para este trabajo.

Echando la mirada atrás sobre los significados del tarot a lo largo de la historia, si nos fijamos, pese a sus raíces probables en el continente asiático, el tarot es una creación netamente occidental. De lo que hemos visto en este libro, solo quedaría fuera aquel extraño Tarot de Moctezuma que no sobrevivió en el tiempo, aunque de nuevo su origen era también europeo.

Además debemos señalar que, en el siglo XXI, el tarot ha experimentado un resurgimiento significativo y ha evolucionado de diversas maneras. Veamos.

Con la expansión de internet, el tarot se ha vuelto más accesible que nunca, lo que ha disparado el fenómeno de las lecturas de tarot en línea, además de la aparición de numerosos tutoriales, aplicaciones y foros donde las personas comparten sus experiencias y conocimientos sobre el tarot, rigurosos algunos, dudosos otros.

También podemos señalar que uno de los enfoques del tarot en la actualidad se decanta por el crecimiento personal. Las lecturas de tarot se han convertido en una forma de reflexionar sobre la vida, tomar decisiones informadas y comprender mejor las emociones y los desafíos personales. Algunos terapeutas a menudo incorporan el tarot en su trabajo para ayudar a sus clientes a explorar sus pensamientos y sentimientos de manera más profunda. En este sentido, son deudores de los arquetipos de Jung, que ya analizamos en el capítulo sobre el ámbito anglosajón. Otro enfoque muestra que el tarot sigue siendo una herramienta espiritual importante que ayuda a los usuarios a conectarse con su intuición o creencias religiosas. Algunos lo ven como una forma de buscar respuestas a preguntas más profundas sobre la existencia y el propósito de su vida.

El tarot se ha convertido también en un referente icónico. Artistas, escritores y diseñadores a menudo toman inspiración de las imágenes y simbolismo del tarot para crear obras de arte, literatura y moda. La novela *La cena secreta* de Javier Sierra o los diseños de prendas de Christian Dior son algunos ejemplos.

Y, por último, cabe mencionar que el tarot ha conseguido traspasar las barreras de los estudios universitarios. Desde finales del siglo XX y sobre todo a partir del siglo XXI, cada vez son más los académicos que se ocupan del estudio del tarot: Isabelle Nadolny, Antoni Amaro, Giordano Berti, Helen Farley, Peter Mark Adams son solo algunos de los nombres de los estudiosos que con rigor acometen el desciframiento del tarot. En esta línea discurre también este libro que en este momento toca a su fin. Esperamos haber arrojado un poco de luz a este fenómeno cultural que tanto nos apasiona.

Pedro Ortega Ventureira
Septiembre de 2023